Enzyklopädie Quiltstiche

Enzyklopädie Quiltstiche

NIKKI TINKLER

FLEURUS IDEE

Fleurus Idee
is an imprint of
Fleurus Verlag

Übersetzung aus dem Englischen:
Bernadette Mayr, Kempten

Satz der deutschen Ausgabe: MWK, Köln

Umschlaggestaltung: MWK, Köln

Fotos Umschlag:
Vorderseite o.l. S. 95, o.r. S. 180,
u.r. S. 23, u.l. S. 6, Rückseite S. 17

ISBN 978-3-89717-486-3

Printed in China

10 9 8 7 6 5 4 3 2 1

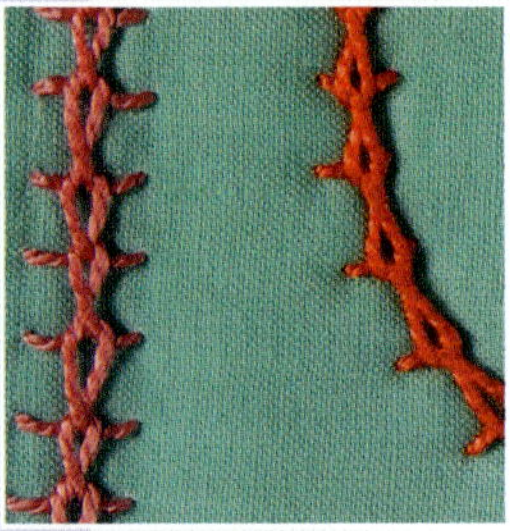

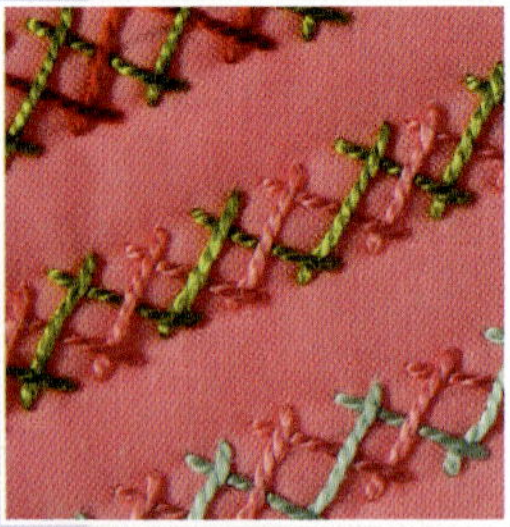

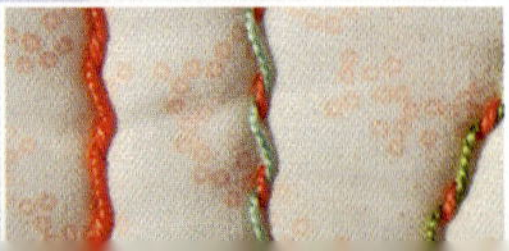

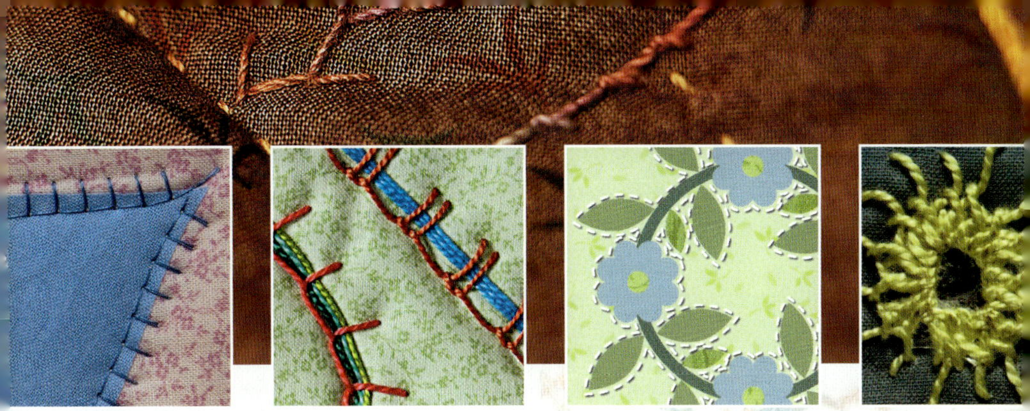

Inhalt

Einleitung

Das Nähen von Patchworkquilts und das Sticken sind zwei deutlich unterschiedliche Fertigkeiten. Ich bin mehr eine Quilterin, die Patchworkdecken näht, als eine Stickerin. Es ist eigentlich erstaunlich, dass Stickarbeiten auch in Quiltausstellungen gezeigt werden, aber bei Stickereiausstellungen nie Quilts zu sehen sind. Ich bin von Natur aus neugierig und es war mir klar, dass ich, nachdem ich mit dem Quilten begonnen hatte, bald mit exotischen und außergewöhnlichen Garnen experimentieren würde. Das war der Beginn einer faszinierenden Reise zu dem, was ich „Alternatives Quilten" nenne.

Ich hoffe, dass Ihnen dieses Buch eine neue Welt des Quiltens erschließt. Ob Sie Anfängerin sind, eine Stikkerin, die nach neuen Herausforderungen sucht, oder ob Sie als erfahrene Quilterin Ihre Kenntnis von Stickstichen erweitern möchten: Die Enzyklopädie Quiltstiche bietet gleichermaßen Anregung wie praktische Anleitung. Das Stichwort lautet: Experimentieren!

ALTERNATIVES QUILTEN
Handgearbeitete alternative Stiche können auf einem Quilt viel interessanter wirken als traditionelle Quiltstiche.

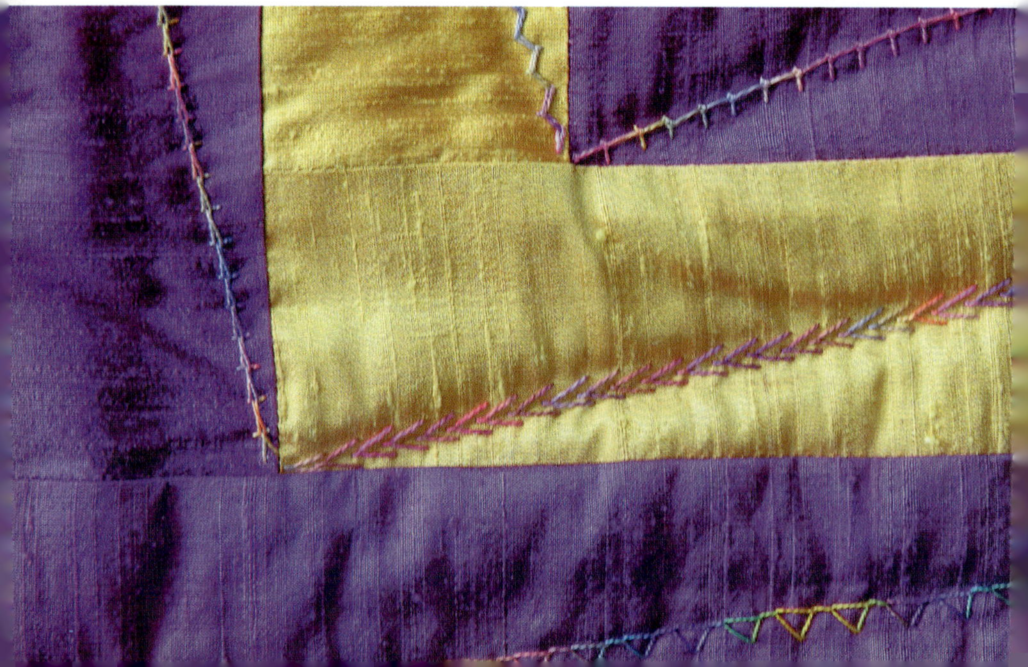

PATCHWORK UND QUILTEN

Einfache Patchworkmuster werden mit handgearbeiteten plastischen Stichen hervorgehoben.

Oft erreichen wir das Quiltstadium unserer wichtigsten Projekte und nehmen uns nicht die Zeit oder die Freiheit, auch hier zu experimentieren. Dabei horten wir die schönsten Garne wie die Elstern – wir rühren sie nicht an, weil wir keine Idee haben, was damit anzufangen ist. Bereiten Sie sich also darauf vor, Ihren Horizont zu erweitern.

PATCHWORK

Ursprünglich diente das Zusammensetzen von gebrauchten Stoffen dazu, auf sparsame Weise eine neue Bettdecke herzustellen. Nichts wurde verschwendet, die Wattierung wurde oft aus einem anderen Quilt entnommen oder war eine Wolldecke, die durch die jahrelange Benutzung dünn geworden war. Für Studenten

PATCHWORK BETONEN

Modische Garne betonen ein traditionelles Patchworkmuster besonders reizvoll.

der Textilgeschichte sind die Stoffe und Druckstoffe, die über die lange Zeit in den Quilts verwendet wurden, ein Hinweis auf die Wandlungen und Beschränkungen, die durch wirtschaftliche Veränderungen hervorgerufen wurden. Das neu erwachte Interesse an Patchworkquilts liegt auch daran, dass auf praktische Weise etwas Bewahrenswertes durch Farbe, Stoff und Muster in etwas ganz Besonderes verwandelt werden kann. Die traditionellen Patchworkmuster sind zwar immer noch sehr beliebt, doch heutzutage tauchen daneben atemberaubende moderne Quilts und Textilkunst auf.

DAS QUILTEN

In Europa lässt sich die Kunst des Quiltens bis in die Zeit der alten Römer zurückverfolgen, wo es sehr üppig für Kleidung und Mobiliar angewendet wurde. Die ersten englischen Siedler nahmen die traditionellen Quilttechniken mit nach Amerika, wo sie sich zu einer amerikanischen Volkskunst entwickelten und wo sich Quiltgruppen und Gilden in der ganzen Nation trafen.

Obwohl es zahllose Quilttraditionen in verschiedenen Ländern und Kulturen gibt, ist der grundsätzliche Zweck und die Form des eigentlichen „Quiltstichs" gleich geblieben – nämlich zwei oder mehr Lagen von Stoff aufeinander zu befestigen, und zugleich ein dekorativer Schmuck zu sein. Dies kann so kompliziert oder so schlicht sein wie es die Quilterin wünscht und steht Handnäherinnen ebenso wie Maschinennäherinnen offen für Neues und Experimentelles.

Unsere Vorfahren, die aus den abgetragenen Kleidern und verschlissenen Quilts Patchworkdecken nähten, würden einen zeitgenössischen Quilt wohl kaum als solchen ansehen, doch sie würden das Bedürfnis verstehen, das Quilterinnen in der ganzen Welt dazu bringt, eine Nadel durch Stoffe zu stechen und Muster zu bilden.

VERSCHIEDENE STICHE

Moderne Quilts vertragen eine Mischung aus Hand- und Maschinenquilting. Das passt gut zusammen und betont das Patchworkdesign.

QUILTSTICHE

Den meisten von uns ist der „Quiltstich" vertraut, der auf dem schlichten Vorstich basiert. Doch geht es beim Quilten um mehr. Ein Quiltstich ist ein Stich, der zwei oder mehr Lagen Stoff verbindet und befestigt. Also gibt es eine riesige Auswahl an „alternativen“ Stichen, die für diesen Zweck geeignet sind. Wenn ein Stich die Aufgabe des Quiltens erfüllt, dann ist er ein „Quiltstich“, ungeachtet seiner Form und Größe.

Alle Stiche in diesem Buch basieren auf traditionellen Quilt- und Stickstichen. Manche Stiche eignen sich nicht zum Quilten, da sie in einem Rahmen gearbeitet werden müssen, andere eignen sich nicht für Bettquilts, da sie auf der Rückseite unordentlich aussehen. Doch viele andere können zum Quilten verwendet werden.

WAHL DER STICHE

Die lebhafteren Stiche in diesem Buch eignen sich für einen „Wholecloth-Quilt“, dessen Oberseite aus einer einzigen Stofffläche besteht, die nicht als Patchwork gearbeitet ist. Geradlinige Patchwork- und Applikationsmuster können durch besondere Oberflächenstiche gewinnen. Lebhafte Patchworkmuster und Applikationen verlangen jedoch nach schlichteren Stichen wie Vorstich, Kettenstich oder Schlingstich, zusammen mit den breiteren und dekorativen Stichen wie dem Ährenstich und dem einfachen Federstich. So erreichen Sie eine ausgewogene Mischung auf Ihrem Quilt.

Manche der Stiche verlangen etwas mehr Geduld als andere. Wenn Sie also einen bestimmten Stich nicht sofort ausführen möchten, sollten Sie ihn nicht ignorieren, sondern auf später verschieben. Nähen Sie die Stiche kleiner, größer, enger, weiter, in geschwungener Linie oder mit verschiedenen Garnen – vielleicht wird Ihnen der Stich mehr und mehr Vergnügen bereiten. Alle Stiche können mit feinem oder kräftigerem Garn gestickt werden.

OBERFLÄCHENGESTALTUNG

Solch schmückendes Quilting wirkt auf „Wholecloth-Quilts“ am besten.

Basiswissen

Auf den nächsten Seiten finden Sie Vorschläge für verschiedenes Werkzeug und Zubehör, das speziell dazu entwickelt wurde, Ihnen bei Patchwork und Quilting behilflich zu sein. Viele Dinge haben Sie vermutlich bereits in Ihrem Nähkästchen. Die Anschaffung weiterer Werkzeuge und Hilfsmittel sollte als gute Investition in Ihr künftiges Quilting betrachtet werden.

Material und Werkzeug

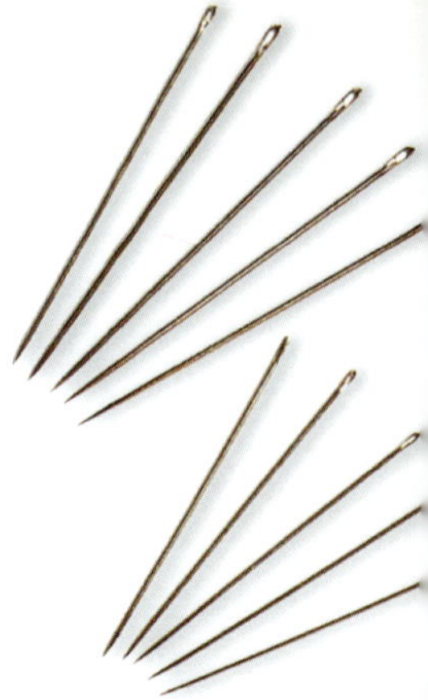

Nähnadeln/Sharps (oben) und Quiltnadeln/Betweens (unten)

Spezielle Werkzeuge und Hilfsmittel ermöglichen es uns, gute Quilts zu erstellen. Sie besitzen eventuell bereits einige der aufgezählten Gegenstände. Die Anschaffung weiterer Hilfsmittel wird Ihnen die Arbeit erleichtern.

Nadeln, Stecknadeln und Scheren sind unerlässlich, ebenso Fingerhüte, eine Nähmaschine und gutes Licht, abhängig davon, wie Sie gerne arbeiten. Die Kosten für diese Dinge sind sehr unterschiedlich, doch ist Werkzeug guter Qualität die Mehrausgabe immer wert.

HANDNÄHNADELN

Eine Quiltnadel, auch „Between" genannt, hat einen kurzen, starren Schaft und eine scharfe Spitze. Sticknadeln und eine Auswahl von Haushaltsnähnadeln können für die ausgefalleneren alternativen Stiche und für dickere Garne benutzt werden. Der Schaft dieser Nadeln ist zwar weniger starr, aber länger und daher besser zu greifen. Halten Sie eine Auswahl von Nadeln für die verschiedenen Stadien des Quiltens bereit: für das Heften, das Handnähen, das Quilten, das Applizieren und für Perlenstickerei.

NÄHMASCHINENNADELN

Die Stärke des Nadelschafts und die Form der Spitze (spitz oder rund) ist auf die jeweilige Textilie abgestimmt. Dünne Nadeln wurden für feine Stoffe wie Seide, Voile und Batist entwickelt, während dickere Nadeln für schwerere Stoffe gedacht sind, z.B. Möbelstoff oder Jeans. Es gibt spezielle Nadeln für Jersey und für Leder, sowie Zwillingsnadeln für Doppellinien.

Checkliste

Handnähnadeln
- Sticknadeln
- Stopfnadeln
- Nadeln mit offenem Öhr
- Perlennadeln
- verschiedene Haushaltsnadeln
- Quiltnadeln

Maschinennähnadeln
- Maschinennadeln (verschiedene Stärken für verschiedene Stoffqualitäten)
- Zwillingsnadeln
- Jerseynadeln
- Nadeln für Stretch-Stoffe
- Jeansnadeln
- Quiltnadeln

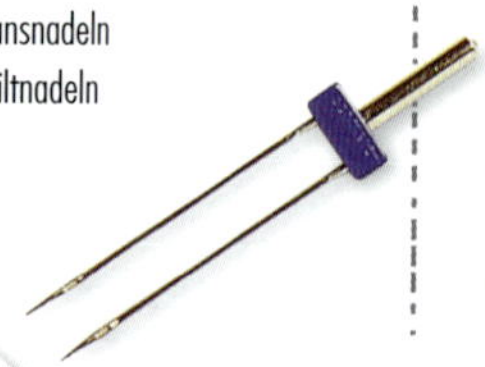

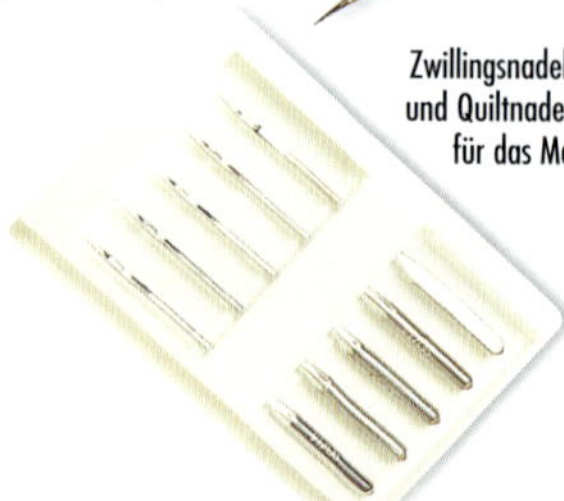

Zwillingsnadeln (oben) und Quiltnadeln (links) für das Maschinenquilten

Checkliste

Stecknadeln
- Glaskopfstecknadeln
- Spitzenstecknadeln
- Schneiderstecknadeln
- Sicherheitsnadeln
- Quilt-Sicherheitsnadeln
- Applikationsstecknadeln
- Flachkopfstecknadeln

Scheren
- Schneiderschere
- Schere mit Mikro-Wellenschliff
- Bastelschere
- Stickschere
- Zackenschere
- Applikationsschere
- Federschere
- Schere mit weichen Griffen
- Scheren-Schleifgerät

Flachkopfstecknadeln

Stickschere (oben)
Linkshänderschere (Mitte)
Bastelschere (unten)

STECKNADELN

Flachkopfstecknadeln sind sehr nützlich, um den Quilt flach zusammenzuhalten. Feine Stecknadeln eignen sich für die Arbeit mit feinen Stoffen, doch ist ein stärkerer Nadelschaft robuster und daher besser für die Quiltlagen geeignet. Spitzennadeln oder Applikationsstecknadeln sind für feine Stoffe gedacht. Glaskopfstecknadeln lassen sich bei der Arbeit mit mehreren Stofflagen gut verwenden.

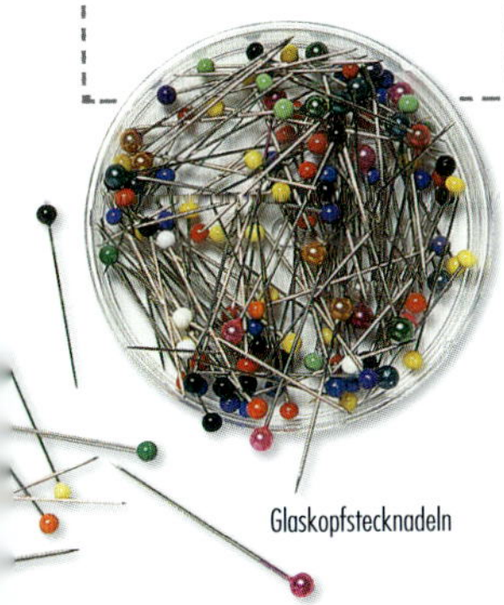

Glaskopfstecknadeln

SCHEREN

Es ist sehr wichtig, in eine gute, scharfe Schneiderschere oder eine Schere mit Mikro-Wellenschliff zu investieren. Schneiderscheren haben lange Klingen, mit denen große Stoffstücke geschnitten werden können. Sie brauchen auch kleinere Scheren, wie z.B. eine Stickschere, um Fäden abzuschneiden. Halten Sie die Stoffscheren getrennt von den Papierscheren, damit die Stoffschere scharf bleibt und den Stoff sauber schneidet, ohne an den Fasern hängen zu bleiben. Papier oder Karton machen die Schere stumpf.

Wenn Sie Linkshänderin sind, möchten Sie vielleicht eine spezielle Linkshänderschere kaufen. Die Klingen (oft auch die Griffe) sind anders gestaltet und folglich bequemer zu bedienen.

VERSCHIEDENES ZUBEHÖR

Rollschneider sollten mit Vorsicht und stets zusammen mit Quiltlinealen und Schneidematte benutzt werden.

Quiltrahmen und -reifen gibt es in verschiedenen Formen, Größen und Materialien. Man kann die Quilts einfach und schnell in Plastikrahmen klemmen. Hölzerne Standrahmen reichen von einfachen runden Reifen auf einem Stehfuß bis zu großen Rahmen, groß genug für ganze Bettquilts. Für Maschinenquilterinnen gibt es Quiltreifen, Maschinenquilt-Clips und rutschfeste Handschuhe. Ein Nahttrenner macht mit weniger gut gelungenen Stichen kurzen Prozess.

HILFSMITTEL, UM STOFF ZU MARKIEREN

Es gibt zahlreiche Möglichkeiten, auf Stoff zu zeichnen, allerdings keinen Stift, der für jeden Stoff gleichermaßen geeignet ist. Halten Sie also verschiedene Stifte bereit.

Stoffmarkierstifte gibt es von Hera-Falzbein, das eine Furche im Stoff hinterlässt, bis zu einer großen Auswahl von Stiften. Alle Markierstifte sollten vorab getestet werden, um zu sehen, wie sie mit

Checkliste

Zusätzliche Hilfsmittel

- Heftpistole und Plastikklammern
- Rollschneider und Zubehör (Schneidematte, Quiltlineal, Klingen in verschiedenen Größen)
- Fingerhüte: Metall, Leder, Plastik
- Spulenhalter
- Nadeleinfädler
- Entwurfspapier
- Nahttrenner
- Quiltrahmen, -reifen (für Hand- und Maschinenquilten)
- Hera-Falzbein
- Stoffkleber
- Schablonen
- Schneide- und Bügelbretter
- Maßband
- 0,7 cm (1/4 Inch) - Nahtzugabenstäbchen und -rädchen
- Quilthandschuhe und Quiltklips
- Lichtbox
- Farbkreis
- Vergrößerungsglas

Rollschneiderzubehör

Quiltrahmen und -reifen

Checkliste

- Markierstift für helle Stoffe
- Markierstift für dunkle oder stark gemusterte Stoffe
- Stifte für helle Stoffe
- Stifte für dunkle oder stark gemusterte Stoffe
- reibfester Quiltbleistift
- Stoffradiergummi
- extra langes Lineal
- 0,7 cm (1/4 Inch) - Nahtzugabenklebeband
- Kreiderädchen
- Schneiderkreide
- große Stopfnadel oder Hera-Falzbein
- selbstlöschender Stoffstift
- wasserlöslicher Stoffstift
- Schneider-Kopierpapier
- Farbstifte

Stoffmarkierstifte und Radierer

Schneiderkreide

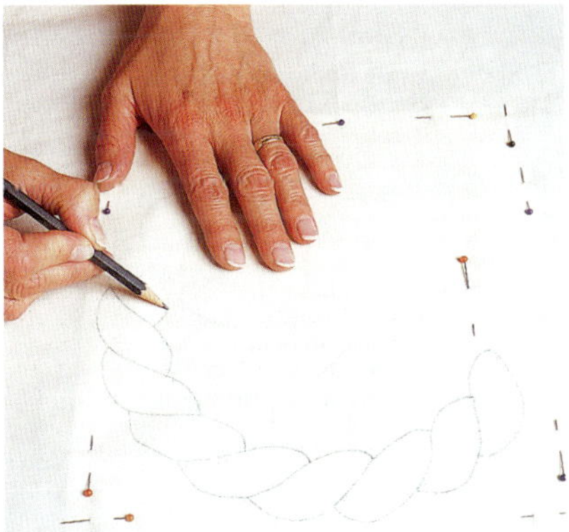

MUSTER ÜBERTRAGEN

Quiltmuster können noch vor dem Montieren der drei Lagen übertragen werden, also so lange der Quilt noch aus einem einzigen Stoff besteht.

dem Stoff reagieren, wie gut sie zu sehen sind und wie schwierig (oder auch nicht) sie zu entfernen sind.

Die oben stehende Checkliste zeigt eine gute Grundausrüstung an Stiften und anderem Material, das Sie in Ihrer Quiltschublade bereithalten sollten.

QUILTSCHABLONEN

In Fachgeschäften gibt es spezielle Quiltschablonen. Sie werden zum Übertragen von Mustern auf den Quilt benutzt, entweder noch auf der nicht montierten Oberseite oder nach dem Montieren.

Manche Schablonen werden als „mit fortlaufender Linie“ beschrieben und ermöglichen es, dem Muster ohne viele Stopps und Starts zu folgen. Dies wird grundsätzlich beim Maschinenquilten bevorzugt.

Manche fortlaufenden Muster werden als langer, aufgerollter Papierstreifen verkauft. Diesen stecken oder kleben Sie auf der Quiltoberseite fest und quilten dann das Muster durch das Papier.

Möglicherweise ergänzen Sie Ihre Kollektion mit Mustern aus Büchern oder Zeitschriften. Pausen Sie das Muster auf den Quilt, bevor die Lagen montiert sind, entweder mit Hilfe einer Lichtbox oder indem Sie Stoff und Muster bei Tageslicht an ein Fenster kleben, sodass das Muster gut durch den Stoff sichtbar ist. Eine andere Möglichkeit ist, das Muster auf transparentes Schablonenmaterial durchzupausen und daraus Ihre Quiltschablone zu schneiden.

Eine weitere Möglichkeit, ein Muster aus einem Buch zu verwenden ist, es durchzupausen oder mithilfe eines Kopiergerätes zu kopieren. Dann machen Sie in regelmäßigen Abständen Löcher entlang den Linien, entweder von Hand mit einer dicken Nadel oder durch eine Reihe von Maschinenstichen (ohne Faden und mit einer starken, stumpf gewordenen Nadel) direkt auf den Linien. Wenn das Papier perforiert ist, können Sie das Muster auf den Quilt durchstauben. Füllen Sie ein Stoffsäckchen (oder einen alten Socken oder Ähnliches) mit Kreidepulver und schütteln Sie dieses durch die Löcher.

Auswahl an Quiltschablonen

SPEZIALSCHABLONEN

Die Muster von Spezialquiltschablonen kann man vor oder nach dem Montieren der Lagen aufzeichnen.

Die Werkzeuge, Hilfsmittel und Techniken für die Sie sich entscheiden, werden je nach Quilt unterschiedlich sein. Sie richten sich nach Farbe, Druckmuster und Oberfläche der Stoffe, oder danach ob der Quilt schon in Lagen montiert ist. Denken Sie daran, dass Kreide und selbstlöschende Stifte (Magic-Marker) nicht lange halten und nur bei kurzen, geraden Linien oder auf sehr kleinen Bereichen nützlich sind. Wenn Sie ein kunstvolles Muster haben, das eine große Fläche bedecken soll, muss die Markierung gut zu sehen sein und so lange erhalten bleiben, bis das Quilten abgeschlossen ist.

Handnäh-techniken

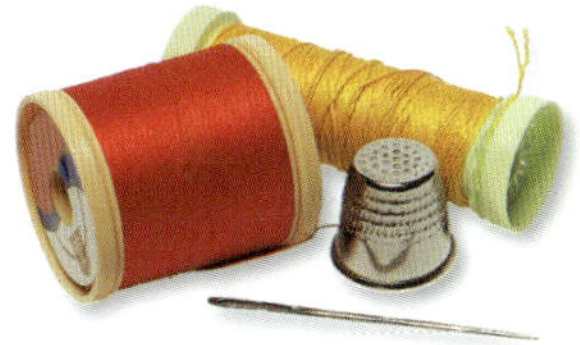

Viele Quilterinnen bevorzugen es, alles komplett von Hand zu nähen, denn Sie lieben den Vorgang, die Nadel in den Stoff zu stechen.

Vielleicht möchten wir zu den Anfängen zurück und mit einem Minimum an Werkzeug und Kosten arbeiten. Welche Nähmethode Sie auch bevorzugen: Denken Sie daran, dass das Nähen eines Quilts eher einem Marathonlauf gleicht als einem Kurzstreckensprint. Wenn Sie das Handnähen bevorzugen, sollten Sie sich durch Kolleginnen, die einen maschinengenähten Quilt nach dem anderen wie am Fließband produzieren, nicht irritieren lassen. Nehmen Sie sich Zeit und genießen Sie jede Minute Ihrer Arbeit.

PATCHWORKTEILE ZUSAMMENSETZEN

Zum Aneinandernähen von Stoffen ist nur ein kleiner, feiner Vorstich mit einem einfachen Faden nötig. Markieren Sie die Nählinie zuerst mit einem Stift.

Zu Beginn der Nählinie machen Sie entweder einen Knoten oder Sie nähen zwei oder drei gleiche Stiche auf der Stelle, sodass sie übereinanderliegen („Überstiche“). Nähen Sie nun entlang der Nählinie und fassen Sie mehrere feine, kurze Stiche auf die Nadel, bevor Sie den Faden durchziehen. Jedes Mal, wenn der Faden angezogen wurde, machen Sie einen kleinen Rückstich, und fassen dann die nächste Gruppe von Vorstichen auf die Nadel. Auf diese Weise wird die Naht verstärkt.

Sichern Sie das Ende der Naht wieder mit einigen Überstichen. Bügeln Sie die Nahtzugaben nach einer Seite hin, in der Regel zur dunkleren Stoffseite oder zum lebhafter gemusterten Stoff. Dies macht die Naht haltbarer.

LINKSHÄNDERINNEN

Alle Zeichnungen in diesem Buch sind auf Rechtshänderinnen ausgerichtet. Wenn Sie Linkshänderin sind, können Sie die meisten der Stiche spiegelbildlich arbeiten. Stiche, die von Rechtshänderinnen senkrecht oder waagerecht ausgeführt werden, können auch Linkshänderinnen senkrecht oder waagerecht arbeiten.

Wenn Sie den Schritt-für-Schritt-Anleitungen und den Abbildungen folgen, sollten Sie sich vorstellen, Sie würden in einen Spiegel sehen und nicht die Stiche vom Blatt kopieren. Manche der Abbildungen werden leichter verständlich, wenn man sie auf den Kopf stellt. Bei der Beschreibung von überstickten oder durchgezogenen Stichen arbeiten Sie den Faden in der anderen Richtung als beschrieben. Wenn dort steht „rechts“, lesen Sie „links“ und umgekehrt.

PATCHWORK IN KURVEN
Gebogene Nähte erfordern sorgfältiges Stecken und Nähen. Zwicken Sie die Nahtzugaben vorsichtig ein, um den Stoff zu entlasten.

APPLIKATIONSSTICHE

Wenn Sie eine Applikation vorbereiten, ist es am Besten, wenn Sie das Motiv zuerst an der richtigen Stelle feststecken und dann mit Heftgarn und mit Heftstichen befestigen. Entfernen Sie die Stecknadeln im Vorwärtsarbeiten.

Wenn das Motiv vorläufig befestigt ist, haben Sie mehrere Näharten zur Auswahl, um die Kanten zu applizieren. Zu Beginn machen Sie einen kleinen Knoten am Fadenende (er kann in der Nahtzugabe oder in der untergeschlagenen Kante der Applikation versteckt werden).

Saumstich Machen Sie einen kurzen Saumstich und fassen Sie ein kleines Stück des Unterstoffs und ein kleines Stück der Applikation auf einmal auf die Nadel. Ziehen Sie dann den Faden durch. Arbeiten Sie so um das ganze Motiv herum.

Leiterstich Arbeiten Sie einen Leiterstich, indem Sie ein kleines Stück des Unterstoffs auf die Nadelspitze fassen, den Faden durchziehen und dann ein kleines Stück der Applikation direkt in der untergeschlagenen Kante fassen. Ziehen Sie den Faden wieder nach. Machen Sie vier oder fünf Leiterstiche, bevor Sie den Faden der Stichgruppe sanft anziehen.

Schlingstich Nähen Sie Schlingstiche (Festonstich, Langettenstich) um die Kante der Applikation. Die Kante kann umgeschlagen sein oder offen (z.B. wenn mit aufbügelbarem Klebevlies gearbeitet wurde).

Vorstich Arbeiten Sie eine kurze Reihe von Vorstichen knapp innerhalb der Kante der Applikation.

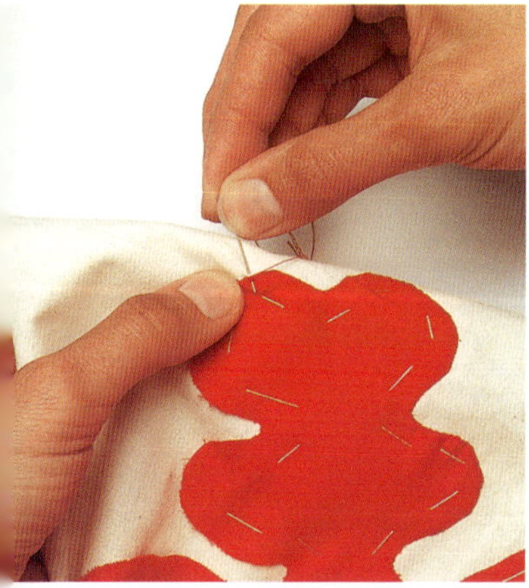

APPLIKATIONSFORMEN
Heften Sie die Applikation auf den Stoff, bevor Sie mit dem Nähen beginnen.

QUILT VORBEREITEN

Es gibt viele Stationen bei der Herstellung eines Quilts: Das Nähen der Quiltoberseite, das Montieren der drei Lagen (Oberseite, Wattierung und Rückseitenstoff), das Heften der Lagen, das Quilten und die Einfassung.

Heften Zum schnellen Heften verwenden Sie billigen Faden und eine relativ lange Nähnadel. Fädeln Sie ein großzügig langes Stück Faden ein und machen Sie einen Knoten am Ende bzw. nähen Sie einige lockere Überstiche auf derselben Stelle.

Machen Sie lange, gerade Heftstiche von ca. 2,5 cm (1 Inch) Länge und achten Sie darauf, dass alle Lagen des Quilts durchstochen sind. Fassen Sie mehrere Stiche gleichzeitig auf die Nadel, bevor Sie den Faden durchziehen. Enden Sie die Heftlinie mit einigen übereinandergesetzten Stichen, um den Faden zu befestigen.

Quilten mit traditionellem Quiltstich

Traditionell wird mit einer Quiltnadel („Between“) und mit speziellem Quiltgarn gearbeitet.

Schneiden Sie ein Stück Garn von ca. 30–50 cm (12-18 Inch) Länge ab. Fädeln Sie das Garn so in die Nadel ein, wie es von der Garnrolle kommt, um ein Verknoten und Verdrehen des Fadens zu vermeiden. Machen Sie einen feinen Knoten an das Fadenende. Stechen Sie die Nadel durch die Oberseite in die Wattierung und bringen Sie sie an der Stelle wieder nach oben, an der das Quiltmuster beginnen soll.

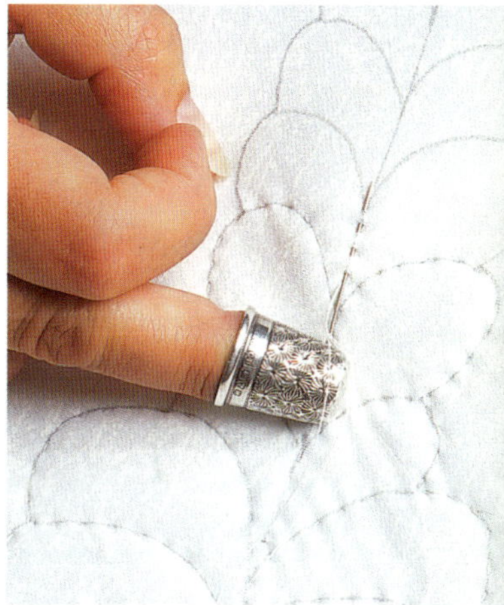

TRADITIONELLES QUILTEN
Arbeiten Sie traditionelle Quiltstiche mit einer Quiltnadel und speziellem Quiltgarn.

LAGEN ZURÜCKSCHNEIDEN
Wenn die Lagen aufeinandergeheftet sind, schneiden Sie den überstehenden Stoff ab.

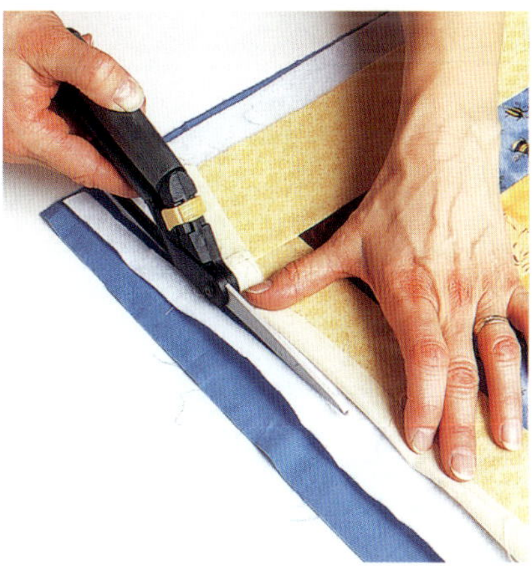

RÜCKSEITE
Wenn Sie von Hand nähen, werden die Stiche auf der Rückseite Ihrer Arbeit nicht absolut gleichmäßig sein (ungleichmäßiger als die auf der Vorderseite). Denken Sie daran: Diese Stiche wurden von Hand genäht. Sie werden unregelmäßig durch Richtungswechsel, durch das Wechseln oder Versetzen der Nähhand und durch das Vernähen des Quiltgarns am Anfang und am Ende jeder Linie.

Ziehen Sie den Faden durch und lassen Sie den Knoten mit einem kleinen Ruck in der Wattierung verschwinden.

Halten Sie die Nadel fast senkrecht zum Stoff, stechen Sie in einer Bewegung senkrecht nach unten und wieder nach oben. Achten Sie darauf, dass alle Lagen durchstochen sind. Fassen Sie mehrere Stiche auf die Nadel, bevor Sie den Faden durchziehen. Ziehen Sie gerade so fest, dass die Stiche auf der Stoffoberfläche liegen.

Quilten Sie so weiter, bis nur noch 10 cm des Fadens übrig bleiben oder bis Sie das Ende einer Quiltlinie erreicht haben. Machen Sie einen kleinen Knoten, knapp über der Stoffoberfläche.

Wenn Sie noch für einen oder mehrere Stiche Platz haben, stechen Sie die Nadel durch den Oberstoff in die Wattierung und bringen Sie sie eine Nadellänge vom Endpunkt entfernt wieder zur Oberfläche. Ziehen Sie den Knoten mit einem Ruck in die Wattierung. Wenn kein Platz für einen weiteren Stich ist, machen Sie einen Rückstich, bevor Sie den Knoten in die Wattierung ziehen.

Überstickte oder durchgezogene Stiche Überarbeiten Sie den Basisstich mit einem farbigen Garn, zuerst in einer Richtung und dann wieder zurück. Verwenden Sie das gleiche Garn für einen kräftigeren Eindruck oder nehmen Sie andersfarbiges Garn, um die Linie auffälliger zu machen. Ganz besonders gelingt das, wenn Sie die Basisnaht mit Effektgarn überarbeiten. In einem Wandobjekt oder einem gerahmten Bild können die Schlaufen locker bleiben. Wenn Sie jedoch an einem Quilt arbeiten, der viel benutzt wird, ziehen Sie die Stiche etwas fester an.

EINFASSUNG ANNÄHEN
Befestigen Sie die gefaltete Kante des Einfassstreifens mit Saumstichen auf der Rückseite.

Stiche in verschiedenen Richtungen nähen Bewegen Sie die Nadel in die neue Nährichtung, anstatt das Handgelenk in einem unnatürlichen Winkel zu verdrehen.

Breite Stiche Wenn Sie ein Muster für breitere Quiltstiche übertragen, müssen Sie dafür keine parallelen Eisenbahnschienen aufzeichnen. Ihre Stiche werden ohnehin gleichmäßig breit aussehen.

Einfassung Wenn Sie eine Einfassung von Hand annähen, arbeiten Sie die erste Naht mit Rückstichen, um alle Lagen glatt und sauber zu befestigen und die Kante zu verstärken.

Sobald die Einfassung zur Rückseite gefaltet wird, müssen Sie die Kante dort nur noch mit Saumstichen annähen und die Rückstichreihe ist zugedeckt.

Maschinen-nähtechniken

Wir leben in einer wunderbar fortschrittlichen Welt der Technik. Die meisten Näharbeiten, für die man in früheren Zeiten Stunden und Tage benötigte, können heute in Minutenschnelle mit der Maschine genäht werden.

Es gibt eine große Auswahl von Nähmaschinen. Wenn Sie eine gute Haushaltsnähmaschine kaufen möchten, achten Sie darauf, dass Sie leicht zu transportieren ist, die Basisstiche wie Geradstich und Zickzackstich nähen kann und über zuverlässige Fadenspannung und sicheren Stofftransport verfügt. Für experimentelleres Arbeiten wie Freihandquilten oder Maschinenstickerei sollten Sie eine Maschine haben, bei der der Stofftransport versenkt werden kann.

PATCHWORK NÄHEN

Wenn Sie Patchwork mit der Nähmaschine zusammensetzen, schneiden Sie die Teile inklusive 6 mm (1/4 Inch) Nahtzugabe zu. Legen Sie die Teile kantenbündig rechts auf rechts unter das 6 mm breite Nähfüßchen oder entlang einer 6 mm (1/4 Inch)-Markierung auf der Stichplatte. Zeichnen Sie die Markierung mit einem wasserfesten Filzstift auf. Stellen Sie den Geradstich ein. Bevor Sie beginnen, überprüfen Sie sowohl die

PATCHWORK MIT DER NÄHMASCHINE

Beim Maschinennähen können Sie mehrere Stoffpaare nacheinander nähen, ohne abzusetzen.

Fadenspannung als auch die Stichlänge auf einem doppelt gelegten Stoffrest. Legen Sie zuerst ein doppeltes Stoffstück vor das erste Stoffpaar und beginnen Sie die Naht auf dieser „Fadenmaus". Die meisten Maschinen nähen in der Mitte einer Naht gleichmäßiger als direkt an der Stoffkante.

Nähen Sie über das Stoffrestchen und sofort weiter über das erste Stoffpaar. Sobald Sie das Ende der Naht erreicht haben, nähen Sie weiter über die anschließenden Stoffpaare oder wieder über ein Stoffrestchen.

Bügeln Sie die Nahtzugaben nach einer Seite hin, wie beim Handnähen, oder bügeln Sie sie auseinander, um flachere Nähte zu erhalten.

STICHE FÜR APPLIKATIONEN

Wenn Sie Motive auf einen Unterstoff applizieren möchten, stecken Sie zuerst die Formen auf, heften Sie sie fest und entfernen Sie dabei die Stecknadeln im Vorwärtsarbeiten, denn sie könnten beim Maschinennähen im Wege sein. Es gibt verschiedene Sticharten, die für das Aufnähen der Motivkanten geeignet sind.

Zickzackstich Der Zickzackstich ist an den meisten Nähmaschinen verfügbar. Die Breite und Länge der Stiche können dem Stoff und der Fadensorte angepasst werden, ebenso wie der Größe und der Form des Motivs und dem gewünschten fertigen Aussehen. Nähen Sie Zickzackstiche entweder über offene oder untergeschlagene Stoffkanten.

Satinstich Der Satinstich ist ein sehr enger Zickzackstich und wirkt dichter und kompakter. Beim Arbeiten wird große Sorgfalt verlangt. Er eignet sich für die Applikation offener Stoffkanten.

Schlingstich Der Schlingstich, oder Langettenstich, kann überall dort angewandt werden, wo ein dekorativer, doch lockerer Stich gewünscht ist. Die „Zähne" des Schlingstichs können ent-

MASCHINENGENÄHTE APPLIKATION

Für die Applikation von Motiven können viele unterschiedliche Stiche benutzt werden. Die Wahl des Stichs ist abhängig davon, wie kompliziert das Motiv ist und ob Sie eine offene Stoffkante bedecken müssen oder nicht.

weder vom Motiv weg oder zum Motiv hin zeigen. Die Länge und Breite des Stichs sind unterschiedlich wählbar. Wenden Sie den Stich auf offenen oder untergeschlagenen Stoffkanten an.

Geradstich Nähen Sie knapp innerhalb des Applikationsmotivs eine schlichte Reihe von Geradstichen. Sie eignen sich auch für das freie Nähen, bei dem Motive fixiert werden, sowie zum Festnähen offener Stoffkanten.

Offener Kantenstich Dieser Stich ist auf moderneren Nähmaschinen zu finden. Wann immer eine Naht möglichst unsichtbar sein soll, kann dieser Stich mit unsichtbarem Nylongarn gearbeitet werden und ist so der Handapplikation nahezu gleichzustellen. Er eignet sich teilweise auch für das Festnähen untergeschlagener Kanten.

HEFTEN

Nahezu alle Arbeitsschritte für einen Quilt können auf der Maschine genäht werden. Stellen Sie den Geradstich ein und wählen Sie die größte Stichlänge (oder wählen Sie den Heftstich, falls Ihre Maschine diese Möglichkeit hat).

Maschinengenähte Heftlinien sind fester als handgenähte. Denken Sie also daran, dass die Rückseite des Quilts durch die festere Spannung zusammengezogen wird.

MASCHINENQUILTEN

Wenn Sie gerne mit Ihrer Nähmaschine arbeiten, dann haben Sie sicher auch Freude am Experimentieren und dem Ausloten der verschiedenen Möglichkeiten. Im Vergleich zu einem handgequilteten Projekt wird ein maschinengequil-

QUILTEN MIT DER NÄHMASCHINE
Das Maschinenquilten ist ein wichtiges Element bei der Herstellung eines Quilts und befestigt die Lagen aufeinander. Es sollte nicht mit dem Maschinensticken verwechselt werden, das hauptsächlich der Oberflächenverzierung dient.

teter Quilt steifer und flacher werden. Es gibt zwei deutlich unterschiedliche Techniken des Maschinenquiltens: das maschinengeführte Quilten und das freie Maschinenquilten.

Maschinengeführtes Quilten Stellen Sie den Geradstich ein und lassen Sie den Stofftransport ganz normal eingeschaltet. Gehen Sie so vor:

- Quilten in der Naht (also in der Vertiefung einer Patchworknaht)
- Konturquilten in der Form eines Stoffstücks
- Echoquilting
- fortlaufende Linien

Bevor Sie beginnen, testen Sie auf einem zusammengelegten Stoffstück sowohl die Fadenspannung als auch die Sticheinstellung. Wenn Ihre Maschine einen Oberstofftransport besitzt (Integralfuß), setzen Sie ihn ein, sodass alle Lagen des Quilts gleichmäßig durch die Maschine geführt werden. Oder Sie stecken Stecknadeln in regelmäßigen Abständen waagerecht zur Naht und entfernen sie wieder im Vorwärtsarbeiten.

Beginnen Sie am Startpunkt der Quiltlinie und mit der Position „Nadel unten". Verriegeln Sie den Nahtanfang entweder mit der entsprechenden Maschineneinstellung „Lock" bzw. „Fix" oder machen Sie am Anfang der Naht einen sehr kurzen Stich in Länge 0,5 nach vorn, wieder zurück, wieder nach vorn und wieder zurück. Nähen Sie nun entlang der Patchworknähte oder auf den Quiltlinien und beenden Sie die Naht in der gleichen Weise, wie Sie begonnen haben.

Freies Maschinenquilten Für das freie Maschinenquilten (Freihandquilten)

- versenken Sie den Stofftransport und
- setzen Sie einen Stopffuß (Freiquiltfuß) ein.

Stellen Sie Stichlänge und Stichbreite auf Null. Setzen Sie eine große Nadel (Stärke 100) ein. Vielleicht möchten Sie auch die Fadenspannung ändern – testen Sie dies auf einem Probestoff.

Legen Sie Ihre Quiltarbeit in einen Quiltrahmen oder ziehen Sie Quilthandschuhe mit rutschfesten Fingerspitzen an bzw. verwenden Sie Griffklammern, um die Stofflagen sicher bewegen zu können. Schieben Sie den Quilt unter die Nadel und holen Sie Unterfaden und Oberfaden zur Quiltoberseite. Halten Sie die Fadenenden nach hinten fest, während Sie den Nähfuß senken. Arbeiten Sie zwei oder drei Stiche auf der Stelle, um die Fäden zu verankern. Beginnen Sie das Muster zu quilten, indem Sie gleichzeitig das Fußpedal betätigen und den Quilt bewegen.

Diese Technik verlangt etwas Übung. Denken Sie daran: Sie sind es, die den Stoff bewegt, nicht die Nähmaschine mit dem üblichen Stofftransport. Am Ende einer Naht verankern Sie die Fäden wieder mit zwei oder drei Stichen auf der Stelle, bevor Sie sie abschneiden.

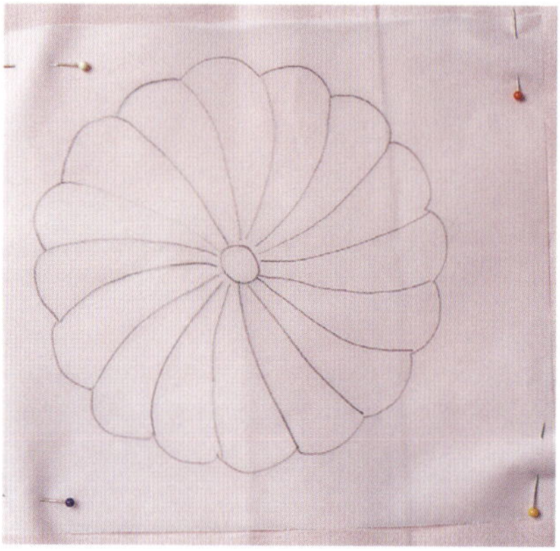

WAHL DES QUILTMUSTERS
Suchen Sie für das Maschinenquilten nach Mustern mit fortlaufender Linie. Dort gibt es weniger Starts-und-Stopps zu nähen.

EINFASSUNG

Zum Annähen des Einfassstreifens wird nur der Geradstich benötigt. Er verbindet alle Lagen des Quilts und befestigt den Streifen mit einer starken Naht.

Wenn der Streifen zur Rückseite gefaltet ist, nähen Sie ihn mit Saumstichen von Hand fest und bedecken Sie damit gleichzeitig die maschinengenähte Naht.

Stoffe

Bei der Stoffauswahl sollten Sie solche aussortieren, die schwierig zu verarbeiten sind oder die wegen ihrer lockeren Webart stark fransen.

Zwei Stoffarten sind für Anfängerinnen ideal: 100 % Baumwolle und Dupionseide (beides in Handarbeits- bzw. Konfektionsqualität. Vermeiden Sie Dekorationsstoffe). Als Anfängerin nutzen Sie die einfache Handhabung von zwei identischen Stoffqualitäten im gesamten Quilt. Wenn Sie mehr Erfahrung haben, können Sie auch ausgefallenere Stoffe einarbeiten. Rutschige, dünne oder durchbrochene Stoffe lassen sich mit aufbügelbarem Vlies verstärken, doch denken Sie daran, dass die zusätzliche Lage das Handquilten mühsamer macht.

WASCHEN

Stellen Sie sicher, dass Ihre Stoffe farbecht und waschbar sind. Um sicher zu gehen, ziehen es viele Patchworkerinnen vor, sämtliche Stoffe zu waschen, doch wir alle wissen, wie wunderbar sich ein neuer Stoff anfühlt. Wenn Sie Ihre Stoffe vor dem Zuschneiden vorwaschen, können Sie dieses „Neu"-Gefühl durch Einsprühen mit Sprühstärke und Bügeln wiederherstellen. Dies gibt dem gewaschenen Stoff Festigkeit und macht ihn einfacher zu schneiden. Es ist durchaus möglich, alte Kleidung und andere Stoffe zu verwenden, die für Sie eine persönliche Bedeutung haben. Bedenken Sie jedoch, dass diese Stoffe schon oft benutzt und gewaschen worden sind und daher schneller verschleißen als neue Stoffe.

STOFFSAMMLUNG

Wenn Sie eine Stoffsammlung anlegen, achten Sie auf eine gute Auswahl von Druckstoffen (groß -, mittel - und klein gemustert), ebenso wie auf eine Reihe von Unistoffen (Ton in Ton gemusterte Stoffe, die von Weitem einfarbig wirken, auch „falsche Unis" genannt). Halten Sie verschiedene Farbgruppen bereit. Auch wenn Sie vielleicht im Kleiderschrank vorwiegend Marineblau, Beige oder Weiß hängen haben – eine eingeschränkte Farbpalette Ihrer Patchworkstoffe schränkt auch Ihre Kreativität ein. Die meisten Patchworkgeschäfte bieten sortierte Stoffpakete an – dies sind vorgeschnittene Stoffstücke, die einen guten und preisgünstigen Grundstock für Ihre Stoffsammlung bilden. Wenn Sie jedoch

eine eher zurückhaltende Farbpalette bevorzugen, vergessen Sie nicht, immer wieder einen kleinen farblichen Akzent zu setzen.

FARBTON UND FARBWERT

Farbabstufungen sind für die Wirkung Ihres Patchworkmusters sehr wichtig. Sie brauchen eine Reihe von Farbtönen in jeder Farbe, von hellen über mittlere bis zu den dunklen. Viele Leute haben Schwierigkeiten, die Farbabstufungen einzuordnen. Hier sind einige Tipps, die helfen können. Als erste Möglichkeit schneiden Sie von jedem Stoff einer Farbgruppe Stücke zu, z.B. alle roten Stoffe, und legen sie in einer sortieren Reihe von hell nach dunkel aus. Kleben Sie die Stücke auf Papier und fotokopieren Sie dieses auf einem Schwarz-Weiß-Kopierer. Zweite Möglichkeit: Wenn Sie eine Digitalkamera besitzen, stellen Sie diese auf den Schwarz-Weiß-Modus ein und machen Sie ein Foto von Ihrer Stoffreihe. Beides hilft Ihnen, die Farbabstufungen deutlicher zu erkennen als auf Stoffen in den tatsächlichen Farben. Sie müssen auch wissen, dass jeder Farbton relativ wahrgenommen wird und sich ändert, je nach dem benachbarten Stoff, mit dem er verglichen wird.

DIE QUILTRÜCKSEITE

Wenn Sie einen Unistoff als Quiltrückseite wählen, sind die Stiche dort deutlicher zu sehen als auf einem gemusterten Stoff. Möchten Sie die Stiche der Rückseite gerne zeigen, dann ist es gleichgültig, ob der Stoff gemustert oder unifarben ist. Sind Ihre Stiche auf der Quiltrückseite jedoch sehr ungleichmäßig oder unruhig (vielleicht mussten Sie durch dicke Nähte und über Nahtkreuzungen quilten), ist ein gemusterter Rückseitenstoff vorzuziehen. Dies ist keine Entschuldigung für unregelmäßiges Quilten, aber es verringert den Erfolgsdruck.

Garne

Es sind viele verschiedene Garne erhältlich, sowohl für das Quilten als auch für die Stickerei. Denken Sie an die Stoffe Ihres Quilts, bevor Sie die Garne einkaufen.

Wenn z.B. ein Projekt hauptsächlich aus Seidenstoffen gearbeitet ist, können Sie es konsequenterweise auch mit Seidengarn nähen, vor allem für feine, seidene, handgenähte Applikationen.

Ist aber der Quilt aus robusten Baumwollstoffen genäht, so ist es nur logisch, auch mit 100 % Baumwollgarn zu nähen und zu quilten.

HANDQUILTGARNE

Für das traditionelle Quilten gibt es Handquiltgarne in vielen Farben, sowohl als mercerisierte Baumwolle wie auch als Polyestergarn. Es ist schon lange nicht mehr nötig, den Quiltfaden durch einen Block Bienenwachs zu ziehen. Wenn Sie jedoch dazu neigen, beim Nähen die Nadel und den Faden zu drehen und zu zwirbeln, kann etwas Bienenwachs dazu beitragen, dass sich weniger Schlaufen und Knoten bilden. Wenn Sie Stoffe und Garne für ein Quiltprojekt aussuchen, sollten Sie beachten, dass es besonders beim dekorativen Quilten möglich ist, große Stiche mit feinem Garn auf groben Stoffen zu arbeiten.

HANDQUILTGARNE

1 **HANDQUILTGARN:** 100 % Baumwolle

2 **HANDQUILTGARN:** 100 % Baumwolle, extra stark

3 **HANDQUILTGARN:** Baumwolle mit Polyesterkern, extra stark

4 **SEIDENGARN:** 100 % Seide, sehr fein

5 **PERLGARN:** 100 % Baumwolle, Stickgarn, in verschiedenen Stärken erhältlich

6 **PERLGARN:** 100 % Baumwolle, Häkelgarn, in verschiedenen Stärken erhältlich

7 **METALLICGARN:** 100 % Polyester, nicht sehr stark, aber gut für Verzierungen geeignet

MULTICOLOR-GARNE

8 **PERLGARN:** 100 % Baumwolle, gezwirnt, glänzend, in verschiedenen Stärken erhältlich

9 **PERLGARN:** 100 % Baumwolle, handgetärbt

10 **SASHIKOGARN:** 100 % Baumwolle, Spezialgarn für Sashiko-Quilting

Einige Maschinengarne wie 100 % mercerisierte Baumwolle und 100 % langstapelige Baumwolle eignen sich auch für das Handquilten.

MASCHINENQUILTGARNE

1 **BAUMWOLLE:** Allzweckgarn aus 100 % Baumwolle, geeignet für Hand- und Maschinennähen

2 **POLYESTER:** Allzweckgarn aus 100 % Polyester, geeignet für Hand- und Maschinennähen

3 **SILKY:** Stickgarn aus 100 % Viskose

4 **SILKY:** glänzendes Stickgarn aus 100 % Acrylfaser

5 **METALLIC:** aus 60 % Polyester und 40 % hochglänzendem Polyester

6 **METALLIC:** aus 70 % Polyamid und 30 % faserigem Polyester

7 **METALLIC:** aus 100 % hochglänzendem Polyester mit Hologramm-Effekt

8 **UNSICHTBAR:** synthetisches Nylongarn für Maschinenquilten

MULTICOLOR-GARNE

9 **MASCHINENQUILTEN:** 100 % mercerisierte Baumwolle

10 **MASCHINENQUILTEN:** 100 % langstapelige Baumwolle, für kräftiges Quilten und Steppen

Es ist jedoch fast unmöglich, mit dickem Garn feine Stiche auf feinem Stoff zu quilten.

MASCHINENQUILTGARNE

Es gibt eine riesige Auswahl von Garnen für das Maschinenquilten und die Maschinenstickerei. Denken Sie auch an das Material der Stoffe, die Sie in Ihrem Quilt verarbeitet haben und welche Maschinenquilt-Technik Sie anwenden möchten.

Maschinenquiltgarn benutzen Bevor Sie mit dem Maschinennähen beginnen, testen Sie das Garn auf einem Probestück aus Volumenvlies, welches zwischen zwei Stoffe gelegt wurde.

Prüfen Sie sowohl die Oberfaden- als auch die Unterfadenspannung: Die eine oder die andere muss vielleicht verändert werden, besonders wenn die Unterfadenspule mit einer anderen Fadenqualität gefüllt wurde als der Oberfaden. Die Verwendung von Metallicgarnen verlangt ebenfalls eine leichte Anpassung der Spannung, genauso wie das Freie Maschinenquilten und die Maschinenstickerei, bei welcher der Stofftransport versenkt wurde.

Prüfen Sie die Länge der Stiche, die Breite und die Einstellung (wenn Sie mit einem programmierten Stich arbeiten). Zum Schluss probieren Sie verschiedene Fadensorten aus und üben Sie auf Ihrem Probestück. Auf diese Weise können Sie entspannt und sicher sein, sobald Sie Ihren kostbaren Quilt unter die Maschine legen.

Weitere Materialien

Wie der Quilt wirkt und wie einfach er zu quilten ist, hängt sehr stark von der „Füllung“ ab, d.h. von dem Vlies und den Stabilisierungsstoffen.

WATTIERUNG

Die Auswahl ist breit und vielfältig – es gibt Vliese, die speziell für das Handquilten entwickelt wurden, solche, die sich besonders gut für das Maschinenquilten eignen, sowie Vliese, die für beide Techniken gleichermaßen gut geeignet sind. Bei der Wahl der Wattierung gibt es einiges zu berücksichtigen:

- Die Quilttechnik und die Garne, die Sie benutzen werden.
- Die Wirkung, die der fertige Quilt erzielen soll.
- Die Art der Beanspruchung, welcher der Quilt ausgesetzt sein wird.
- Ihr Budget.

Techniken und Garne Manche Vliese, die für das Maschinenquilten entwickelt wurden, lassen sich nur sehr schwer von Hand quilten. Wenn Sie beide Techniken anwenden möchten, sollten Sie eine Wattierung wählen, die für beides geeignet ist, damit Sie das Beste von beiden Seiten haben.

Wirkung des Quilts Vlies aus 100 % Polyester gibt den Polstern und Kissen eines Quiltmusters ein dickes Volumen. Es wird jedoch flach, sobald Sie den Quilt einmal bügeln. Viele Vliese aus Natur- oder Mischfasern sind von Anfang an flacher und daher wirkt auch der Quilt flacher. Dies ist bei Wandquilts sehr schön, doch möchten Sie vielleicht einen Bettquilt etwas plastischer haben und verwenden dafür ein dickeres Vlies.

Abnutzung und Verschleiß Wenn Ihr Quilt für ein Kind oder für eine ältere Person im Seniorenheim vorgesehen ist, wird er voraussichtlich öfters gewaschen werden. Wählen Sie also ein Vlies, das der Belastung von Waschmaschine und heißem Trockner gewachsen ist. Manche Wattierungen sind bereits vorgewaschen, manche müssen erst vorgeschrumpft werden, bevor man sie verarbeitet. Einige Quilterinnen lassen ihren Quilt „antik“ aussehen, indem sie bewusst ein Vlies verwenden, das beim Waschen schrumpfen wird und das den Quilt älter aussehen lässt als er tatsächlich ist.

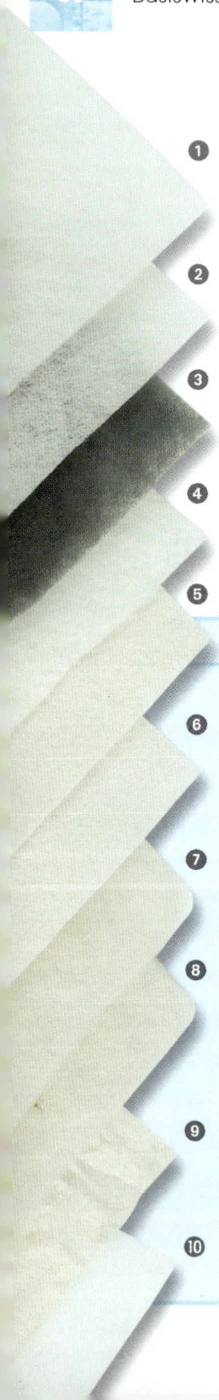

Budget Vliese, die Kunstfaser enthalten, sind im Allgemeinen preisgünstiger als die aus Naturfasern. Wenn Ihr Quilt jedoch ein Erbstück werden soll oder wenn er für eine Ausstellung gedacht ist, möchten Sie vielleicht etwas mehr Geld investieren und eine Wattierung kaufen, auf die Sie schon lange ein Auge geworfen haben oder die Sie gerne ausprobieren möchten.

VERSTÄRKUNGSVLIESE

Verstärkungsvliese werden in der Regel für Stickerei auf Konfektionsware und für Dekorationsgegenstände benutzt. Ihre Verwendung beim Patchworken ist weniger bekannt, doch sobald Sie mit Stoffen in verschiedenen Materialien, Stärken und von unterschiedlicher Haltbarkeit arbeiten (z.B. unterschiedliche Seidenqualitäten, locker gewebte Stoffe wie Käseleinen, Indische Stoffe oder grober Rupfen), sind sie äußerst nützlich.

EINIGE WATTIERUNGEN

1 POLYESTER (LOCKER):
Sehr dick, leicht zu waschen.

2 POLYESTER (GEPRESST):
Gute Isoliereigenschaft.

3 POLYESTER (GRAU/SCHWARZ):
Für die Verwendung in dunklen Stoffen.

4 100 % BAUMWOLLE (LOCKER):
Flaches Aussehen, sehr dehnbar, muss eventuell vorgewaschen werden.

5 100 % BAUMWOLLE (FEST):
Für Maschinenquilten geeignet, muss eventuell vorgewaschen werden.

6 BAUMWOLL-POLYESTER-MIX:
Fühlt sich wie Naturfaser an, dehnt sich weniger als Baumwollvlies. Kann für besondere Effekte kontrolliert geschrumpft werden.

7 100 % WOLLE:
Ziemlich teuer, benötigt besondere Aufmerksamkeit bei Lagerung und Reinigung.

8 100 % SCHAFWOLLE:
Sehr dicht und flockig, teuer.

9 WOLLE/POLYESTER-MIX:
Weniger dehnbar, Lagerung und Reinigung wie bei Wolle.

10 SEIDE:
Sehr teuer, schwierig zu verarbeiten, etwas unstabil.

STABILISATOREN FÜR PATCHWORK

1 AUFBÜGELBARE VLIESELINE:
In verschiedenen Stärken erhältlich, wird in Kleidung verwendet.

2 RASTERVLIES:
Als im Quilt verbleibender Unterstoff nützlich.

3 AUFBÜGELBARES KLEBEVLIES:
Zu verwenden bei Applikationen mit offener Stoffkante. In verschiedenen Stärken erhältlich. Die Stoffe zwischen zwei Lagen Backpapier bügeln, um Bügeleisen und Bügelbrett nicht zu verkleben.

4 FREEZERPAPIER:
Einseitig gewachstes Papier, als vorübergehende Verstärkung von Applikationen.

Weitere Stabilisatoren sind: Ausreißbares Stickvlies (nützlich beim Nähen auf Papier), wasserlösliche Folie (für Maschinenquilten, Maschinenstickerei; sie löst sich in Wasser auf und ist für kaltes und heißes Wasser erhältlich), hitzelösliche Folie (löst sich auf, sobald Hitze aufgebracht wird), extra dicke, aufbügelbare Vlieseline (für das Gestalten plastischer Motive) und dünne Gaze (für das Sticken mit dekorativen Garnen).

Gebrauchsgegenstände Alle unten aufgeführten Verstärkungen können Gebrauchsgegenstände stabilisieren, wie Tischsets, Geldbörsen oder Modewaren, ebenso wie Quilts.

- Nessel, in verschiedenen Stärken erhältlich.
- Leinwand.
- Baumwollmusselin oder Käseleinen.
- Isolierende Stoffe für hitzeempfindliche Gegenstände.

NÄH-UNTERGRUND

5 VORÜBERGEHEND
Ausreißbares Stickvlies, braunes Packpapier, gewachstes Papier, Kopier- oder Schreibmaschinenpapier.

6 DAUERHAFT
Nessel, Musselin, Rastervlies, Stoff.

Stoffe vorbereiten

Es gibt verschiedene Möglichkeiten, den Stoff vorzubereiten.

STOFFE VORWASCHEN

- Waschen Sie einen Stoff vor, wenn Sie Zweifel an seiner Haltbarkeit und seiner Farbechtheit haben.
- Wenn der Quilt oft gewaschen werden soll, ist es ratsam, die Stoffe vorzuwaschen, um zu sehen, wie sie sich bei heißer Temperatur in der Waschmaschine verhalten. Wurde ein Stoff gewaschen, müssen Sie ihn eventuell strecken.
- Wenn sich ein vorgewaschener Stoff lappig anfühlt, können Sie ihn beim Bügeln durch Sprühstärke neu beleben.

GRÜNDE, STOFFE NICHT VORZUWASCHEN

- Es gibt nichts Schöneres als brandneue Stoffe anzufassen, sie enthalten in der Regel eine Ausrüstung oder sind gestärkt, wodurch sie weniger knittern.
- Bei Kurzworkshops in einem Patchworkgeschäft wird meist mit Stoff direkt vom Ballen gearbeitet. In diesem Fall sollten Sie ähnliche Farbtöne wählen, die voraussichtlich nicht ausbluten.
- Exotische Stoffen wie Metallics und Seiden möchten Sie vielleicht ganz bewusst nicht vorwaschen.
- Handgefärbte Stoffe wurden bereits beim Färbevorgang mehrmals gewaschen, sodass Sie kaum eingehen können, wenn Sie in einem Quilt verarbeitet sind. Seien Sie trotzdem vorsichtig bei der Verwendung von roten oder lilafarbenen Stoffen. Legen Sie ein Färbetüchlein in die Waschmaschine und waschen Sie bei niedriger Temperatur.

FADENLAUF

- Bevor Sie in den Stoff schneiden, stellen Sie den Fadenlauf fest. Der Längsfadenlauf ist die „Kette“ und läuft senkrecht über den Stoff. Der Querfadenlauf ist der „Schuss“ und verläuft quer über die Stoffbahn.
- Kette und Schuss liegen im geraden Fadenlauf. Überall, wo Stabilität gewünscht ist, sollte im geraden Fadenlauf zugeschnitten werden.
- Der Fadenlauf diagonal über eine Stoffbreite (im Winkel von ungefähr 45°) ist als Schrägfadenlauf bekannt. Im Schrägfadenlauf zugeschnittene Stoffe sind sehr dehnbar. Einmal gedehnt, wird der Stoff nicht mehr in die ursprüngliche Form zurückgehen. Seien Sie also vorsichtig bei schräg zugeschnittenen Stoffkanten.

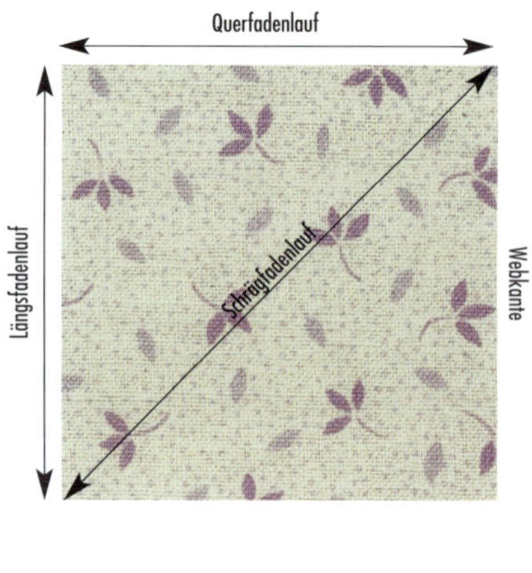

ROLLSCHNEIDEN

Bei der Arbeit mit einem Rollschneider müssen Sie stets auf einer speziellen Schneideunterlage schneiden und ein Quiltlineal benutzen. Setzen Sie rechtzeitig eine scharfe Klinge ein. Spreizen Sie die Hand, die das Lineal hält. Schneiden Sie immer von sich weg, nicht zu sich hin.

ZEIT SPAREN

Scheren mit Federung und langen Klingen können das Zuschneiden von Stoffteilen schneller machen.

IN DEN STOFF SCHNEIDEN

- Bevor Sie einen Stoff zuschneiden, entfernen Sie die Webkanten, sodass der Hauptstoff nicht verzogen wird. Bügeln Sie alle Falten weg.
- Wenn Sie mit dem Rollschneideset arbeiten, kann eine lange Stoffbahn zweifach gefaltet werden, um auf die Schneidematte zu passen. Mit scharfer Klinge können bis zu acht Lagen Stoff durchschnitten werden.

STOFFARTEN MISCHEN

Wenn Sie innerhalb eines Projekts verschiedenartige Stoffe verwenden, nehmen Sie sich die Zeit, die schwächeren mit Vlies oder Nessel zu unterbügeln. Auf diese Weise sind sie leichter zu handhaben und haben ungefähr die gleiche Stärke, sobald es ans Quilten geht. Auch die spätere Behandlung des Quilts wird einfacher.

Einen Quilt nähen

Ein Quilt beginnt mit der Herstellung einer Oberseite. Sie können diese als Patchwork zusammensetzen, Applikationen aufnähen, vielleicht beides mischen, oder möglicherweise einen Wholecloth-Quilt planen, ohne jegliches Patchwork oder Verzierung.

Was auch immer Sie als Oberseite wählen: Bevor sie mit dem nächsten Arbeitsschritt beginnen (dem Montieren der Lagen), müssen Sie sie sorgfältig bügeln.

DER ANFANG

Wählen Sie einen Rückseitenstoff aus, bereiten Sie ihn vor und bügeln Sie ihn. Die Rückseite soll an allen Seiten ungefähr 5–10 cm größer sein als die Oberseite, für den Fall, dass sich die Lagen beim Quilten verschieben oder verkleinern. Entfernen Sie die Webkanten, damit sich die Seiten nicht verziehen.

Wenn der Quilt sehr groß ist und Sie Stoff in Standardbreite gekauft haben, muss der Rückseitenstoff zugeschnitten und zusammengenäht werden (man kann auch extrabreite Stoffe kaufen, die speziell für große Quilts hergestellt werden). Bügeln Sie die Nahtzugaben flach auseinander.

RÜCKSEITENSTOFF

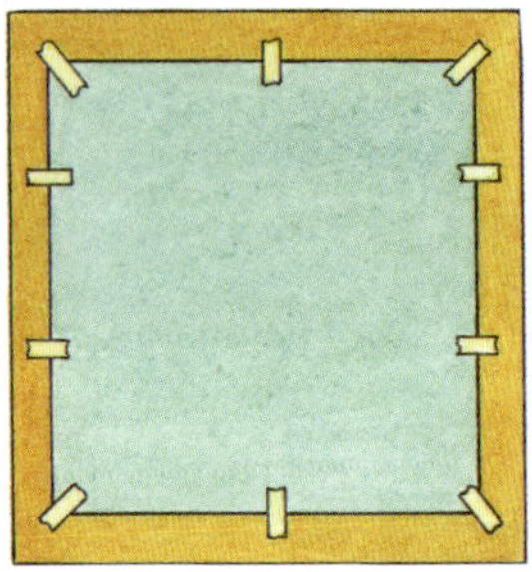

Wählen Sie eine ausreichend große Fläche, auf der Sie den Quilt vollständig ausbreiten können. Dies kann ein großer Tisch oder der Fußboden sein. Legen Sie den Rückseitenstoff mit der rechten Stoffseite nach unten aus, richten Sie ihn gerade aus und streichen Sie alle Falten glatt. Mit Kreppband kleben Sie nun zuerst die vier Ecken des Stoffes fest und bei größeren Quilts auch die mittlere Strecke der Seitenkanten. So liegt die Rückseite flach und straff, während Sie die nächsten Lagen darüber ausbreiten.

WATTIERUNG

Wenn das Vlies gefaltet geliefert wurde, packen Sie es aus und lassen Sie es vorzugsweise über Nacht auf einem Bett oder Ähnlichem ausgebreitet liegen, damit es atmen kann.

Ist die Wattierung schmaler als der Quilt, müssen Sie Teile zusammensetzen. Legen Sie zwei Vlieskanten dicht aneinander, ohne sie zu überlappen, und nähen Sie sie mit einer langen Nadel und großen Überwendlichstichen oder mit Hexenstichen zusammen.

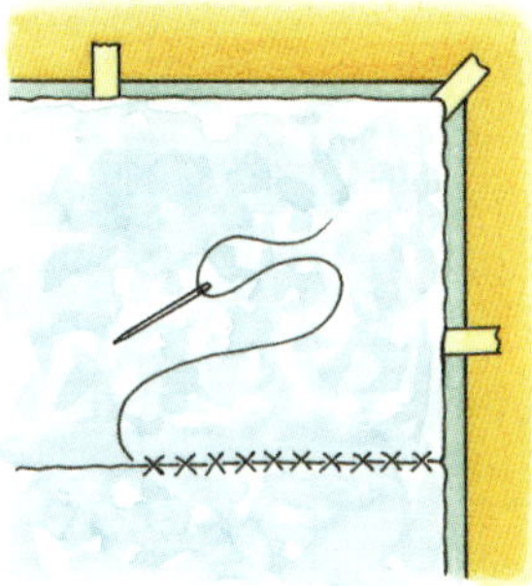

Achten Sie darauf, dass diese Naht nicht zu nahe an der Quiltkante liegt. Auch die Wattierung soll rundum 5–10 cm größer sein als die Quiltoberseite. Wenn Sie fertig sind, breiten Sie das Vlies über den Rückseitenstoff und kleben auch hier die Ecken und eventuell die Seitenkanten mit Kreppband fest. Streichen Sie alle Beulen nach außen hin weg.

HEFTEN

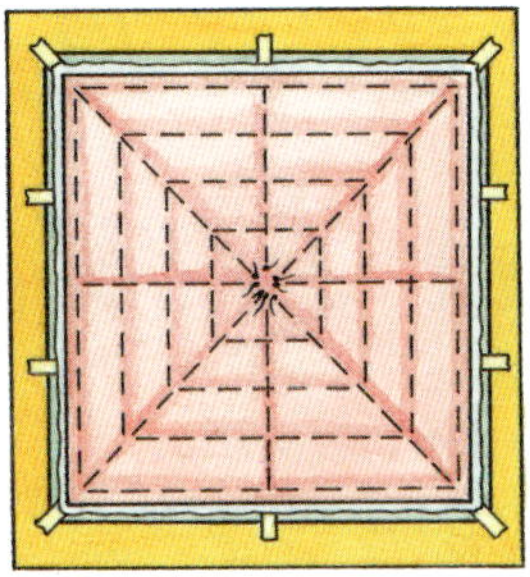

Das Heften muss von der Mitte nach außen hin erfolgen: Heften Sie zuerst senkrecht, quer und schräg durch die Mitte des Quilts. Beginnen Sie jede Linie im Zentrum und arbeiten Sie nach außen. Heften Sie auf diese Weise ein Gitter über den gesamten Quilt, entweder von Kante zu Kante oder jeweils über ein Viertel der Quiltfläche. Versuchen Sie, die Heftlinien im Abstand von 5–7,5 cm zu arbeiten – dadurch können sich die Lagen beim Quilten nicht mehr verschieben.

QUILTOBERSEITE

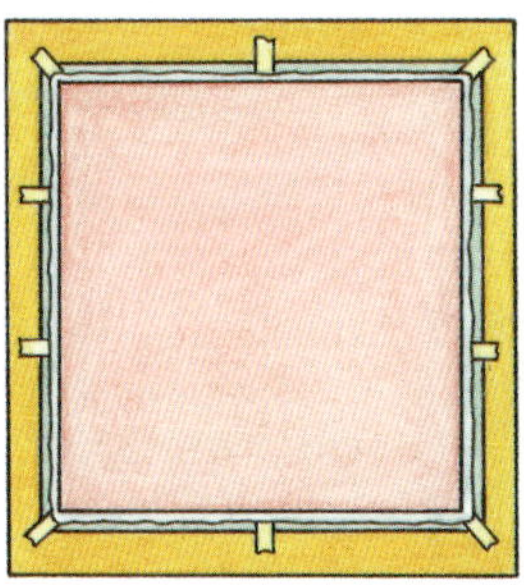

Nun legen Sie die Quiltoberseite mit der rechten Seite nach oben auf die Wattierung. Richten Sie die Kanten parallel zu den Kanten des Rückseitenstoffes aus und streichen Sie alle Falten und Unebenheiten glatt. Dann befestigen Sie die Oberseite genauso mit Kreppband. Wenn Sie möchten, stecken Sie einige Stecknadeln hindurch, damit sich die Lagen beim Weiterarbeiten nicht verschieben.

TIPP

Es gibt Alternativen zum traditionellen Heften von Hand: Sie können die Lagen mit Sicherheitsnadeln aufeinander befestigen oder mithilfe einer Heftpistole und Plastikklammern. Dies ist eine gute Wahl, wenn Sie es sehr eilig haben, nur wenig Platz zum Heften zur Verfügung steht oder wenn Sie mit der Maschine quilten werden (denn manchmal verfängt sich der Heftfaden im Maschinenfüßchen).

Vorzeichnen und Quilten

QUILTMUSTER AUFZEICHNEN

Es gibt verschiedene Möglichkeiten, den Stoff zu markieren, noch bevor die Lagen montiert werden.

Fenster Bei Tageslicht können Sie das Muster mit Klebestreifen auf dem Fensterglas befestigen, den Stoff darüberlegen und das Muster durchzeichnen. Diese Methode eignet sich gut für helle Stoffe. Auf den Fotos sind die anderen Techniken zu sehen.

QUILTMUSTER NACH DEM MONTIEREN DER LAGEN AUFZEICHNEN

Dies ist die bequemste Art, ein Quiltmuster aufzuzeichnen, denn die Quiltoberseite ist durch die darunter befindlichen Lagen stabil. Alle im Kapitel „Stoff markieren" (s. Seite 14) beschriebenen Hilfsmittel können hier zum Einsatz kommen (außer das Durchpausen). Wenn Sie den Quilt in einem Rahmen bearbeiten werden, zeichnen Sie jeweils den Bereich vor, der in den Rahmen gespannt wird.

Muster aufzeichnen Bevor Sie mit dem Quilten beginnen, zeichnen Sie das Quiltmuster über den gesamten Quilt oder jeweils auf dem Bereich, den Sie bearbeiten möchten. Dies bedingt den Einsatz spezieller Stifte, je nachdem, wie lange die Linien sichtbar sein sollen. Weiches Kreidepulver hält nicht lange. Linien mit wasserlöslichen Filzstiften bleiben länger sichtbar, müssen aber später wieder entfernt werden.

Schablonen Verwenden Sie Schablonen, um interessante Muster vorzuzeichnen. Wählen Sie Motive, die dem Patchworkmuster angepasst sind. In Patchworkblöcken können Teile der Schablone auf einzelnen Stoffstücken gequiltet werden.

LICHTKASTEN

Wenn Sie ein Muster von einem Papier oder aus einem Buch auf Stoff übertragen möchten und keine extra Schablone herstellen wollen, ist die Arbeit auf einer Lichtbox am bequemsten.

SELBSTGEMACHTE SCHABLONE

Eine andere Möglichkeit ist, das Muster auf Schablonenplastik zu übertragen und selbst eine Schablone herzustellen. Schneiden Sie das Motiv mit einem Grafikmesser aus. Wenn das Motiv aus einer geschlossenen Form besteht, machen Sie eine Fotokopie davon, kleben sie auf Karton und schneiden den Umriss aus.

QUILTMETHODEN

UMRISSQUILTEN

Das Umrissquilten ist das Einrahmen eines Motivs oder einer Form. Quilten Sie um die einzelnen Patchworkteile oder Applikationsmotive.

ECHOQUILTEN

Diese Quiltmethode erlaubt es Ihnen, ganz besondere Muster zu kreieren. Quilten Sie um ein Stoffstück oder um ein Motiv und wiederholen Sie diese Form mit parallel verlaufenden Linien in immer weiteren Abständen.

IN-DER-NAHT QUILTEN

Das Quilten in der Naht lässt den Quilt gepolstert erscheinen, ohne auffallende Stiche, die vom Patchworkmuster ablenken. Quilten Sie eine gerade Linie im Schatten der Naht.

FLÄCHENQUILTEN

Nachdem eine Applikation um den Umriss herum gequiltet wurde, können Sie die umgebende Hintergrundfläche mit füllenden Quiltmustern bedecken.

RANDBORDÜREN UND ECKSTEINE

Das Quiltmuster von Randstreifen kann in das Gesamtmuster eingebunden werden oder eigenständig auf der Randbordüre gearbeitet sein. Lange Bordüren sind eine gute Gelegenheit für auffallendes Quilting wie Zopfmuster, Federmuster, Kabelmuster oder Ranken. Ecksteine und Quadrate innerhalb eines Quilts sind eine gute Vorzeigefläche für schöne, quadratfüllende Muster.

Verschiedene Arten des Quiltens

Das Quilten und das Nähen von Patchworkdecken ist auf der ganzen Welt verbreitet. Es ist faszinierend zu sehen, wie diese Form der Näharbeit in verschiedenen Ländern ausgeführt wird und wie die kulturellen Einflüsse eine bemerkenswerte Vielfalt des Quiltens hervorgerufen hat.

Sashikoquilten

Diese Art des Quiltens kommt aus dem alten Japan. Sie wird mit dickem, weißem Baumwollgarn durchgeführt. Schlichte Vorstiche werden durch zwei Lagen von indigoblauem Stoff gearbeitet, ohne Zwischenlage. Sashiko diente ursprünglich dem Zweck, Gebrauchskleidung zu verzieren und wurde später eine Form der dekorativen „Stickerei". Es ist nicht schwer, solche „Sashikostickerei" für einen Quilt zu benutzen und es sind verschiedenste leuchtende Sashikogarne, vorgedruckte Schablonen und Muster erhältlich.

TIPPS

Sashikomuster basieren auf einem Rastergitter. Deshalb benötigen Sie für den Entwurf eigener Motive kariertes Papier. Vielleicht bevorzugen Sie Isometriepapiere für Dreiecke, Sechsecke und Rauten. Innerhalb eines Projekts können mehrere Muster gearbeitet werden.

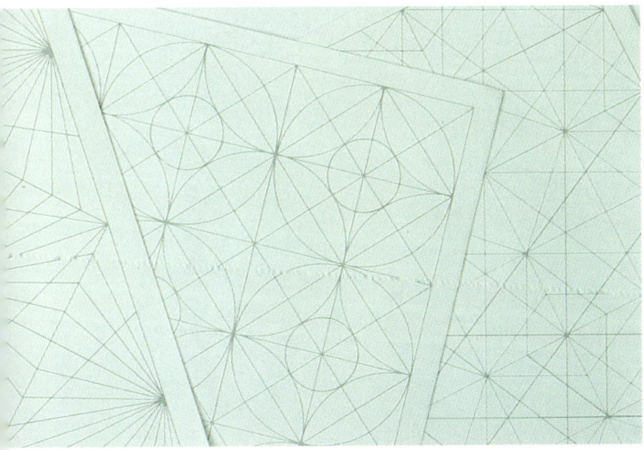

VORGEDRUCKTE MUSTER

In manchen Geschäften gibt es gemusterte Papiere zu kaufen, die ohne weiteres für Sashikoquilting benutzt werden können.

MUSTER

Solche regelmäßigen Kurven und geometrischen Muster sind für das Sashikoquilten gut geeignet.

STOFF VORZEICHNEN

Zeichnen Sie das gewünschte Muster auf den Stoff. Dies kann ein einzelnes Flächenmuster sein oder verschiedene Felder, die mit unterschiedlichen Motiven gefüllt werden.

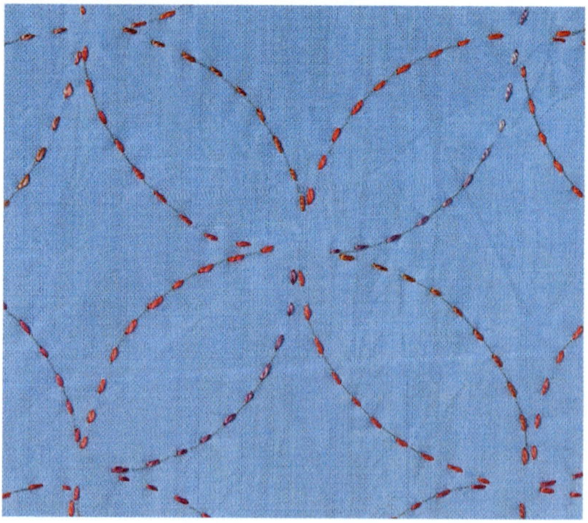

NÄHBEGINN

Machen Sie einen Knoten in das Fadenende: Dieser kann zwischen die Stofflagen hineingezogen werden, wie beim traditionellen Quilten.

STICHLÄNGEN

Beim Sashikoquilten wird mit längeren Stichen gearbeitet als beim traditionellen Quilten. Arbeiten Sie das Muster mit ca. 3–5 Vorstiche pro 2,5 cm.

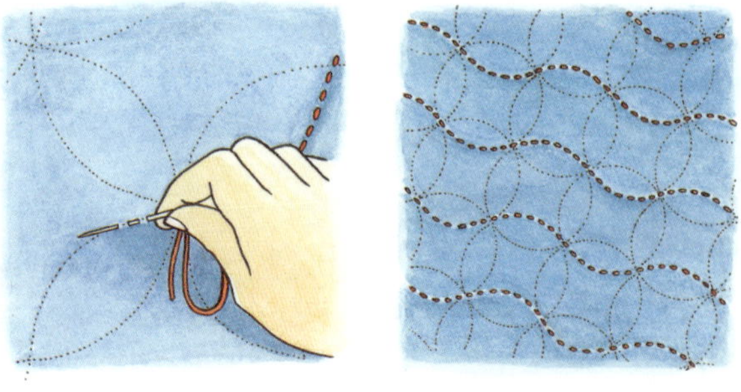

FORTLAUFENDE LINIEN

Quilten Sie fortlaufende Linien von einer Seite der Fläche zur anderen. Studieren Sie das Muster genau und finden Sie heraus, wie Sie so viele Linien wie möglich durchgehend nähen können, ohne viele Unterbrechungen zu haben.

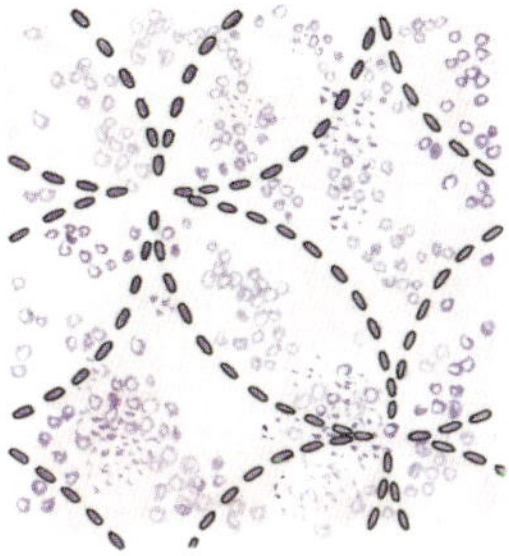

KREUZUNGEN

Wenn mehrere Linien aufeinander treffen, lassen Sie an dieser Stelle einige Stiche aus, anstatt sie übereinander oder überlappend zu nähen.

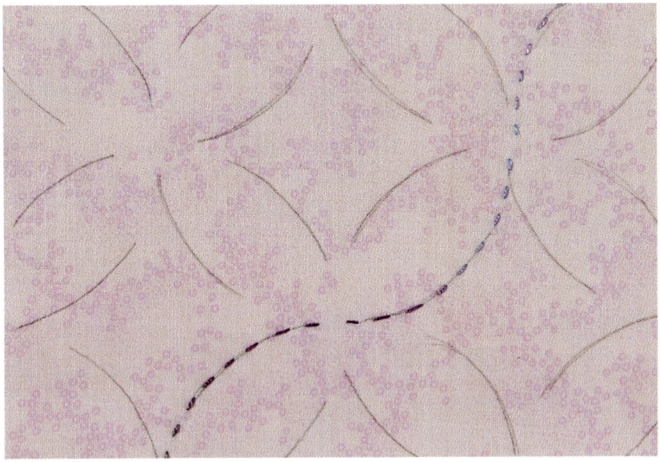

FERTIGSTELLUNG

Beenden Sie jede Linie, indem Sie den Fadenknoten wieder zwischen den Lagen verschwinden lassen und schneiden Sie dann den Faden sorgfältig ab.

Italienisches Quilten

Das Italienische Quilten oder Kordelquilting dient traditionell als Verzierung an Kleidungsstücken als auch auf Bettquilts. Es besteht aus Kanälen, durch die Kordeln gezogen werden. Auf diese Weise entsteht ein attraktiver dreidimensionaler Effekt. Die wollenen Kordeln werden mit einer kräftigen, stumpfen Nadel eingearbeitet. Diese Technik wird hauptsächlich auf Wholecloth-quilts angewendet. Das französische Gegenstück dazu ist der „Boutis“, bei dem sehr feine Kordeln für noch aufwendigere Muster verwendet werden.

MUSTER

KNOTEN

Ein Knotenmuster, das durch Kordeln gefüllt werden kann.

HERZEN

Ein Herzmotiv, durch dessen Kanäle Kordeln gezogen werden können.

TIPP

Wählen Sie ein Muster, das ganz oder teilweise aus parallel verlaufenden Linien (Schienen) besteht. Diese werden die Kanäle und sollten so breit sein, dass die Kordel bequem eingezogen werden kann. Zeichnen Sie das Muster auf den Stoff.

DAS MATERIAL

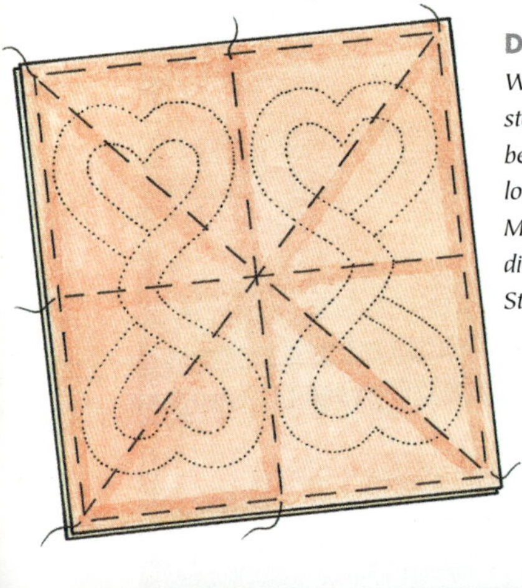

DIE STOFFE

Wählen Sie feinen Baumwollstoff für die oberste Lage. Sie benötigen zusätzlich einen sehr locker gewebten Stoff wie Musselin oder Käseleinen für die Rückseite. Heften Sie beide Stofflagen aufeinander.

TIPPS

- Vergewissern Sie sich, dass das dicke Garn vorgewaschen wurde, damit es später nicht einläuft.
- Als zusätzlichen Akzent können Sie farbige Wolle wie z.B. Strickgarn benutzen und unter leicht transparente Stoffe einziehen.

DIE KANÄLE

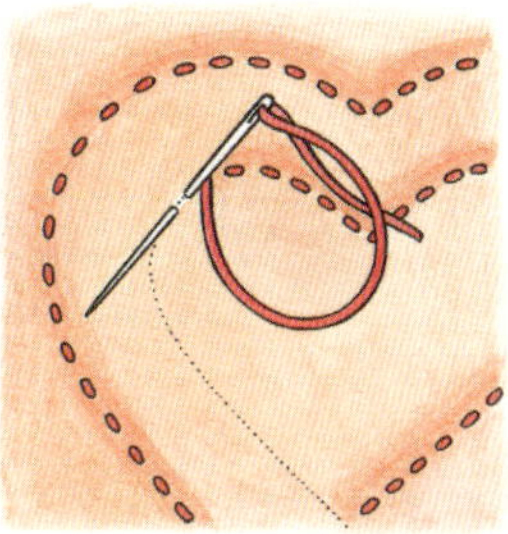

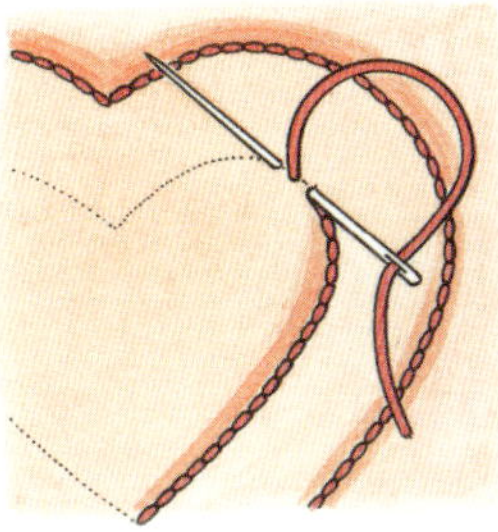

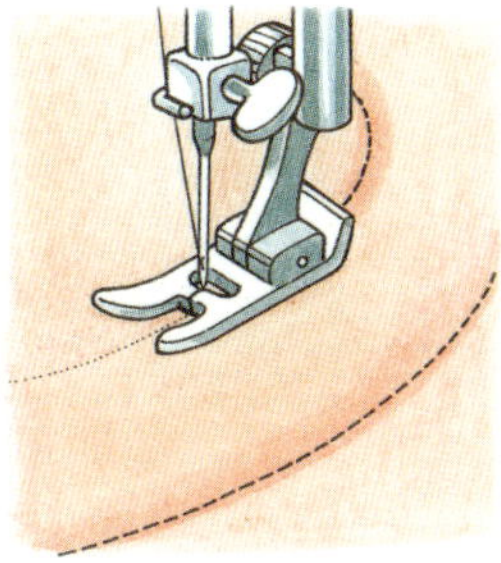

HANDGENÄHTE KANÄLE

Die Kanäle können von Hand gearbeitet werden, entweder mit Vorstichen oder mit Rückstichen.

MIT DER MASCHINE

Stellen Sie für das Nähen der Kanäle mit Maschine eine mittlere Stichlänge ein.

DAS MUSTER NÄHEN

Nähen Sie die parallelen Linien der Kanäle vor dem Kordel-Einziehen.

DAS KORDEL-EINZIEHEN

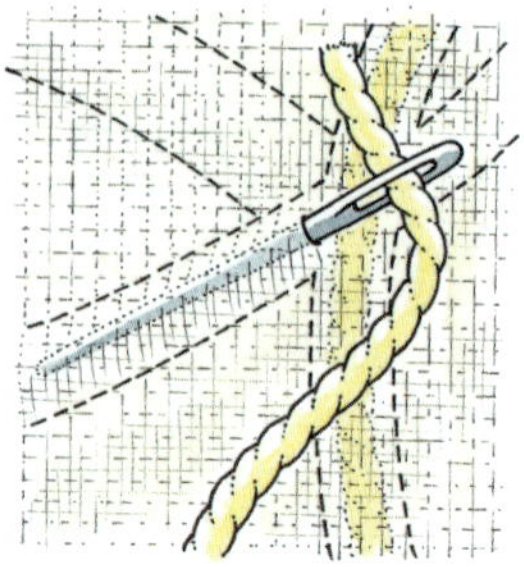

NADEL

Verwenden Sie eine stumpfe Sticknadel oder eine Polsternadel, um das Garn durch die Kanäle zu ziehen. Führen Sie es durch einen kleinen Schlitz im Unterstoff zwischen die Lagen.

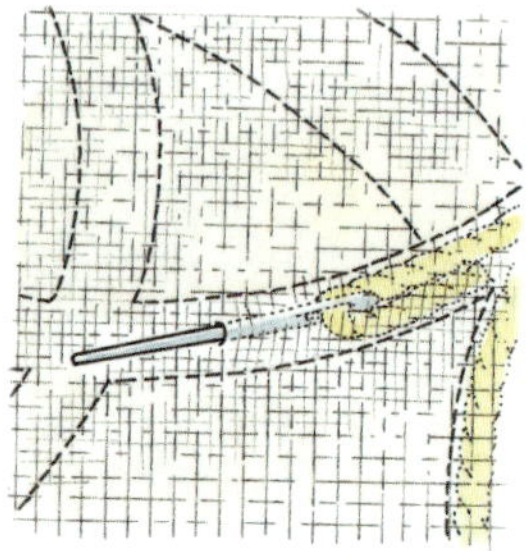

KORDEL DURCHZIEHEN

Bringen Sie die Nadel in regelmäßigen Abständen auf die Oberfläche des Unterstoffs.

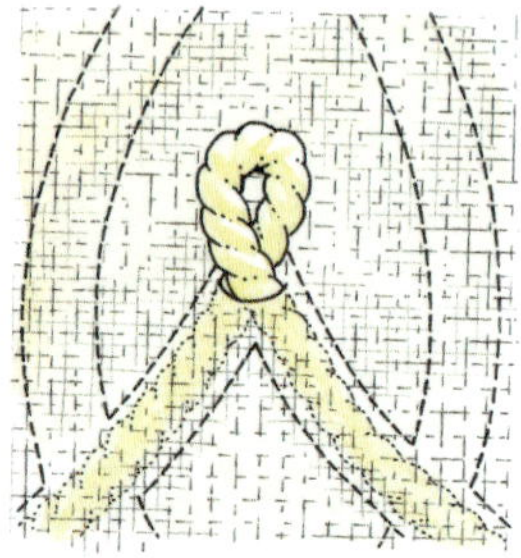

SPANNUNGS-SCHLAUFEN

Lassen Sie an spitzen Kurven und Ecken jeweils eine kleine Schlaufe der Kordel stehen.

SPANNUNGSSCHLAUFEN IM GESAMTMUSTER

An spitzen Ecken und Kurven wird jeweils eine kleine Schlaufe des Wollgarns stehen gelassen, damit sich das Quilting nicht zu sehr zusammenzieht.

TIPPS

- Die Spannungsschlaufen werden sich mit der Zeit in den Stoff ziehen und verhindern, dass die Stoffe durch die vielen Kordeln aus der Form geraten.
- Beginnen und enden Sie eine Kordel an spitzen Ecken oder bei Musterkreuzungen. Lassen Sie Anfang und Ende des Garns aus dem Unterstoff herausschauen.

DAS QUILTEN

Auch ein Italienisches Quilting kann noch weiter mit Quiltlinien bearbeitet werden, wodurch die Kordellinien besonders stark hervortreten. Nachdem das Muster mit Kordeln ausgefüllt wurde, legen Sie dünnes, gepresstes Volumenvlies und einen Rückseitenstoff darunter. Die Wattierung darf nicht von den Kordelmustern ablenken.

Quilten Sie um das gesamte Motiv und arbeiten Sie die Quiltstiche direkt neben den ursprünglichen Umrisslinien der Kordeln.

KORDELN EINZIEHEN UND QUILTEN

Hier ein Muster, das zuerst mit Italienischem Quilting versehen und dann zusätzlich von Hand gequiltet wurde.

Trapunto

Trapunto gibt einem Quilt einen besonders dreidimensionalen Effekt, indem einzelne Bereiche des Musters ausgestopft werden. Es wird traditionell auf Wholecloth-quilts angewendet (ohne Patchwork oder Applikation). Das Trapunto hat eine lange Geschichte und wurde auf Kleidung, Wohntextilien und Bettquilts angewendet. Trapunto ist sehr dekorativ, allerdings zeitaufwendig zu arbeiten. Die Muster werden vorgezeichnet. Dann wird eine Lage dünnes Musselin hinter den Oberstoff gelegt, um die Wattierung aufzunehmen.

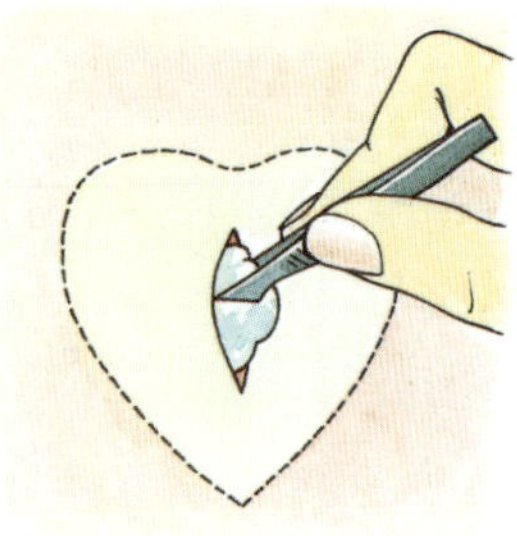

WATTIERUNG AUSWÄHLEN

Die Stopfwatte muss locker sein. Verwenden Sie spezielle Bastelwatte oder kleingezupfte Polyestervliesreste. Das Ausstopfen geht mithilfe einer spitzen Pinzette leicht, besonders bei kleinen Flächen.

MUSTER AUFZEICHNEN

Zeichnen Sie das Muster auf. Wählen Sie ein Motiv wie diese Blüte oder Felder, die sich zum Ausstopfen eignen.

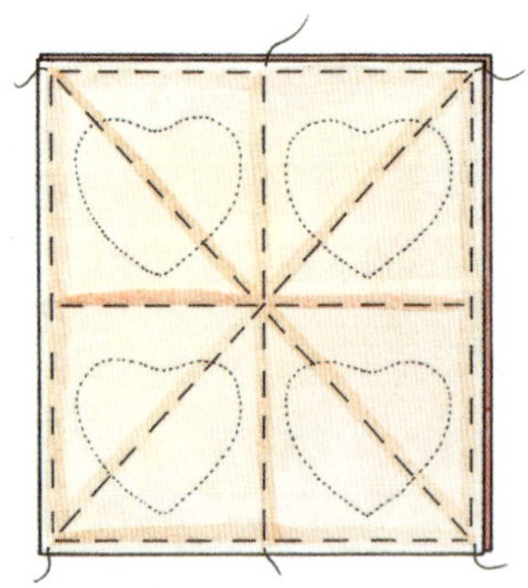

UNTERSTOFF ANBRINGEN

Heften Sie eine Lage feines Baumwollmusselin oder Käseleinen auf die Rückseite des Stoffes.

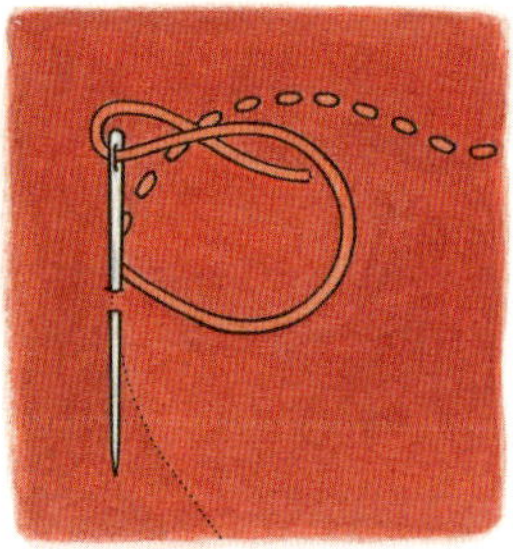

MUSTER NÄHEN

Nähen Sie mit gleichfarbigem Garn und kurzen, feinen Stichen (von Hand oder mit Maschine) um alle Linien des Motivs. Fadenknoten dürfen auf der Rückseite sichtbar sein, denn sie werden später durch weitere Lagen bedeckt.

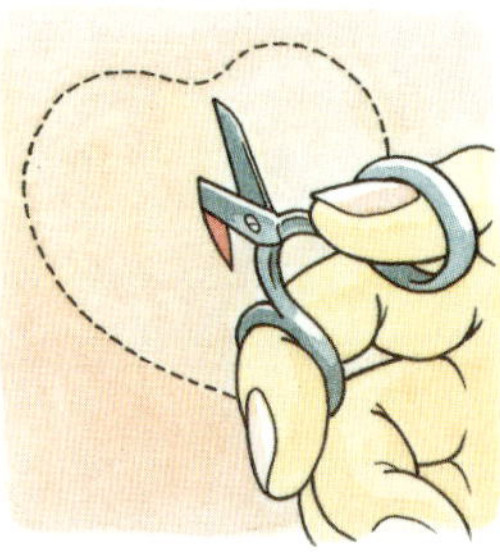

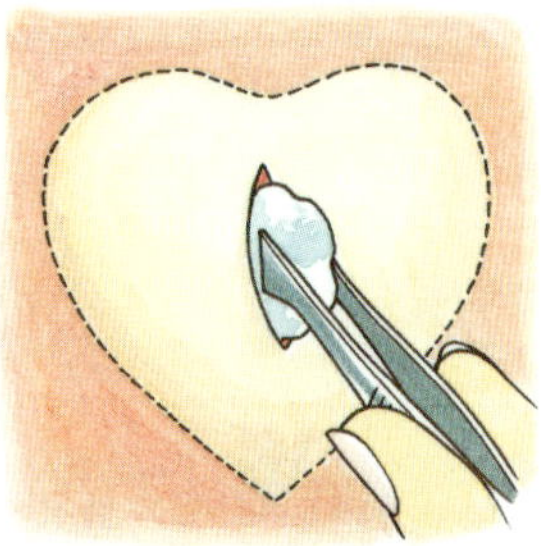

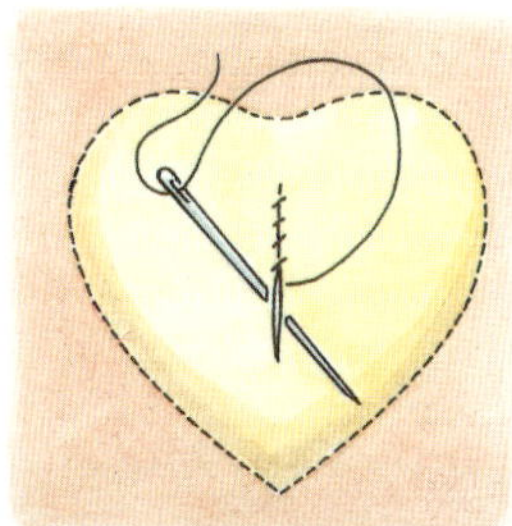

MUSTER AUSSTOPFEN

Finden Sie die erste Fläche, die gestopft werden soll. Machen Sie einen kleinen, geraden Schnitt in das Käseleinen, das diese Fläche bedeckt – nicht zu nahe an die Nählinien heran. Schieben Sie mithilfe einer spitzen Pinzette kleine Stücke der Füllwatte hinter den Stoff. Stopfen Sie nicht zu fest, um den Oberflächenstoff nicht zu verziehen.

NESSELSTOFF WIEDER ZUNÄHEN

Schließen Sie die Öffnung im Unterstoff mit Überwendlichstichen und befestigen Sie damit die Wattierung.

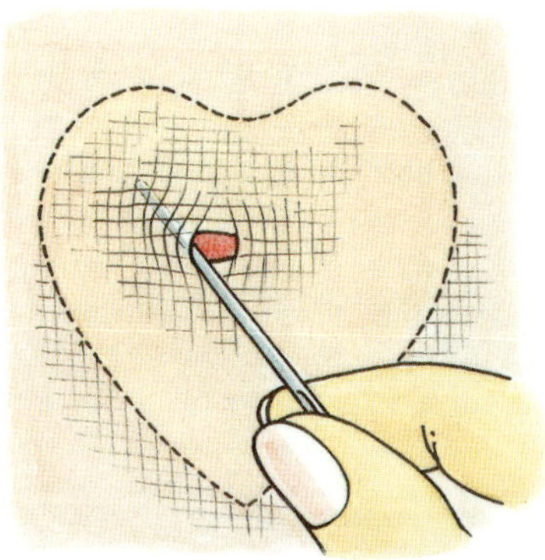

ANDERE METHODE

Alternativ dazu können Sie die Webfäden des Käseleinens auseinanderschieben und ein Loch öffnen, durch welches die Watte hindurchgeschoben werden kann. Schieben Sie danach die Fäden wieder zurück, um die Öffnung zu schließen.

TRAPUNTO FERTIGSTELLEN

Wiederholen Sie diesen Vorgang, bis alle gewünschten Flächen ausgestopft sind.

RÜCKSEITE ANFÜGEN

Hinterlegen Sie die Arbeit entweder mit einem Rückseitenstoff ohne Vlies, oder mit Rückseitenstoff und einem dünnen Vlies (sodass sich die ausgestopften Bereiche noch gut von den ungestopften unterscheiden).

QUILTEN

Quilten Sie um das Muster herum und arbeiten Sie die Quiltstiche direkt neben den Umrisslinien des ausgestopften Motivs. Werden die Hintergrundflächen gequiltet, treten die Formen besonders plastisch hervor.

Kantha

Das Kanthaquilten stammt aus Bangladesch und wurde oft auf Sari-Stoffen gestickt. Es wird ausschließlich mit einem feinen, kurzen Vorstich gearbeitet. Farbige Garne bilden dekorative Bordüren und folgen dem Umriss eines zentralen Motivs. Das Innere des Motivs wird dann mit verschiedenen Farben und Formen gequiltet. Traditionell sind mehrere feine Baumwollstoffe übereinandergearbeitet, ohne dazwischen gelegte Wattierung, doch kann diese Technik problemlos an traditionelles, gepolstertes Quilten angepasst werden.

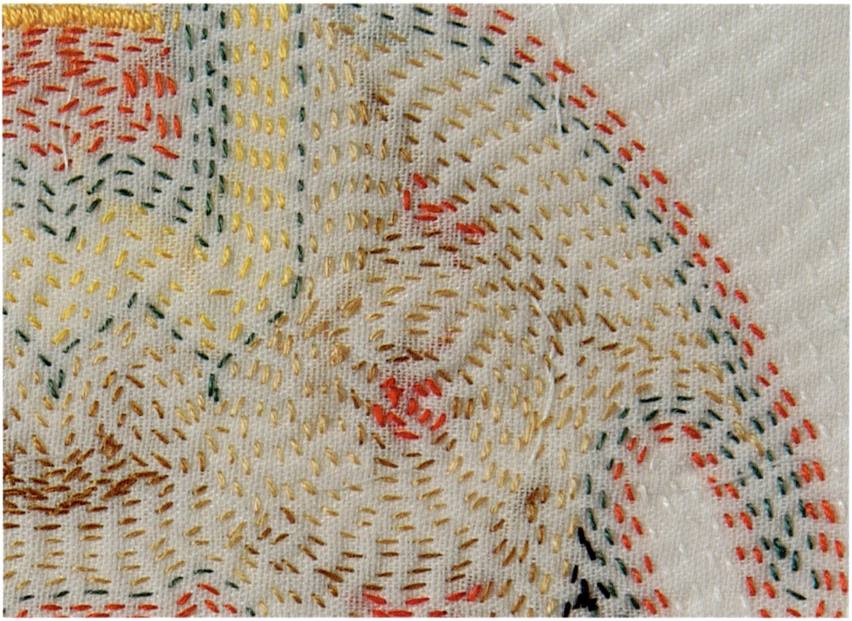

DER HINTERGRUND

Der Hintergrund des Motivs wird mit Vorstichlinien bedeckt, die mit dem Umriss des Motivs beginnen und als Echolinien die ganze Fläche bis nach außen füllen. Die Garne auf dem Hintergrund haben die gleiche Farbe wie der Stoff.

MUSTER

Motive und Muster, die sich für das Kantha Quilten eignen.

BEGINN

Stellen Sie eine Schablone her und übertragen Sie den Umriss des Musters auf den Stoff.

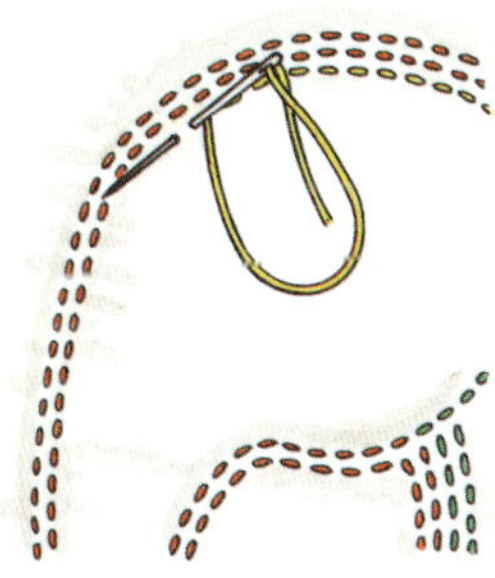

DAS NÄHEN

Beginnen Sie am zentralen Motiv mit feinen, kurzen Vorstichen. Nähen Sie um die Kontur und füllen Sie dann das ganze Muster mit fortlaufenden Vorstichen.

TIPPS

- Wenn Sie jeweils mehrere Stiche auf eine Nadel fassen, bleibt das Werkstück glatter, obwohl dann etwas schwieriger um Kurven zu nähen ist.
- Verwenden Sie verschiedene Garnfarben und -helligkeiten, um wie beim Malen Licht und Schatten anzudeuten.

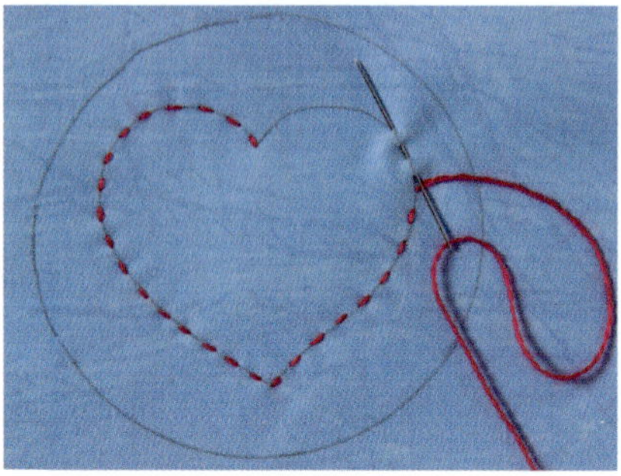

ANFANG UND ENDE

Beginnen Sie mit einem Knoten am Fadenende. Ziehen Sie den Knoten mit einem kleinen Ruck zwischen Oberstoff und Rückseitenstoff in die Wattierungsschicht hinein, oder zwischen die beiden Stofflagen.

MITTELMOTIV UND RAND

Sobald das mittlere Motiv fertiggestellt ist, entwerfen und nähen Sie ein Randmuster.

HINTERGRUND QUILTEN

Fädeln Sie einen Faden in der Farbe des Stoffes ein und beginnen Sie mit der Kontur; danach arbeiten Sie Echolinien rund um das Mittelmotiv. Fahren Sie so fort, bis der gesamte Hintergrund mit Stichen bedeckt ist. Beenden Sie jeden Faden mit einem Knoten, den Sie zwischen die Stofflagen ziehen und schneiden Sie das Fadenende sorgfältig ab.

Hand- und Maschinenquilten

KNOTEN UND FADENBÜSCHEL

Diese traditionelle und praktische Form des Quiltens gibt auch modernen Quilts eine interessante Note. Mit dem Faden werden in regelmäßigen Abständen einzelne Knoten durch alle Quiltlagen gemacht. Die Fadenenden können unsichtbar im Inneren des Quilts versteckt werden oder als dekorative kleine Fadenbüschel auf Ober- oder Unterseite des Quilts stehen bleiben. Auch Knöpfe eignen sich dafür.

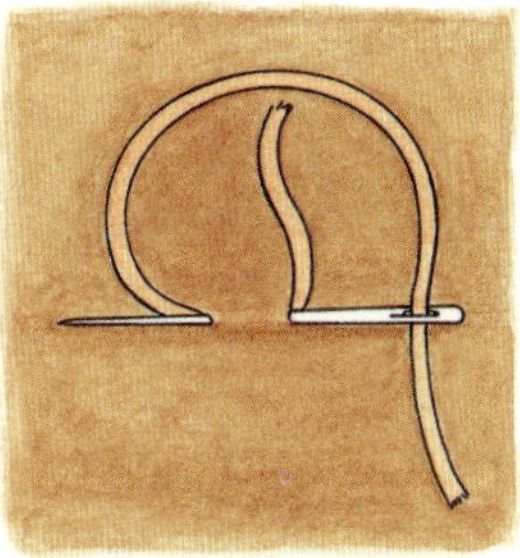

KNOTEN

Stechen Sie das Garn durch die Stofflagen und führen Sie die Nadel zur Oberfläche zurück. Wiederholen Sie diesen Schritt auf der gleichen Stelle.

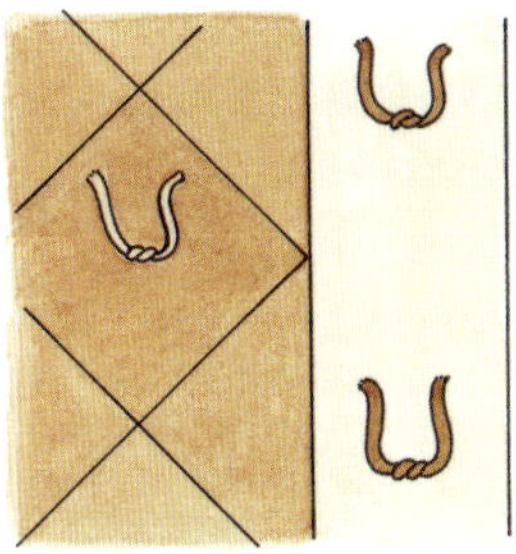

FADENBÜSCHEL

Lassen Sie die Fadenenden als dekoratives Detail auf der Oberfläche stehen.

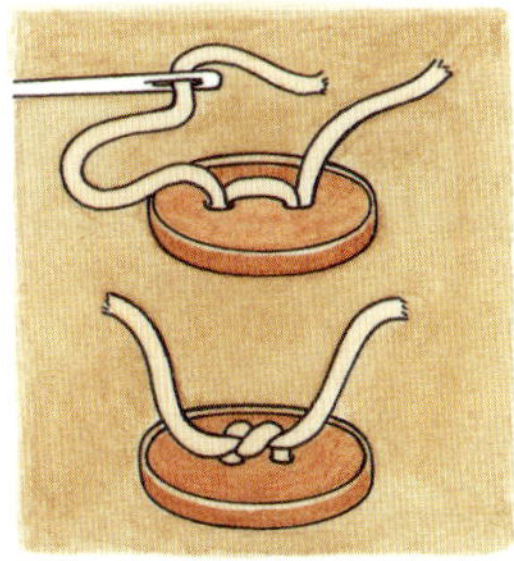

VERZIERUNG

Nähen Sie Knöpfe oder kleine Gegenstände als interessanten Blickfang auf.

WHOLECLOTH-QUILTING

Die Quiltoberseite besteht aus einem einzigen großen Stoffstück. Darauf wird ein Quiltmuster gezeichnet, das die ganze Fläche bedeckt. Patchwork oder Applikation erscheint nicht auf solchen Arbeiten. Manche Motive sind für einzelne Landesregionen typisch, wodurch es möglich ist, die Herkunft von antiken Quilts zu bestimmen und manchmal sogar zu datieren.

WHOLECLOTH-MUSTER AUFZEICHNEN

Zeichnen Sie ein traditionelles Quiltmuster auf die gesamte Stoffoberfläche oder zeichnen Sie ein modernes Design freihändig nach eigenen Vorstellungen.

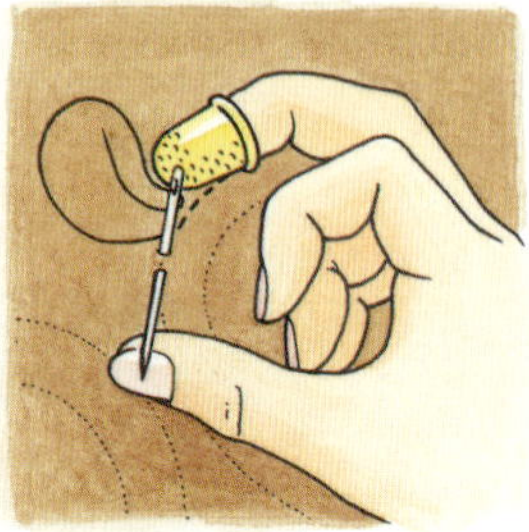

WHOLECLOTH-QUILTEN VON HAND

Arbeiten Sie Vorstiche, Rückstiche oder Kettenstiche von Hand.

VORBEREITEN FÜR DAS MASCHINENQUILTEN

Heften Sie den Quilt und rollen Sie ihn seitlich auf.

WHOLECLOTH-QUILTEN MIT DER NÄHMASCHINE

Quilten Sie von der Mitte nach außen. So quilten Sie die am schwierigsten zu bearbeitende Stelle als Erstes und die Quiltlagen lassen sich nach außen hin glatt streichen.

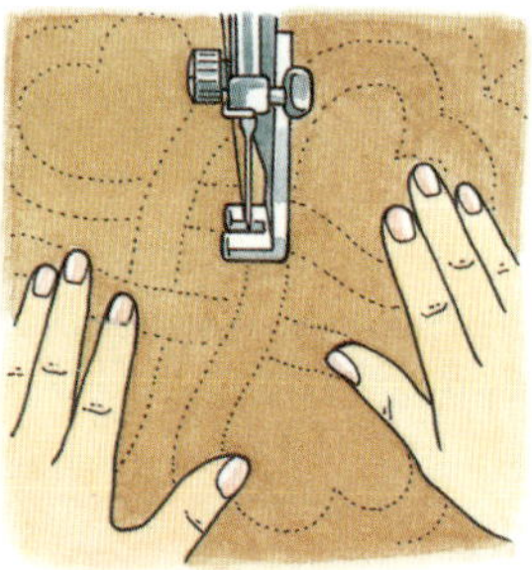

MUSTER MIT MASCHINE QUILTEN

Versuchen Sie, in fortlaufender Linie zu quilten, sodass Sie möglichst wenige „Stopp-und-Start"-Stellen zu bewältigen haben.

HANDGENÄHTES WHOLECLOTH-MUSTER

Ein zentrales Motiv kann noch hervorgehoben werden, wenn Sie den umgebenden Hintergrund mit Flächenmuster bedecken, z.B. mit Quadraten, Rauten oder Kreisen.

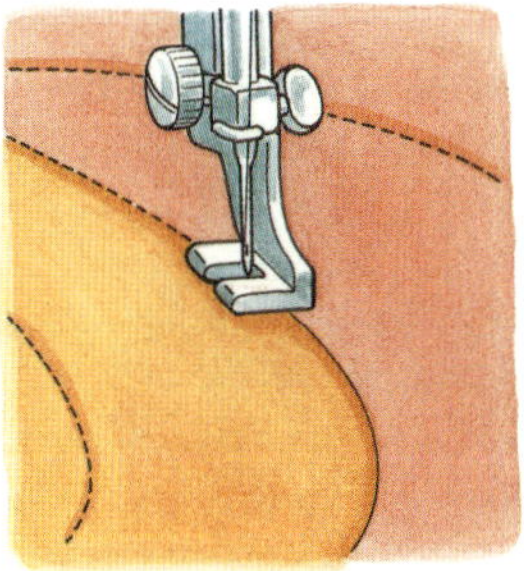

IN-DER-NAHT QUILTEN

Diese Technik wird dann angewendet, wenn einzelne Bereiche von Patchworkflächen innerhalb von Quiltmustern besonders stark hervortreten sollen. Die Quiltstiche werden in der Naht oder ganz nahe bei der Naht gearbeitet, in der zwei Patchworkteile zusammengesetzt wurden. Benutzen Sie eine unauffällige Fadenfarbe, die mit der Stofffarbe optisch verschmilzt.

UMRISS- UND ECHOQUILTEN

Durch das Konturquilten werden Motive besonders gut hervorgehoben, z.B. von Druckstoffen, Patchworkmustern und Applikationen. Die Quiltstiche führen dicht an der Umrissnaht entlang (knapp außerhalb des gewünschten Motivs).

Echoquilten betont die bereits fertiggestellten Quiltformen und macht sie noch auffallender. Sie können eine einzelne Echolinie um das Motiv arbeiten oder mehrere, je nach Muster und je nachdem, wie dicht Sie die Hintergrundfläche füllen möchten.

FLÄCHENQUILTEN

Flächenquilting macht den Hintergrund um ein gequiltetes Motiv interessant. Es eignet sich zudem gut, um Bereiche zu bedecken, die zu groß sind, um ungequiltet zu bleiben. Dies kann durch ein einziges Muster oder durch eine Kombination mehrerer geometrischer oder geschwungener Motive geschehen, die oft auf einem Raster aufgebaut sind. Ein Füllmuster sollte das zentrale Quiltmotiv betonen und nicht davon ablenken.

FREIES QUILTEN

Freie Quiltmuster bestehen meist aus fortlaufenden Linien und werden benutzt, um Patchwork- oder Applikationsmuster hervorzuheben oder um große Flächen wie Hintergrund oder Randbordüren zu füllen. Obwohl die Arbeit keinem bestimmten Muster folgt, können verschiedene Effekte erzielt werden, wie z.B. Stippling oder Mäandermuster, geometrische Gitter, Kurvenlinien, Motive und sogar Buchstaben. Dies alles wird in der Regel ohne vorgezeichnete Linien gearbeitet. Wenn Sie sich unsicher fühlen, können Sie ein Muster vorzeichnen.

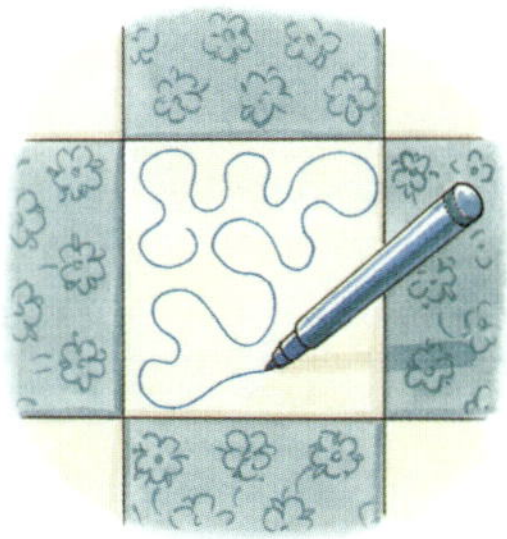

MUSTER
Muster können vorgezeichnet oder auch völlig frei gearbeitet werden.

FREIES HANDQUILTEN
Arbeiten Sie mit Vorstichen. Fassen Sie immer mehrere Stiche auf die Nadel, falls es das Muster erlaubt. Sobald das Muster gleichförmig zu werden beginnt, drehen Sie die Arbeit und arbeiten Sie in einer anderen Richtung weiter, damit die „Zufälligkeit“ des Musters nicht verloren geht.

FREIES MASCHINENQUILTEN
Setzen Sie einen Stick- oder Quiltfuß in die Nähmaschine ein, stellen Sie die Stichlänge und Stichbreite auf „Null“. Holen Sie zu Beginn beide Fäden (Ober- und Unterfaden) zur Oberfläche und passen Sie nach Bedarf die Fadenspannung an. Versenken oder bedecken Sie den Stofftransport. Ihre Hände übernehmen die Arbeit des Transports und Sie „zeichnen“ mit der Nadel.

TIPP

Beim freien Quilten mit der Maschine sollten Sie versuchen, mit hoher Nähgeschwindigkeit (mit dem Fußpedal) zu arbeiten und dabei den Stoff mit langsameren Bewegungen zu führen (mit den Händen).

OBERFLÄCHE UND PERSPEKTIVE
Metallicgarne und farbige Fäden mischen sich in diesem frei gestalteten Quiltmuster. Das Muster ist auf durchsichtigen Organza genäht, der über farblich abgestufte Stoffstücke in verschiedenen Grüntönen gelegt wurde. So entstand der Eindruck von Perspektive und Landschaft.

Die Stichkollektion

Die Stiche der nachfolgenden Sammlung wurden aufgrund ihrer Brauchbarkeit zum Quilten und wegen ihres dekorativen Effekts ausgewählt.

Die Abbildungen zeigen, in welcher Ausrichtung diese Stiche genäht werden. Wenn z.B. die Schritt-für-Schritt-Anleitung angibt, dass ein Stich horizontal gearbeitet wird, ist dies die einfachste Art, diesen speziellen Stich auszuführen. Wenn Sie Ihre Arbeit drehen möchten und den Stich in eine andere Richtung sticken (für mehr Bequemlichkeit oder je nach Vorliebe), drehen Sie die Abbildung um, sodass das Bild in die gleiche Richtung weist wie Sie arbeiten. So behalten Sie den Überblick.

Stich-kollektion

Hier finden Sie alle Quiltstiche aus diesem Buch. Verwenden Sie diese Übersicht, um den Stich zu finden, den Sie gerne arbeiten möchten und blättern Sie zu der angegebenen Seite.

STICHE FÜR DAS HAND-QUILTEN SEITE 66

SEITE 67

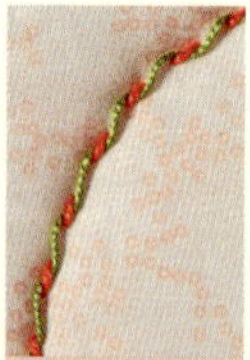
SEITE 68

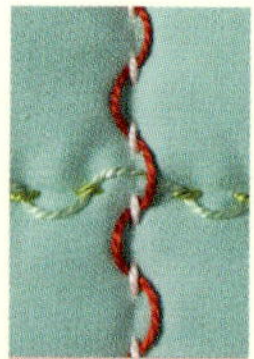
SEITE 69

SEITE 70

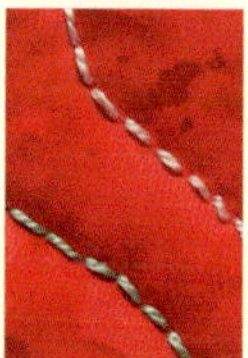
SEITE 71

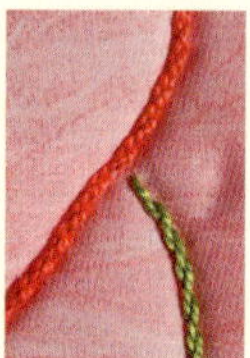
SEITE 72

SEITE 73

SEITE 74

SEITE 75

SEITE 76

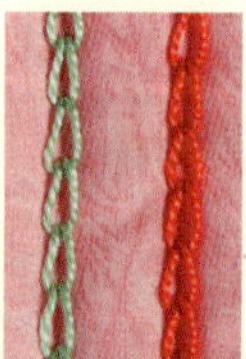
SEITE 77

SEITE 78

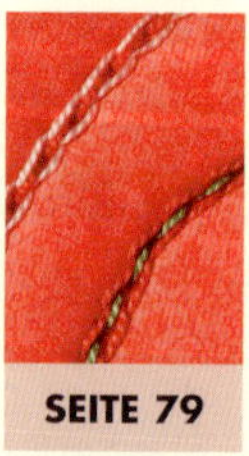
SEITE 79

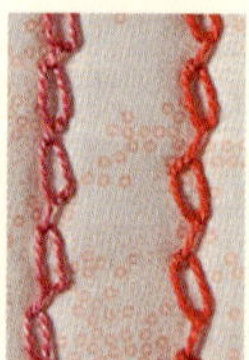
SEITE 80

SEITE 81

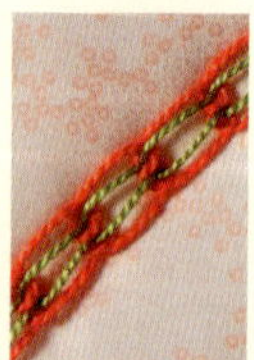
SEITE 82

SEITE 83

SEITE 84

SEITE 85

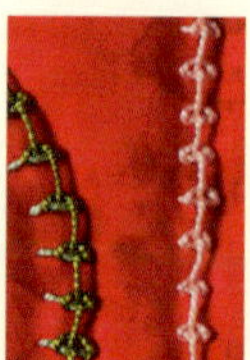
SEITE 86

SEITE 87

SEITE 88

SEITE 89

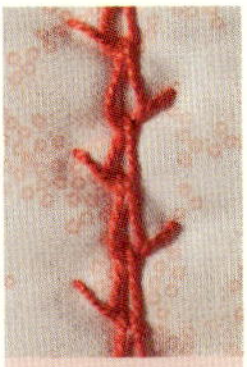
SEITE 90

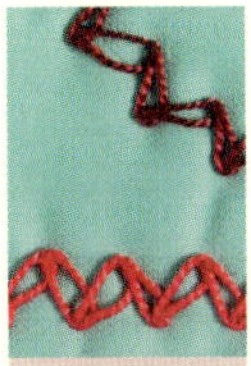
SEITE 91

SEITE 92

SEITE 93

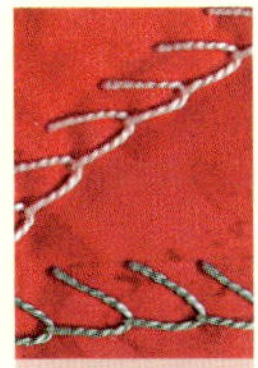
SEITE 94

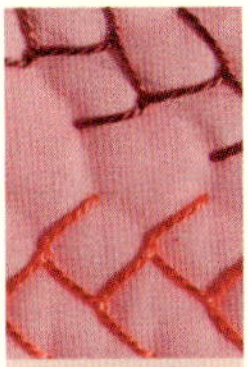
SEITE 95

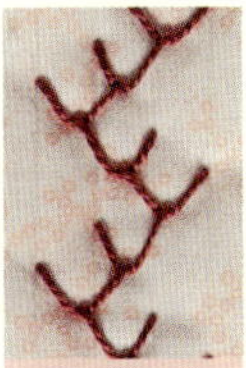
SEITE 96

SEITE 97

SEITE 98

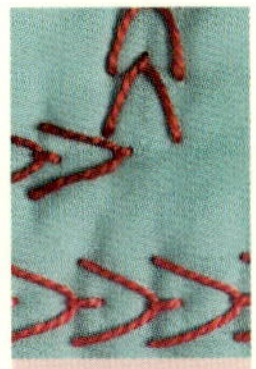
SEITE 99

SEITE 100

SEITE 101

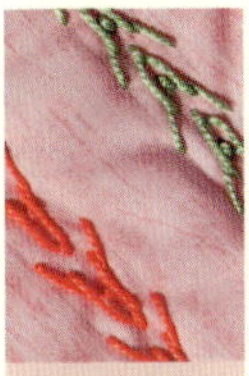
SEITE 102

SEITE 103

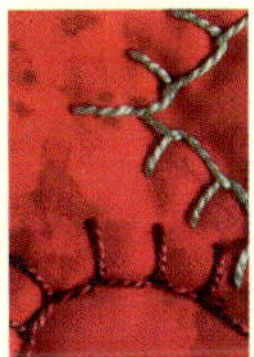
SEITE 104

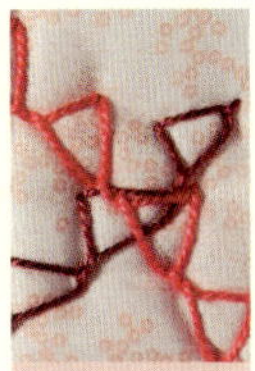
SEITE 105

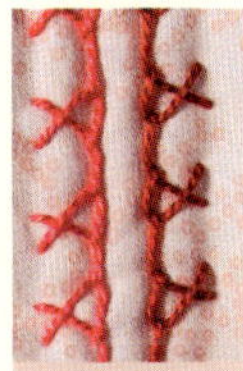
SEITE 106

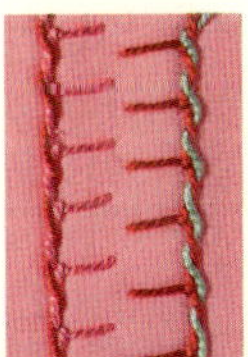
SEITE 107

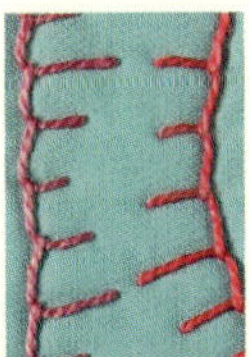
SEITE 108

SEITE 109

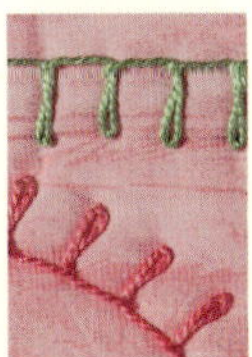
SEITE 110

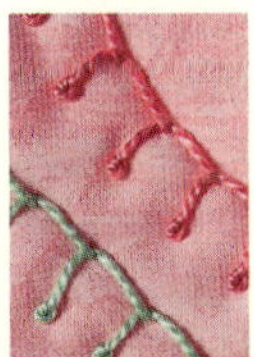
SEITE 111

SEITE 112

SEITE 113

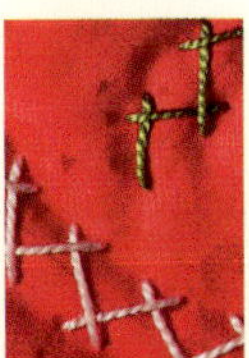
SEITE 114

SEITE 115

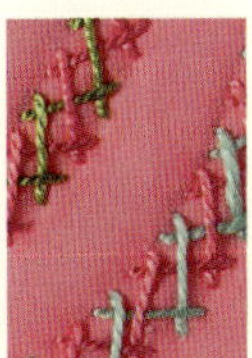
SEITE 116

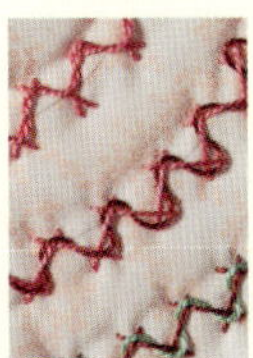
SEITE 117

SEITE 118

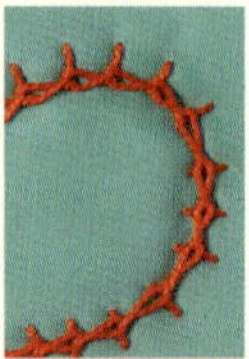
SEITE 119

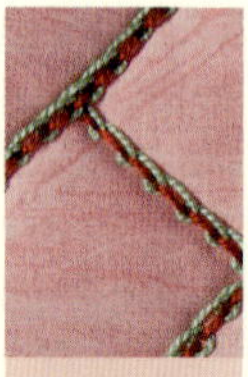
SEITE 120

SEITE 121

SEITE 122

SEITE 123

SEITE 124

SEITE 125

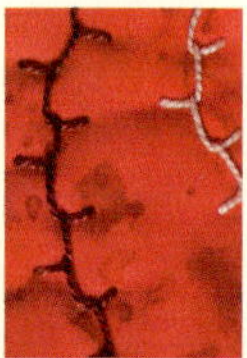
SEITE 126

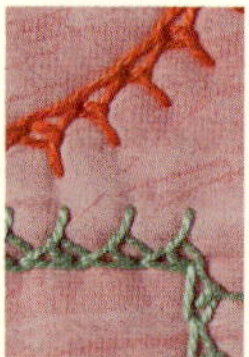
SEITE 127

SEITE 128

SEITE 129

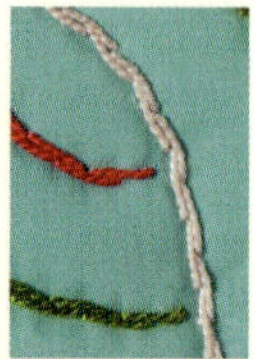
SEITE 130

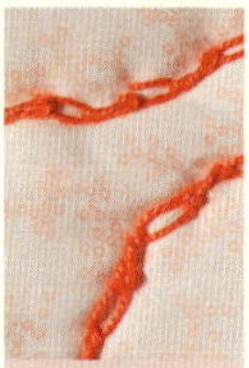
SEITE 131

SEITE 132

SEITE 133

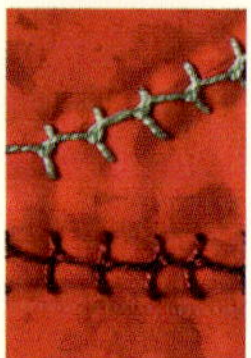
SEITE 134

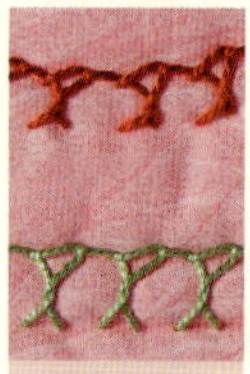
SEITE 135

SEITE 136

HAND-GEQUILTETE FÜLLSTICHE
SEITE 137

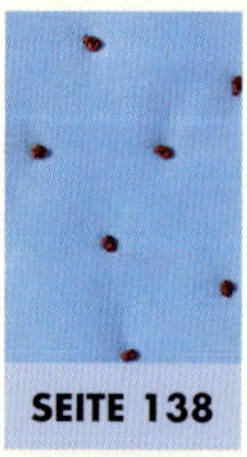
SEITE 138

SEITE 139

SEITE 140

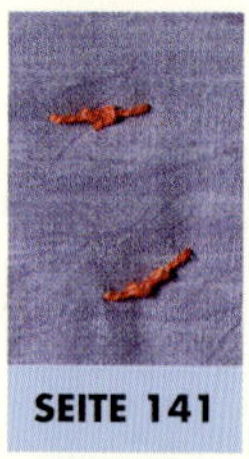
SEITE 141

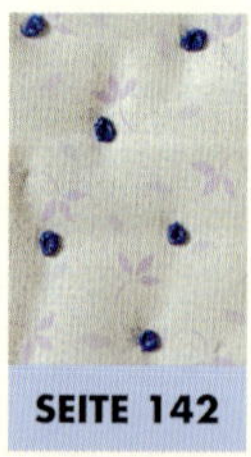
SEITE 142

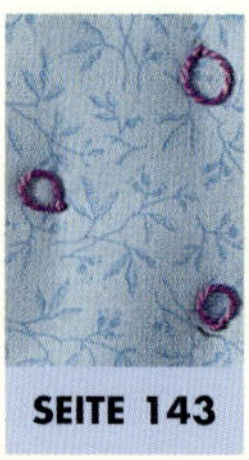
SEITE 143

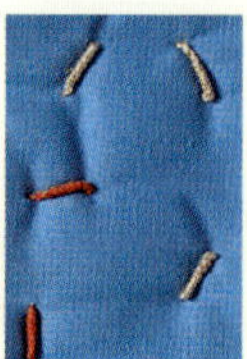
SEITE 144

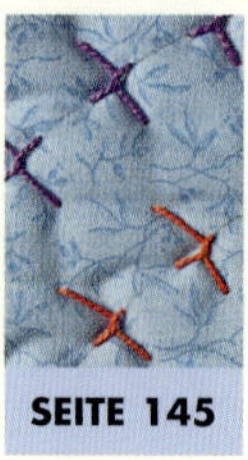
SEITE 145

SEITE 146

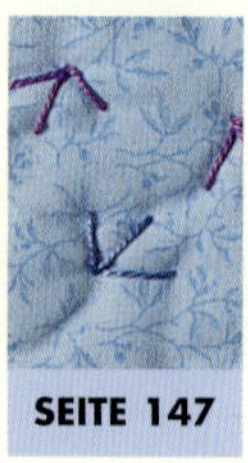
SEITE 147

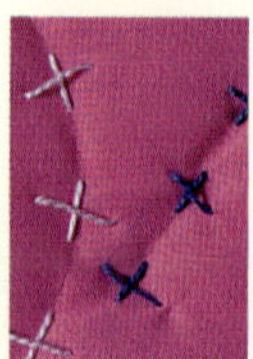
SEITE 148

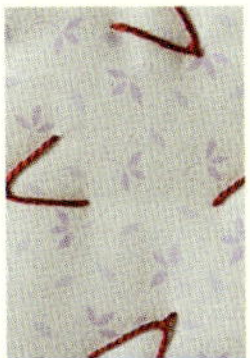
SEITE 149

SEITE 150

SEITE 151

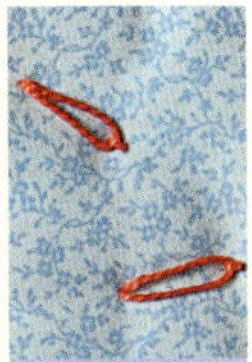
SEITE 152

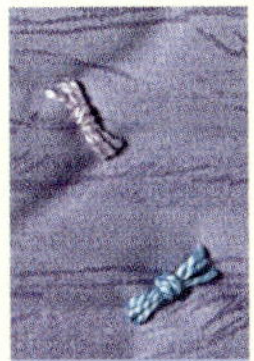
SEITE 153

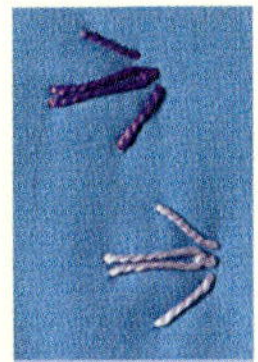
SEITE 154

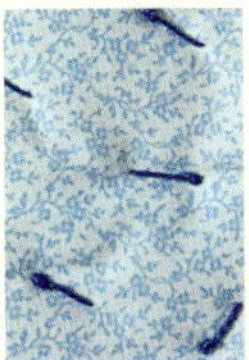
SEITE 155

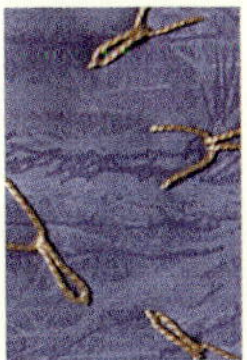
SEITE 156

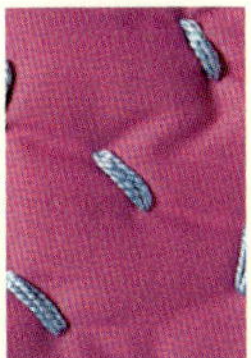
SEITE 157

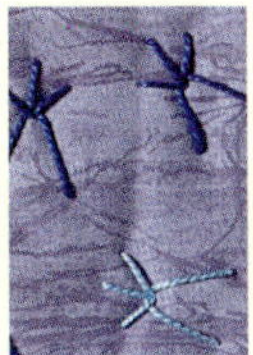
SEITE 158

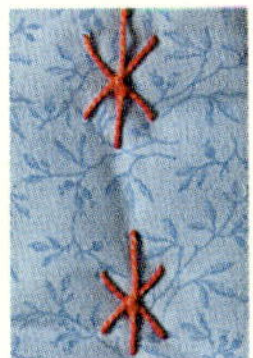
SEITE 159

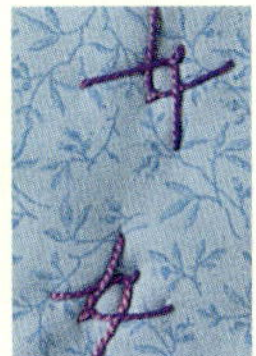
SEITE 160

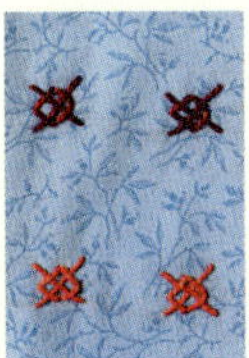
SEITE 161

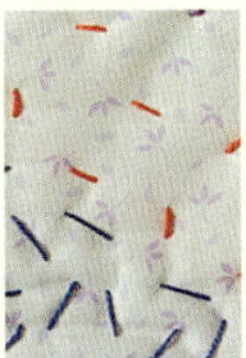
SEITE 162

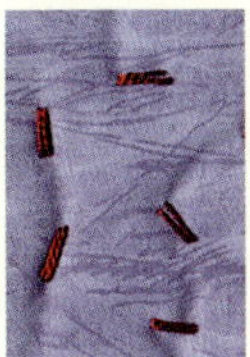
SEITE 163

HAND-GENÄHTE OBERFLÄCHEN-VERZIERUNG
SEITE 164

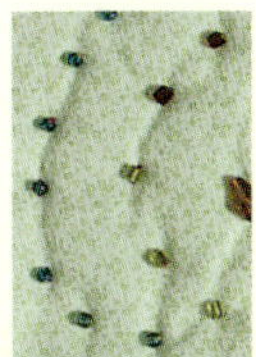
SEITE 165

SEITE 167

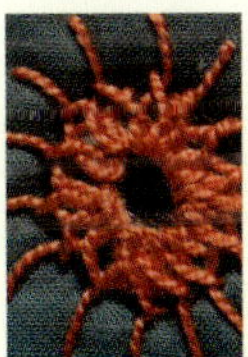
SEITE 168

SEITE 171

HAND-GENÄHTE KANTENVER-BINDUNGEN
SEITE 179

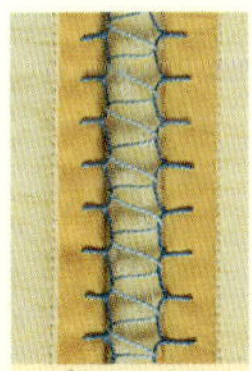
SEITE 180

SEITE 181

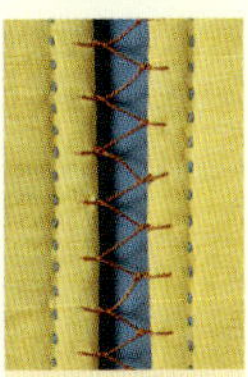
SEITE 182

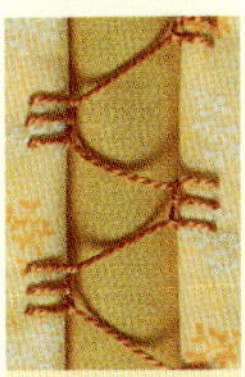
SEITE 183

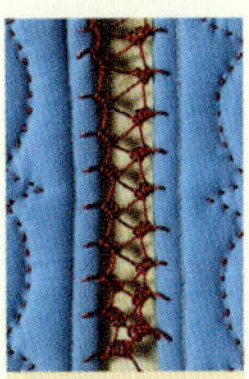
SEITE 184

SEITE 185

STICHE FÜR DAS MASCHI-NENQUILTEN
SEITE 186

SEITE 187

SEITE 188

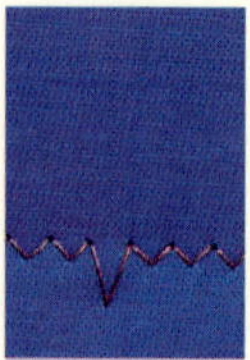
SEITE 189

SEITE 190

SEITE 191

SEITE 192

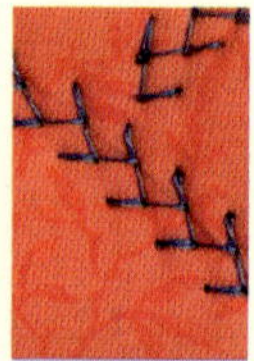
SEITE 193

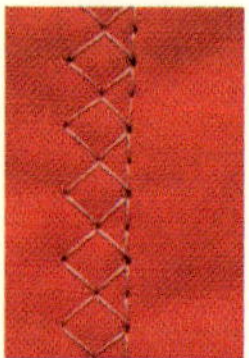
SEITE 194

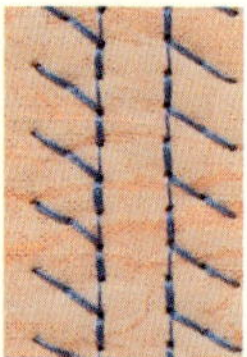
SEITE 195

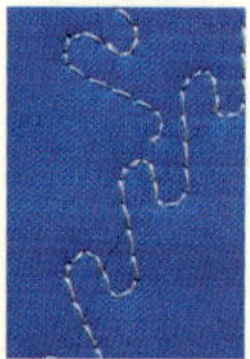
SEITE 196

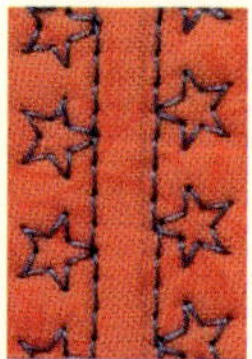
SEITE 197

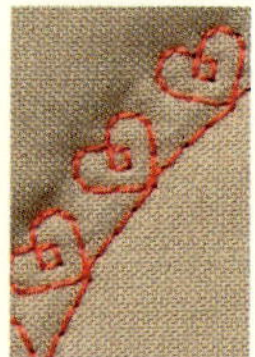
SEITE 198

SEITE 199

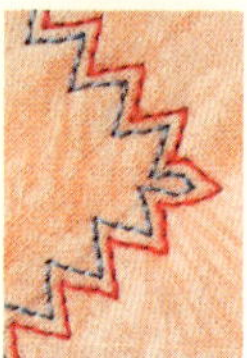
SEITE 200

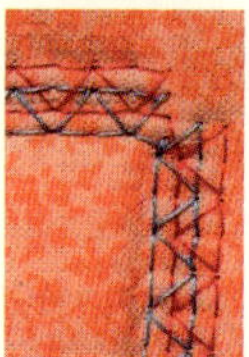
SEITE 201

MASCHINEN-
GENÄHTE
OBERFLÄCHEN-
VERZIERUNG
SEITE 202

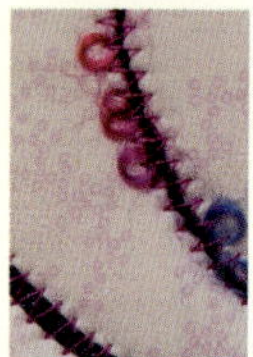
SEITE 203

SEITE 204

SEITE 205

MASCHINEN-
GENÄHTE
KANTEN-
VERBINDUNGEN
SEITE 206

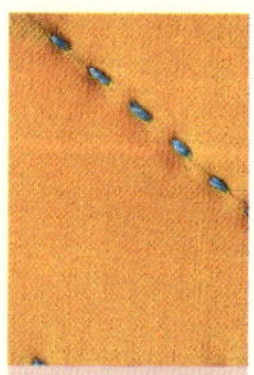
SEITE 207

SEITE 208

SEITE 209

PATCHWORK-
MUSTER
QUILTEN
SEITE 210

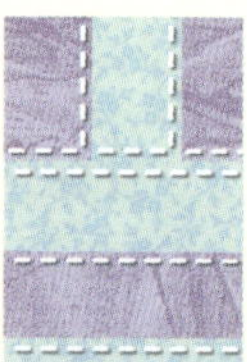
SEITE 211

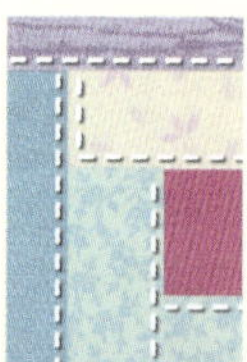
SEITE 212

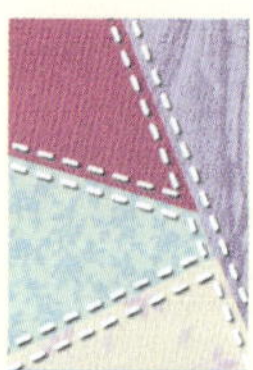
SEITE 213

SEITE 214

SEITE 215

SEITE 216

SEITE 217

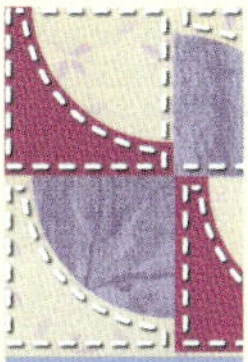
SEITE 218

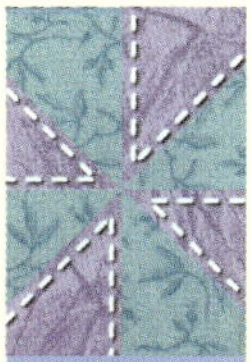
SEITE 219

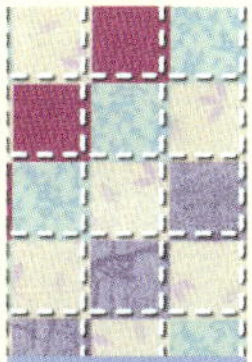
SEITE 220

SEITE 221

SEITE 222

SEITE 223

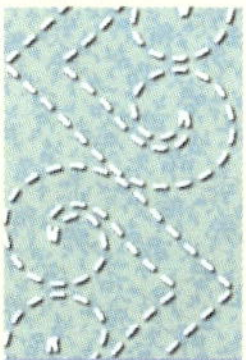
SEITE 224

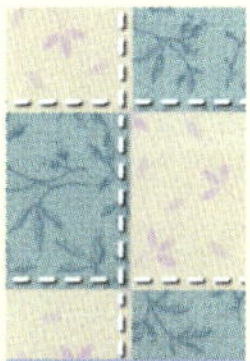
SEITE 225

APPLIKATIONSMOTIVE QUILTEN
SEITE 226

SEITE 227

SEITE 228

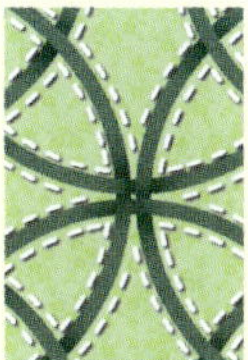
SEITE 229

SEITE 230

SEITE 231

SEITE 232

SEITE 233

EINFASSEN VON QUILTS
SEITE 234

SEITE 235

SEITE 236

SEITE 237

SEITE 238

SEITE 239

SEITE 240

SEITE 241

SEITE 242

SEITE 243

SEITE 244

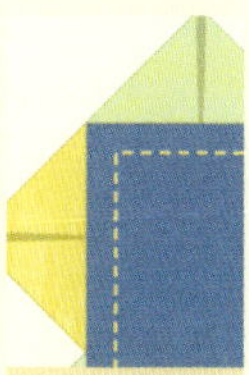
SEITE 245

Stiche für das Handquilten

Allen Quilterinnen ist das traditionelle Quilten mit Vorstichen bekannt. Sie können aber noch viel interessantere Stiche benutzen, wie hier gezeigt, und dadurch der Quiltoberfläche mehr Ausdruck verleihen.

Alle dieser „alternativen“ Quiltstiche können entlang einer einzelnen Nählinie gearbeitet werden, ohne dass Sie parallele „Schienen“ aufzeichnen müssen. Schlaufen, die durch das Übersticken oder Durchziehen entstehen, können entweder dekorativ stehen gelassen oder fest angezogen werden, wenn sie für einen Bettquilt gedacht sind.

Wenn Sie mit der linken Hand arbeiten, müssen viele der Stiche spiegelbildlich genäht werden.

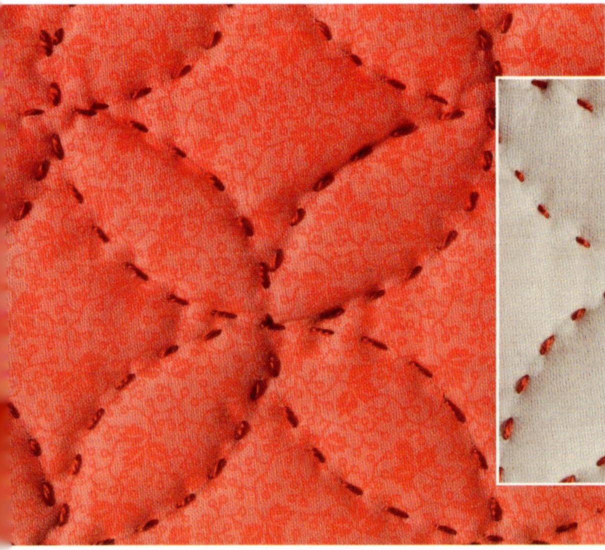

RÜCKSEITE

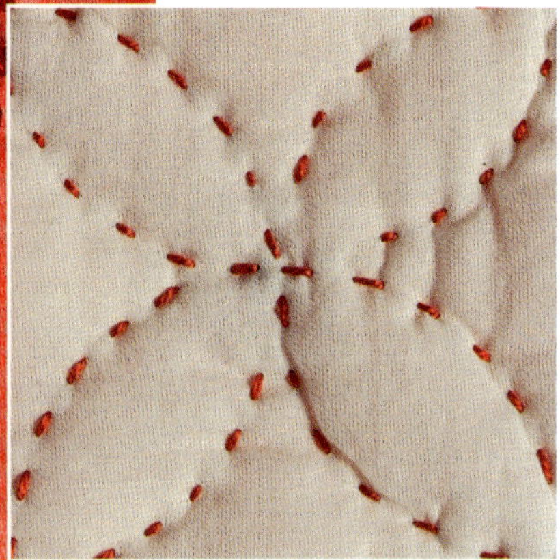

Vorstich

Verwenden Sie diesen vielseitigen Stich für traditionelle Muster und für das Konturquilting (Umrissquilten) um Motive. Nähen Sie gleichmäßig, sowohl geradeaus als auch um Kurven.

SCHRITT 1

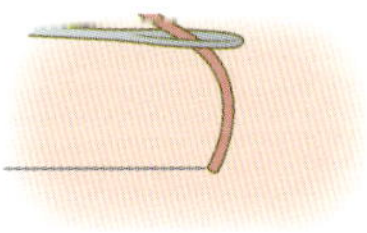

Nadel zur Stoffoberfläche stechen.

SCHRITT 2

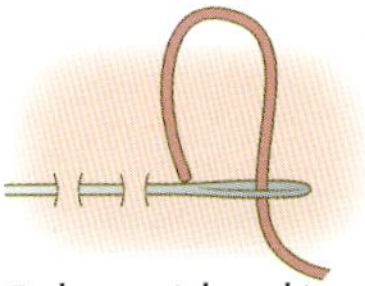

Faden anziehen, bis er flach auf der Oberfläche liegt. Er darf weder zu locker noch zu fest sein.

SCHRITT 3

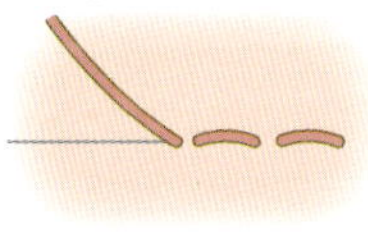

Entlang der Nählinie jeweils zwei oder mehr Stiche auf die Nadelspitze fassen, dabei darauf achten, dass mit jedem Stich alle Lagen durchstochen sind.

TIPPS

- Halten Sie die Nadel fast senkrecht zum Stoff, damit Sie alle Lagen zuverlässig durchstechen.
- Fassen Sie mehrere Stiche auf die Nadelspitze, das verhilft zu gleichmäßigen Stichen (ist aber an Kurven etwas schwieriger).

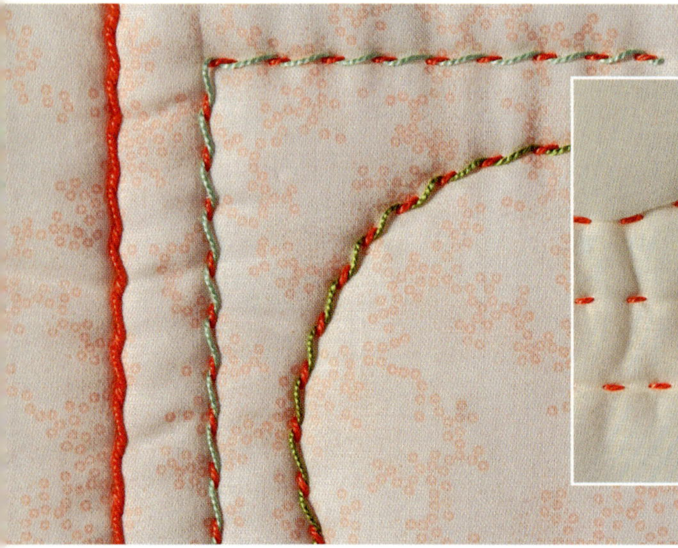

RÜCKSEITE

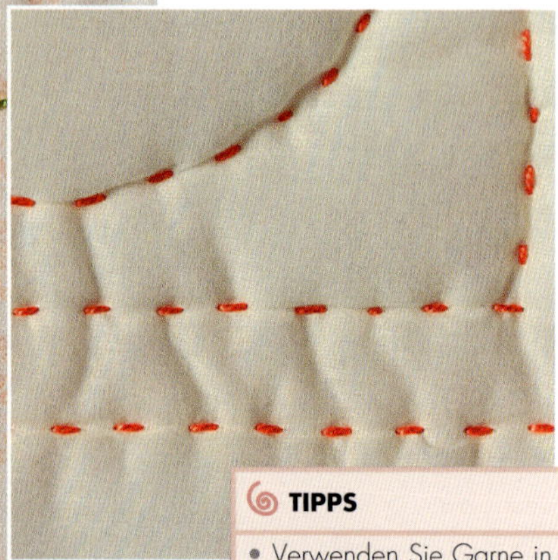

Umstochener Vorstich

Dieser Stich wirkt leicht erhaben und ist dann angebracht, wenn eine Quiltlinie oder die Umrandung eines Motivs besonders hervorgehoben werden soll.

SCHRITT 1

Den Faden am Anfang der Quiltlinie zur Oberfläche bringen und eine Reihe von Vorstichen nähen.

SCHRITT 2

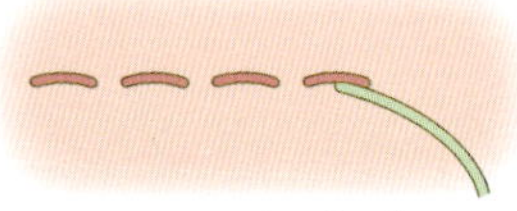

Den zweiten Faden für das Umstechen auf die Oberfläche bringen, genau in der Mitte des ersten Vorstichs.

SCHRITT 3

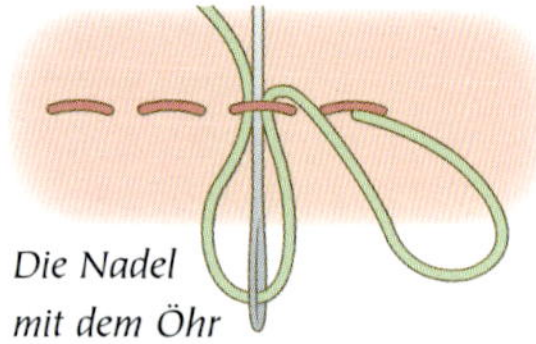

Die Nadel mit dem Öhr voran unter jedem einzelnen Vorstich hindurchschieben, jedes Mal in der gleichen Richtung.

TIPPS

- Verwenden Sie Garne in verschiedenen Farben.
- Arbeiten Sie die erste Vorstichreihe mit etwas längeren Stichen als gewohnt, dadurch ist es einfacher, den Faden zu umstechen.
- Stechen Sie mit dem Öhr voran unter den Vorstichen durch oder wechseln Sie zu einer stumpfen Sticknadel.

RÜCKSEITE

TIPP

Verwenden Sie zwei Garne in verschiedenen Farben für eine interessante Wirkung.

Durchgezogen

Beim durchgezogenen Vorstich schlängelt sich ein zweiter Faden unter den Vorstichen hindurch und bildet kleine Schlingen.

SCHRITT 1

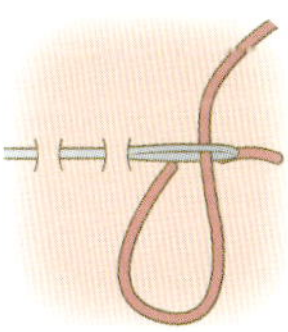

Den Faden am Anfang der Quiltlinie zur Oberfläche bringen und eine Reihe von Vorstichen nähen.

SCHRITT 2

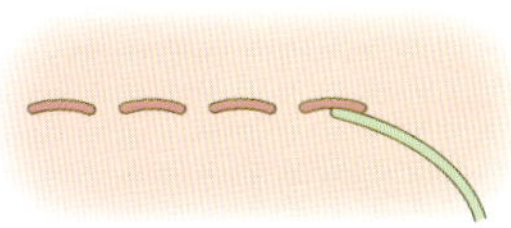

Den zweiten Faden auf die Oberfläche der Arbeit bringen, ganz nahe am Ende (oder in der Mitte) des ersten Vorstichs.

SCHRITT 3

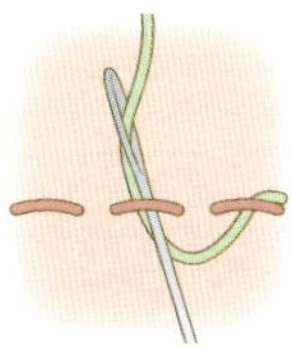

Die Nadel mit dem Ohr voran unter dem ersten Vorstich hindurchschieben und unter dem zweiten Vorstich wieder zurück.

SCHRITT 4

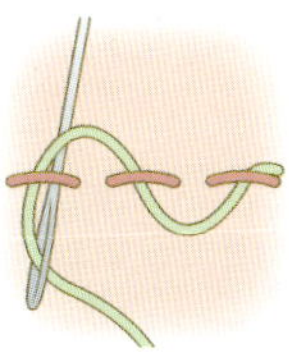

Auf diese Weise die ganze Reihe durchschlingen. Bei jedem Stich die Richtung der Nadel wechseln.

RÜCKSEITE

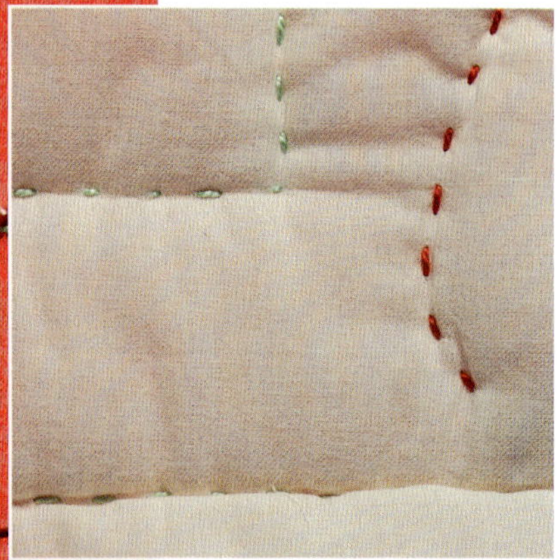

Doppelt durchgezogener Vorstich

Dieser Stich wirkt mit verschiedenen Farben besonders dekorativ. Stützen Sie bei der Arbeit die vorhergegangenen Stiche von unten her mit Ihrer Hand. Besonders interessant sehen stehen gelassene, kleine Schlingen aus.

SCHRITT 1

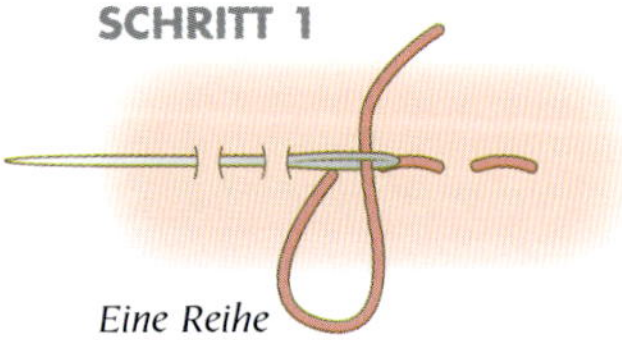

Eine Reihe von Vorstichen nähen.

SCHRITT 2

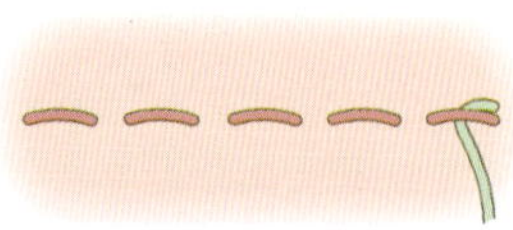

Den zweiten Faden nahe am Beginn (oder in der Mitte) des ersten Vorstichs zur Oberfläche bringen.

SCHRITT 3

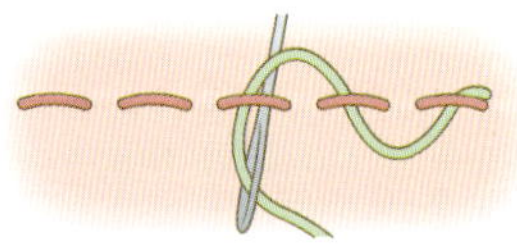

Die Nadel mit dem Öhr voran unter dem ersten Vorstich hindurchschieben und unter dem zweiten Vorstich wieder zurück.

SCHRITT 4

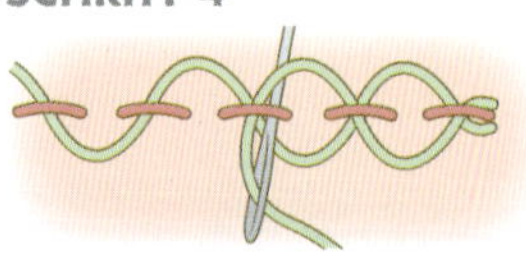

Den dritten Faden auf die Oberfläche der Arbeit bringen und in der entgegengesetzten Richtung durch alle Vorstiche weben.

RÜCKSEITE

Rückstich

Dies ist ein schöner Stich für Konturen und Umrisse, der einem Maschinenstich ähnlich sieht. Er wirkt ziemlich dicht, lässt das Quilting kräftig hervortreten und verleiht dem fertigen Quilt eine besondere Note.

SCHRITT 1

Den Faden am Anfang der Quiltlinie zur Oberfläche bringen.

SCHRITT 2

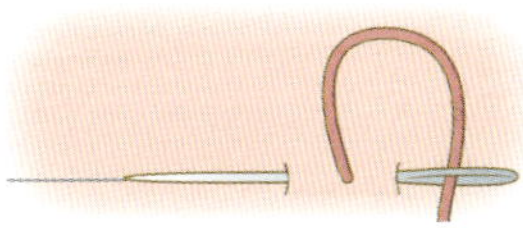

Eine Stichlänge auf der Nählinie rückwärts gehen. Die Nadel dort in den Stoff stechen und zwei Stichlängen weiter vorn wieder zur Oberfläche kommen, wieder auf der Nählinie.

SCHRITT 3

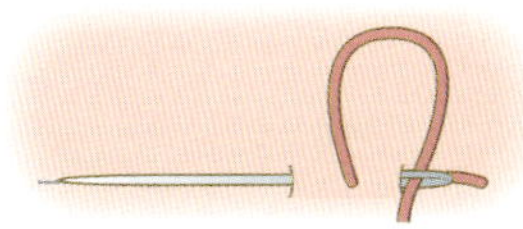

Wieder auf der Nählinie zurückgehen und am Ende des letzten Stichs im gleichen Loch nach unten stechen. Die Nadel zwei Stichlängen weiter vorn zur Oberfläche bringen und wieder auf der Nählinie auftauchen.

RÜCKSEITE

Stielstich

Der Stielstich ist ein beliebter Konturenstich. Er ist sehr kräftig und eignet sich gut zum Quilten.

> **TIPP**
>
> Einen breiteren Stich führen Sie leicht schräg aus. Stechen Sie die Nadel unterhalb der Nählinie ein und kommen Sie oberhalb der Nählinie wieder heraus.

SCHRITT 1

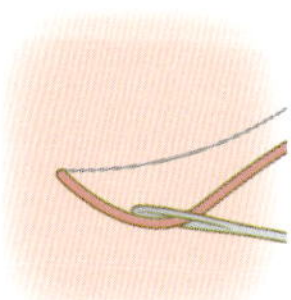

Den Faden am Anfang der Quiltlinie zur Oberfläche bringen.

SCHRITT 2

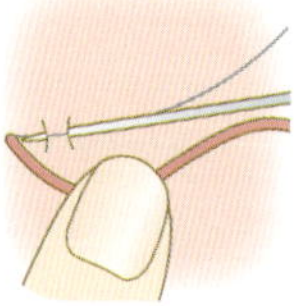

Den Faden unterhalb der Linie mit dem Daumen der nicht nähenden Hand festhalten. Einen kleinen Stich nach rückwärts machen (d.h. in Richtung des Startpunkts).

SCHRITT 3

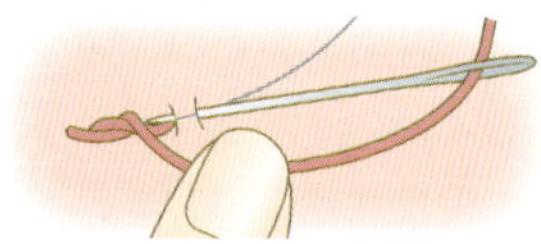

Diesen Stich auf der Nählinie wiederholen, dabei die Nadel immer an dem Punkt wieder nach oben stechen, an welcher der Faden des vorigen Stichs in den Stoff führt. Vergessen Sie nicht, bei jedem Stich den Faden unterhalb der Nählinie festzuhalten.

RÜCKSEITE

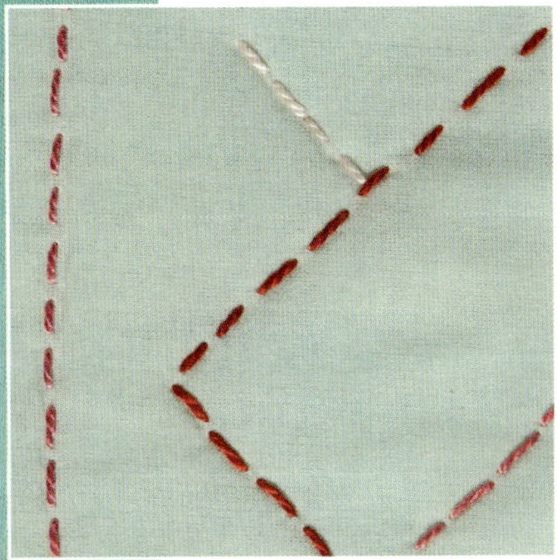

Portugiesischer Stielstich

Dieser ideale Konturenstich weist eine besonders interessante Oberfläche auf. Die Knötchen entstehen durch zwei Wickelstiche auf der Stoffoberseite.

SCHRITT 1

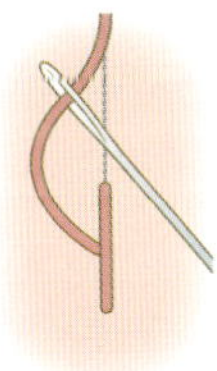

Den Faden am Anfang der Quiltlinie zur Oberfläche bringen und nach oben und von sich weg arbeitend in die Nählinie stechen. Nadel zu sich her führen. Nadelspitze auf halber Strecke und auf der linken Seite des soeben gearbeiteten Stichs nach oben bringen.

SCHRITT 2

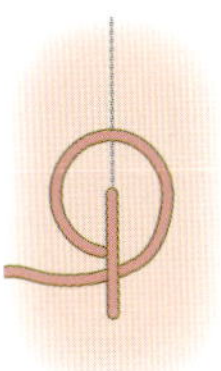

Den Faden oberhalb der Nadel legen. Die Nadel (oder das Öhr) von rechts nach links unter dem großen Stich hindurchschieben und den Faden anziehen. Dies ist die erste Umwickelung.

SCHRITT 3

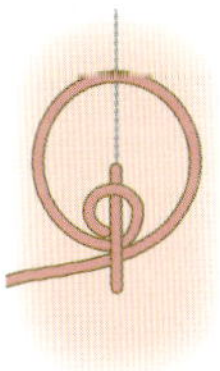

Der Faden liegt oberhalb der Nadel. Die Nadel noch einmal unter dem ersten Stich hindurchschieben. Faden nachziehen und darauf achten, dass die zweite Umwickelung unterhalb der ersten liegt. So entsteht ein Knoten.

SCHRITT 4

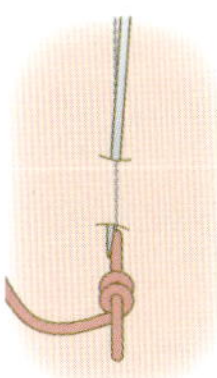

Zu Beginn des zweiten Stichs an der Nählinie entlang nach vorn gehen und zu sich her stechen, dabei links des großen Stichs herauskommen. Hier beginnt wieder die doppelte Wickelsequenz.

RÜCKSEITE

Erhaben

Eine Leiter aus Spannstichen wird mit Stielstichen übernäht und lässt die Linie plastisch hervortreten.

SCHRITT 1

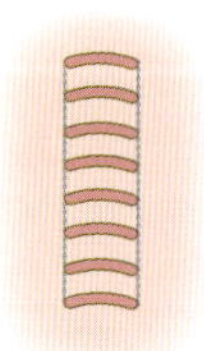

Den Faden am Anfang der Quiltlinie zur Oberfläche bringen und eine Reihe von Spannstichen in Leiterform arbeiten. Von einer Seite zur anderen nähen, entweder waagerecht oder senkrecht.

SCHRITT 2

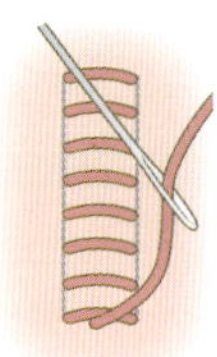

Stielstich beginnen: Den Deckfaden in der Mitte des ersten Leiterstichs auf die Oberseite der Arbeit bringen. Der Stielstich wird nur auf der Oberseite des Quilts gearbeitet.

SCHRITT 3

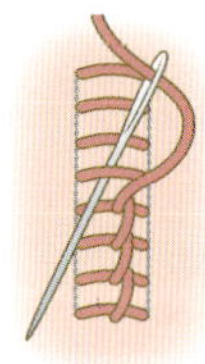

Die Nadel jeweils hinter dem nächsten Leiterstich abwärtsführen. Faden durchziehen und die Nadel wieder hinter dem nächsten Leiterstich abwärtsführen. So weiter arbeiten.

SCHRITT 4

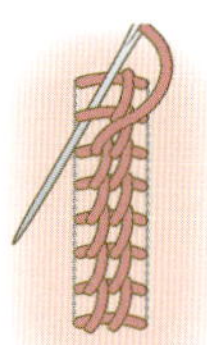

Am Ende der Leiter wieder zum Startpunkt zurückgehen. Eine weitere Reihe von Stielstichen arbeiten. So viele Reihen auf die Leiter nähen, bis das beste Ergebnis erzielt ist. Entweder immer in der gleichen Farbe arbeiten oder die Farben wechseln.

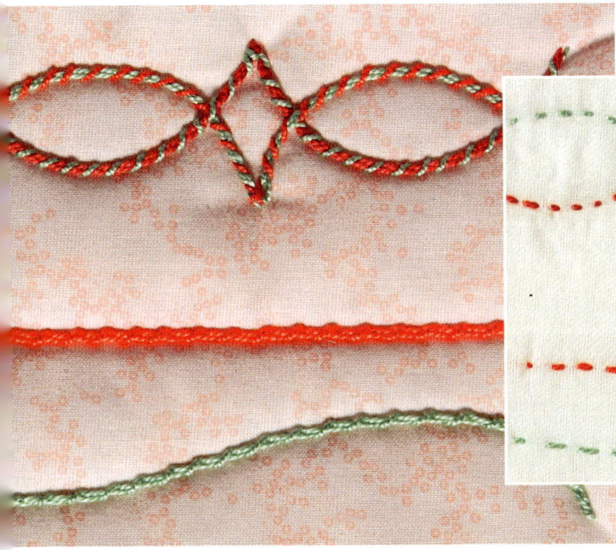

RÜCKSEITE

Umstochener Stielstich

Eine Grundlinie aus Stielstichen wird mit einem zweiten Garn umstochen – dieses kann die gleiche Farbe wie der erste Stielstich oder eine andere Farbe haben, wodurch der Stich besonders gut wirkt.

TIPPS

- Für einen anderen Effekt die Fadenstärke des Garnes zum Umschlingen wechseln.
- Dieser Stich ist sehr nützlich, wenn eine deutliche Quiltreihe gewünscht ist.
- Schieben Sie die Nadel mit dem Öhr voran unter der Stielstichreihe hindurch oder verwenden Sie eine stumpfe Sticknadel, um keine Garn- oder Gewebefäden zu fassen.

SCHRITT 1

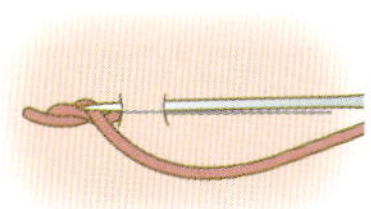

Den Faden am Anfang der Quiltlinie zur Oberfläche bringen und eine Stielstichreihe sticken.

SCHRITT 2

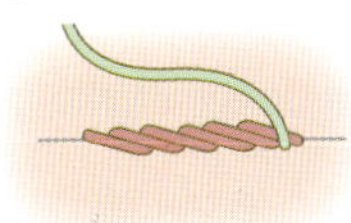

Einen neuen Faden zum Umschlingen einfädeln. Diesen am Beginn und unterhalb der ersten Stielstichreihe zur Oberfläche bringen.

SCHRITT 3

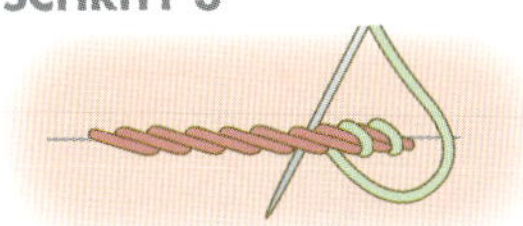

Die Nadel von oben nach unten hinter jedem Stielstich durchstechen, immer in der gleichen Richtung und ohne den Stoff zu fassen. Jeden Stich einzeln arbeiten und nach jedem Stich den Faden vollständig nachziehen.

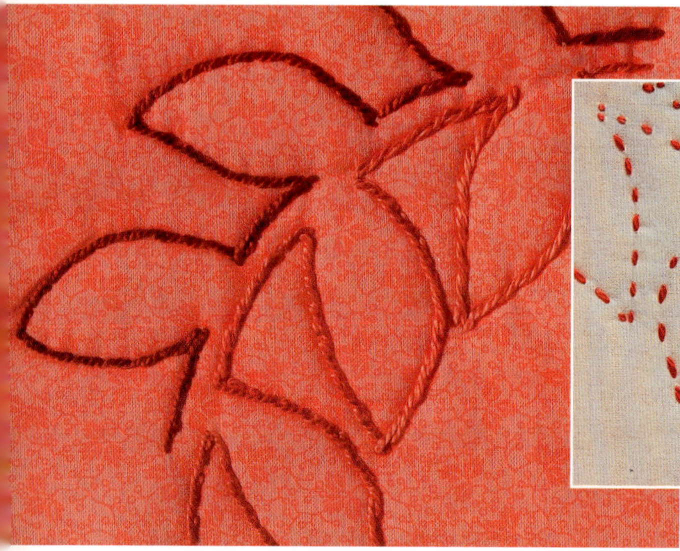

RÜCKSEITE

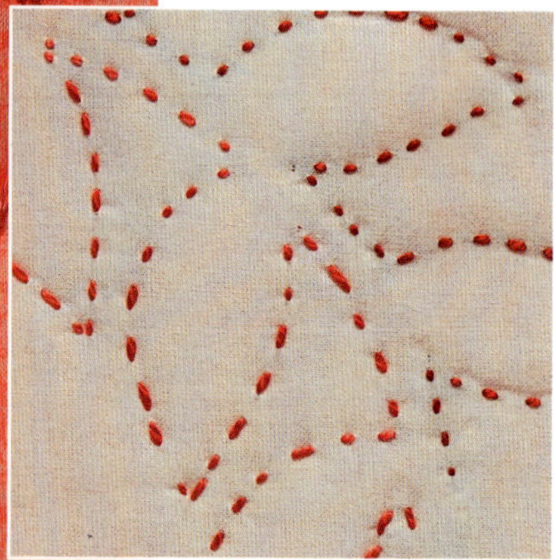

Linienstich

Der Linienstich ist sehr vielseitig und sowohl für den Umriss von Quiltmotiven als auch für fortlaufendes Quilting geeignet, da er eine schmale, gedrehte Linie bildet.

SCHRITT 1

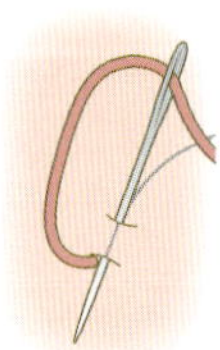

Den Faden am Anfang der Quiltlinie zur Oberfläche bringen. Faden oberhalb der Linie festhalten und auf der Nählinie rückwärts stechen.

TIPPS

- Arbeiten Sie mit verschiedenen Fadenstärken, um unterschiedliche Wirkungen zu erzielen.
- Halten Sie den Faden immer oberhalb der Nadel fest – benutzen Sie dafür den Daumen der nicht nähenden Hand.

Dieser Stich ähnelt dem Stielstich, bei dem der Faden jeweils unterhalb der Nadel gehalten wird.

SCHRITT 2

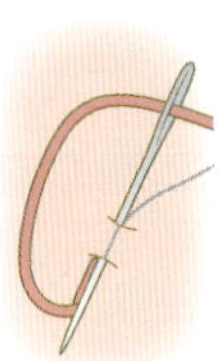

Den Faden durchziehen und den nächsten Stich arbeiten. Dafür die Nadel entlang der Linie nach vorn bewegen, rückwärts stechen. Faden ganz durchziehen.

SCHRITT 3

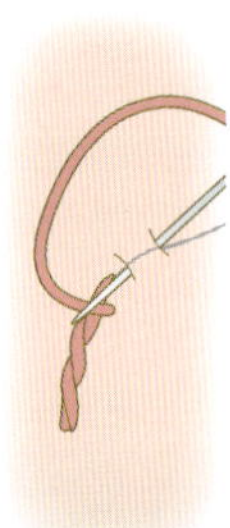

Auf diese Weise entlang der ganzen Linie fortfahren. Die Stiche sind in die andere Richtung gedreht als beim Stielstich.

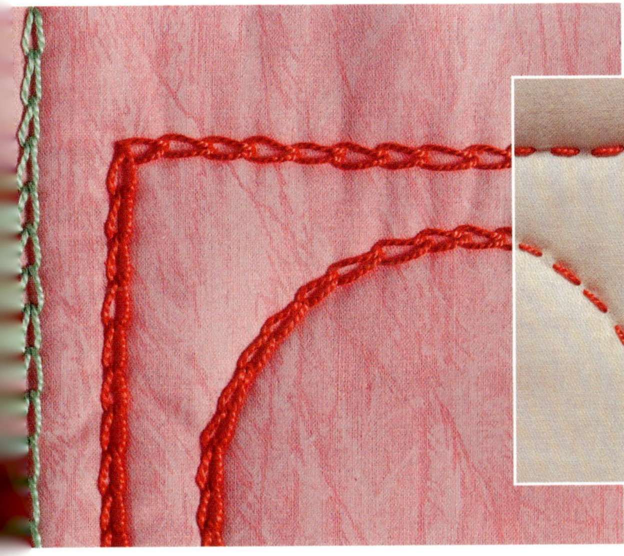

RÜCKSEITE

Kettenstich

Dieser dekorative Stich kann mit dickem wie mit feinem Garn gearbeitet werden. Er eignet sich für Linienmuster und für das Umranden von Motiven.

SCHRITT 1

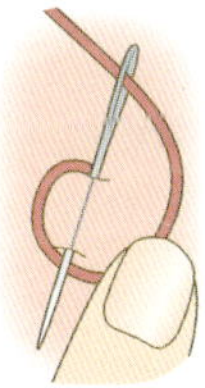

Den Faden am Anfang der Quiltlinie zur Oberfläche bringen und mit dem Daumen der nicht nähenden Hand auf der Nählinie nach vorn zu einer Schlinge legen. Mit der Nadel zurück in das erste Austrittsloch stechen. Gleichzeitig einen Stich entlang der Nählinie nach vorn machen.

SCHRITT 2

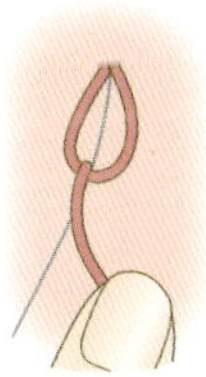

Nadelspitze innerhalb der zurechtgelegten Schlinge nach oben bringen und den Faden nachziehen. Den Faden auf der Nählinie für den nächsten Stich wieder zu einer Schlinge legen.

SCHRITT 3

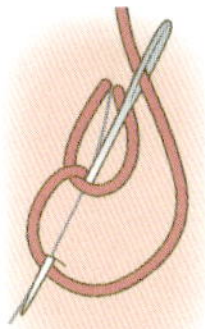

Die Nadel in dasselbe Loch (oder knapp daneben) einstechen, aus dem der Faden herausgekommen ist. Der Einstich liegt innerhalb des soeben genähten Kettengliedes.

SCHRITT 4

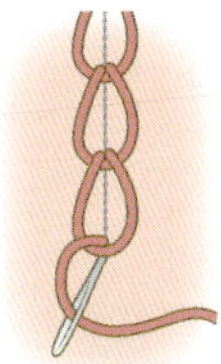

Nadelspitze nach vorn führen und in der Schlinge nach oben kommen. So fortfahren und letzten Kettenstich mit kleinem Überfangstich außerhalb des Kettenglieds befestigen.

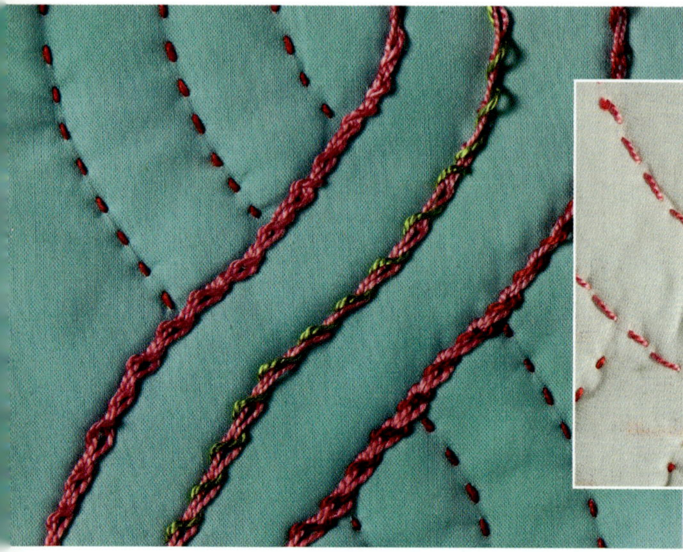

RÜCKSEITE

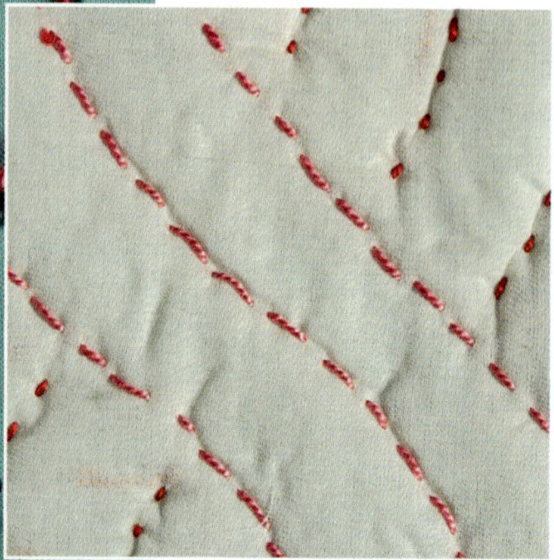

Umstochener Kettenstich

Das Umstechen einer Kettenstichreihe verändert den Originalstich ganz erheblich. Das Ergebnis ist ein dekorativer Zopf, der auf der Quiltoberfläche liegt.

SCHRITT 1

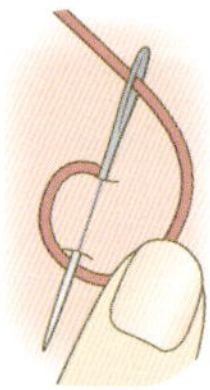

Den Faden am Anfang der Quiltlinie zur Oberfläche bringen und eine Reihe von Kettenstichen arbeiten (s. Seite 77).

SCHRITT 2

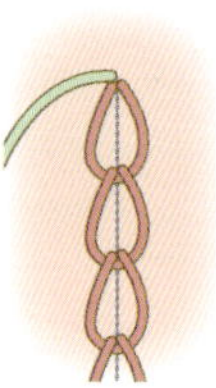

Das zweite Garn am Beginn der Kettstichlinie zur Oberfläche bringen, direkt am Anfang des ersten Kettenglieds.

SCHRITT 3

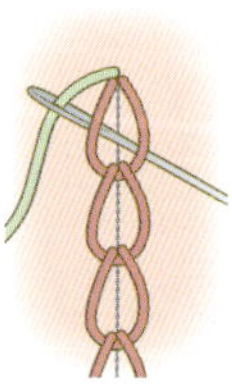

Die Nadel unter jedem kompletten Kettenglied hindurchschieben, immer in der gleichen Richtung. Dabei den Faden nicht zu fest anziehen.

SCHRITT 4

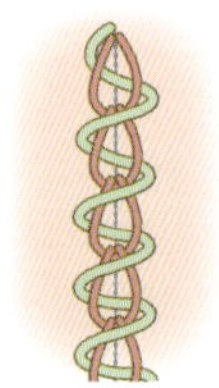

Auf diese Weise entlang der gesamten Kettstichlinie arbeiten. Mit einem feineren Garn umstochen bleibt der Kettenstich sichtbar, mit kräftigem Garn gearbeitet bildet sich ein schwerer „Zopf“.

RÜCKSEITE

Rückgestochener Kettenstich

Die Kettenstichlinie wird mit Rückstichen übernäht, entweder in derselben Farbe und Garnstärke oder – noch dekorativer – mit kontrastierender Farbe und/oder dickerem Garn.

SCHRITT 1

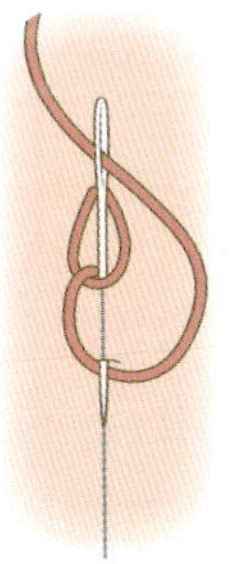

Eine Grundlinie aus Kettenstichen arbeiten (s. Seite 77). Dafür den Faden am Anfang der Quiltlinie zur Oberfläche bringen, nach vorn zu einer Schlinge legen und einen Quiltstich durch alle Lagen machen, immer auf der Linie. Die Nadel in der bereitgelegten Schlinge nach oben bringen. Dies wiederholen und die Nadel immer in die zuvor gearbeitete Schlinge stechen.

SCHRITT 2

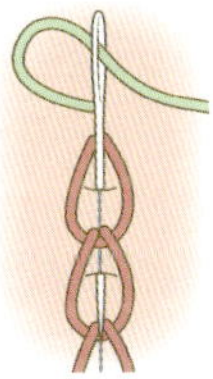

Nun die Rückstichreihe arbeiten (s. Seite 71). Das zweite (kontrastierende) Garn am Beginn der Kettenstichreihe auf die Oberfläche bringen. Die Nadel in das erste Kettenglied stechen, nach vorn schieben und im zweiten Kettenglied nach oben bringen.

SCHRITT 3

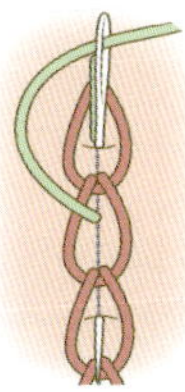

Die Nadel wieder in das erste Kettenglied einstechen. Die Nadelspitze zwei Kettenglieder weit nach vorn schieben und im dritten Kettenglied zur Oberfläche bringen. So fortfahren und den zweiten Faden außerhalb eines Kettengliedes vernähen.

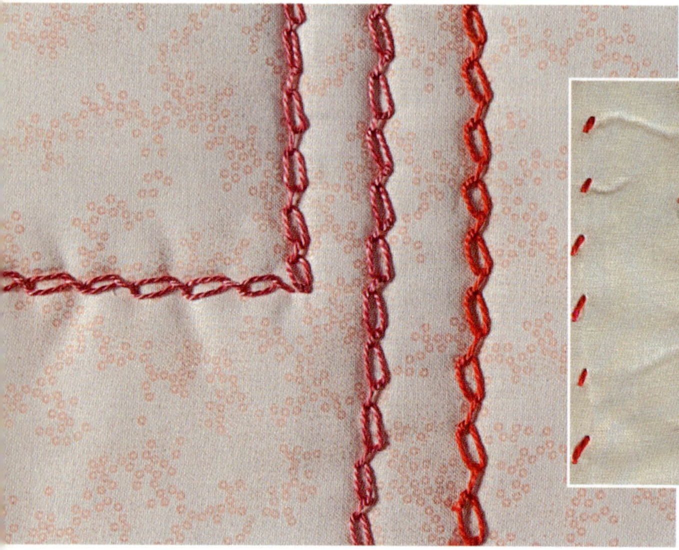

RÜCKSEITE

TIPP

Eignet sich für das Sticken fortlaufender Linien und auch für den Umriss von Quiltmotiven.

Geknoteter Kettenstich

Dieser Stich entsteht, indem ein Knoten zwischen jedem Kettenglied geformt wird. Dabei wird der Faden auf eine ganz bestimmte Weise gedreht. Der Stich bildet eine leichte Zickzacklinie.

SCHRITT 1

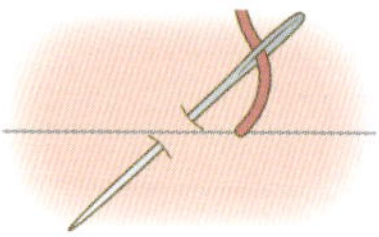

Den Faden am Anfang der Quiltlinie zur Oberfläche bringen. Einen schrägen Stich nach vorn arbeiten, oberhalb der Linie einstechen.

SCHRITT 2

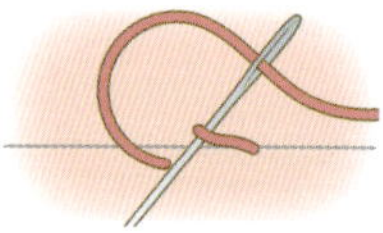

Faden nach vorn festhalten und die Nadel hinter dem schrägen Stich hindurchschieben, ohne Gewebefäden zu fassen. Faden durchziehen und Schlaufe stehen lassen.

SCHRITT 3

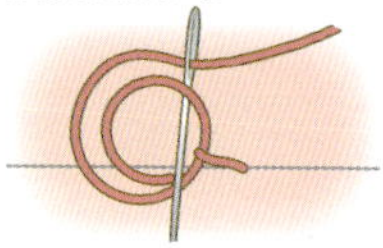

Den Faden nach vorn festhalten und die Nadel durch die Fadenschlaufe führen, ohne Gewebefäden zu fassen.

SCHRITT 4

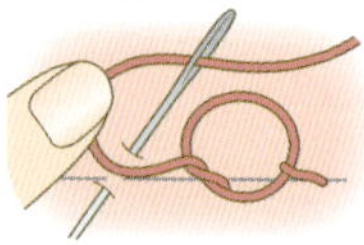

Die Fadenschlaufe während des nächsten Schrägstichs mit dem freien Daumen festhalten. Schritte 1, 2 und 3 wiederholen. Die gesamte Quiltlinie entlang sticken.

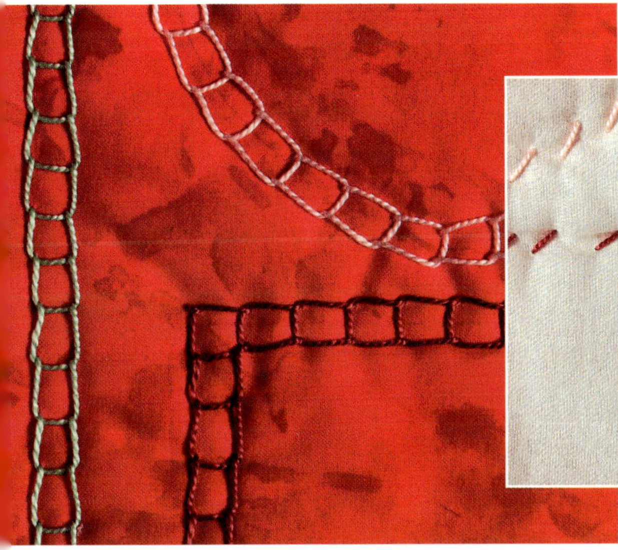

RÜCKSEITE

Offener Kettenstich

Diese Variante des Kettenstichs formt ein offenes, leiterähnliches Bild. Arbeiten Sie die Stiche nach unten und zu sich her, damit sie gleichmäßig werden.

TIPP

Immer den Daumen der nicht nähenden Hand zum Festhalten benutzen, damit der Stich seitlich nicht wegrutschen kann.

SCHRITT 1

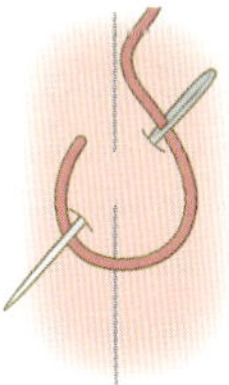

Den Faden links der Quiltlinie zur Oberfläche bringen. Faden festhalten und eine Schlinge legen. Nadelspitze rechts der Nählinie einstechen (auf gleicher Höhe wie links), Nadel schräg nach vorn führen und wieder links der Nählinie innerhalb der Schlinge zur Oberfläche kommen.

SCHRITT 2

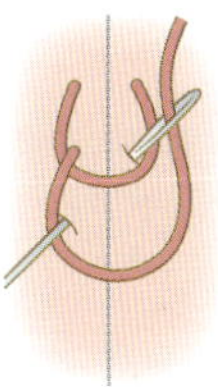

Faden nach vorn zu einer weiteren Schlinge legen. Mithilfe der Nadel den vorangegangenen Stich seitlich spreizen und rechts der Linie in die letzte (gespreizte) Kette stechen. Wieder schräg nach vorn stechen und links der Linie hervorkommen und in die bereitgelegte Schlinge stechen.

SCHRITT 3

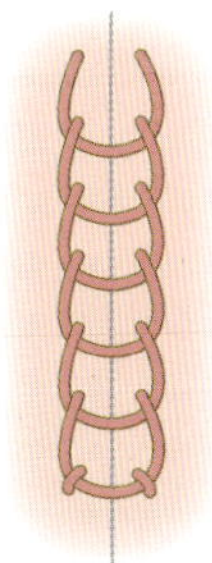

Auf diese Weise fortfahren. Den allerletzten offenen Kettenstich mit zwei winzigen Stichen fixieren, sodass der letzte Stich eckig endet.

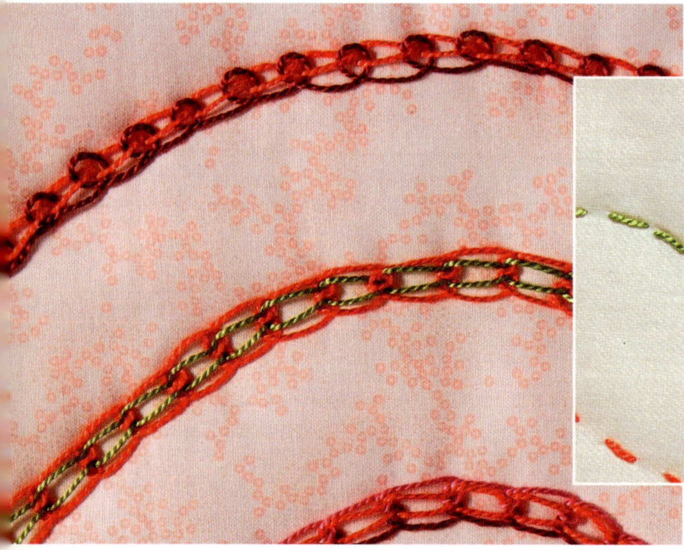

RÜCKSEITE

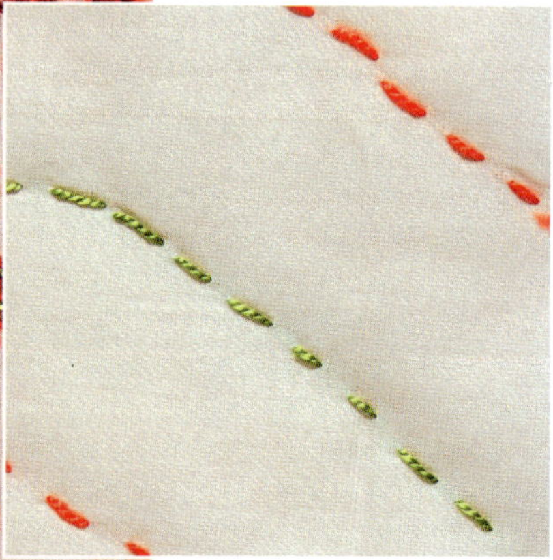

Durchschlungen

Arbeiten Sie die Garnschlingen durch eine Seite der Kettenstiche oder wechselnd durch beide Seiten.

SCHRITT 1

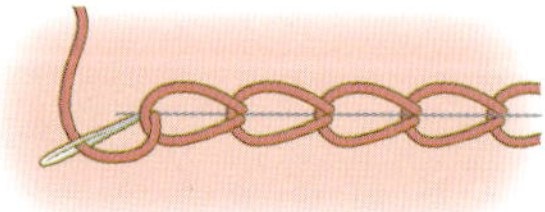

Den Faden am Anfang der Quiltlinie zur Oberfläche bringen und eine Grundlinie aus einfachen Kettenstichen arbeiten (s. Seite 77).

SCHRITT 2

Den zweiten Faden (für die Schlingen) am Beginn des ersten Kettenstichs zur Oberfläche bringen.

SCHRITT 3

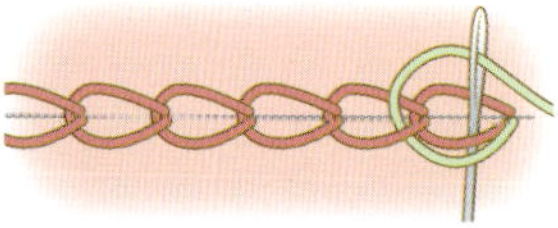

Die Nadel unter dem unten liegenden Faden des zweiten Kettengliedes hindurch nach oben schieben und hinter dem unteren Faden (und dem Schlingfaden) des ersten Kettengliedes wieder nach unten stechen.

SCHRITT 4

Die Nadel unter dem unten liegenden Faden des dritten Kettengliedes hindurchschieben und hinter dem unten liegenden Faden (und dem Schlingfaden) des zweiten Kettengliedes nach unten stechen. So fortfahren – immer zwei Glieder nach vorn und eines zurück.

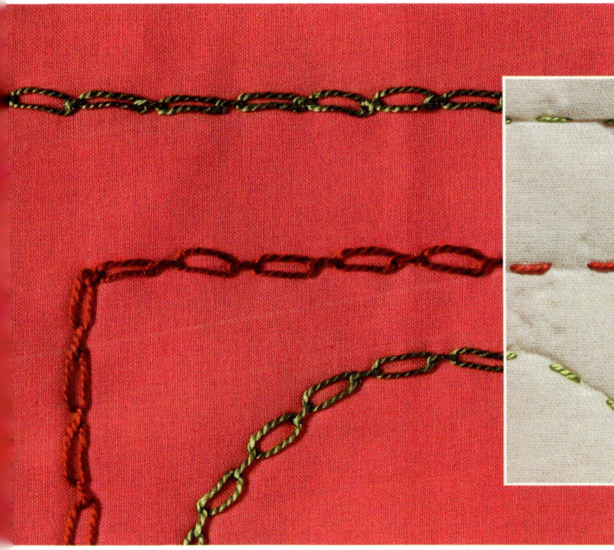

RÜCKSEITE

TIPPS

- Wenn Sie einen Bettquilt arbeiten, sollten Sie das Verbindungsglied nicht zu sehr verlängern, damit sich das Garn dort nicht dreht.
- Dieser Stich ist an Kurven und Ecken einfach auszuführen. Passen Sie die Stichlänge an den Ecken an, sodass die Kette gleichmäßig wirkt.

Seilkettenstich

Dieser Stich weist kleine Verbindungsglieder zwischen den Schlingen der Kette auf, die das Kettenglied verlängern oder verkürzen.

SCHRITT 1

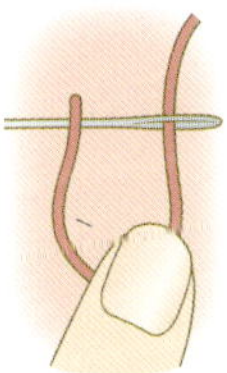

Es wird zu sich hin gearbeitet. Den Faden am Anfang der Quiltlinie zur Oberfläche bringen. Garn entlang der Linie nach vorn zu einer Schlinge legen und die Nadel hinter dem Faden durchschieben.

SCHRITT 2

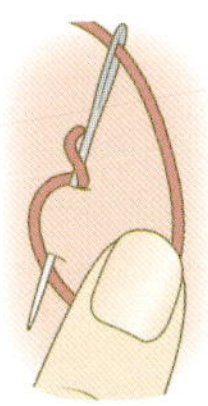

Den Faden mit dem Daumen der nicht nähenden Hand auf der Oberfläche festhalten, die Nadelspitze mit einer Drehung noch einmal über den Faden führen und wieder in den Stoff stechen, dabei alle Lagen des Quilts fassen. Nadelspitze entlang der Linie nach vorn führen und innerhalb der bereitgelegten Schlinge nach oben bringen.

SCHRITT 3

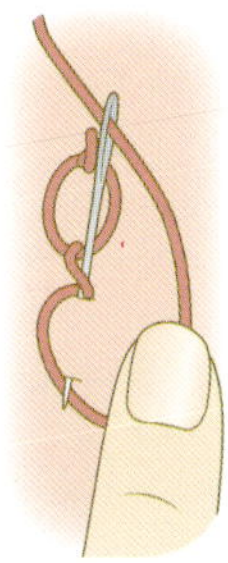

Auf diese Weise entlang der Quiltlinie nähen. Die Linie mit einem kleinen Stich außerhalb des letzten Kettengliedes beenden.

RÜCKSEITE

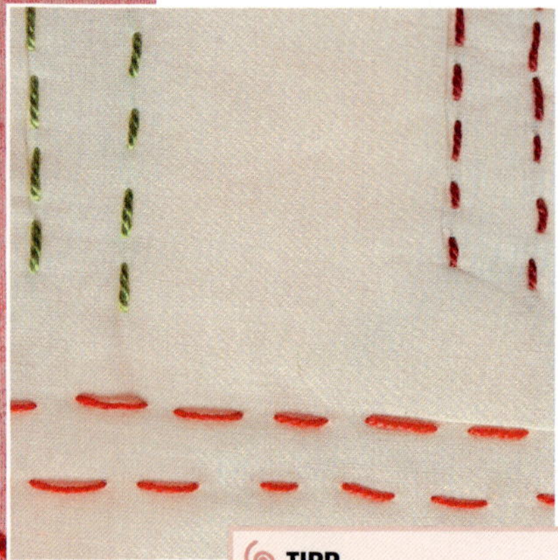

TIPP

Dieser Stich wird am einfachsten senkrecht zu sich her gearbeitet.

Doppelter Kettenstich

Dieser breite Stich lohnt, wenn viel Platz für ein Muster vorhanden ist. Arbeiten Sie ihn nicht zu breit, damit der Stoff nicht verzieht.

SCHRITT 1

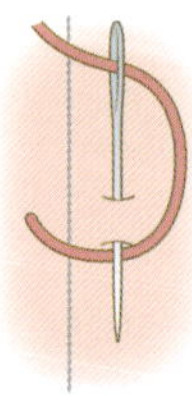

Den Faden am Anfang und links der Nählinie zur Oberfläche bringen. Den Faden nach vorn (in die Richtung, in die genäht werden soll) und dann nach rechts legen. Einen senkrechten Quiltstich (durch alle Lagen) zu sich hin arbeiten und die Nadelspitze in der bereitgelegten Schlinge nach oben stechen.

SCHRITT 2

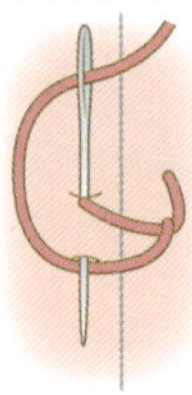

Den Faden nach vorn und zur linken Seite der Nählinie legen. Einen senkrechten Stich zu sich her arbeiten und dabei an der gleichen Stelle einstechen, an der der Faden nach oben kommt. Etwas tiefer hervorkommen als der Stich rechts der Linie.

SCHRITT 3

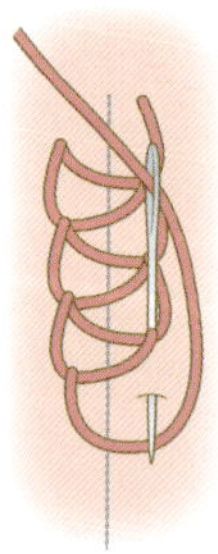

Den Faden nach vorn und zur rechten Seite der Nählinie legen. Die Nadelspitze hinter dem letzten Stich in den Stoff führen, genau hinter dem zuletzt genähten Stich. Nach vorn und zu sich her in die bereitgelegte Schlinge stechen. So fortfahren und beim Vernähen mit einem kleinen Stich das letzte Dreieck offen halten.

RÜCKSEITE

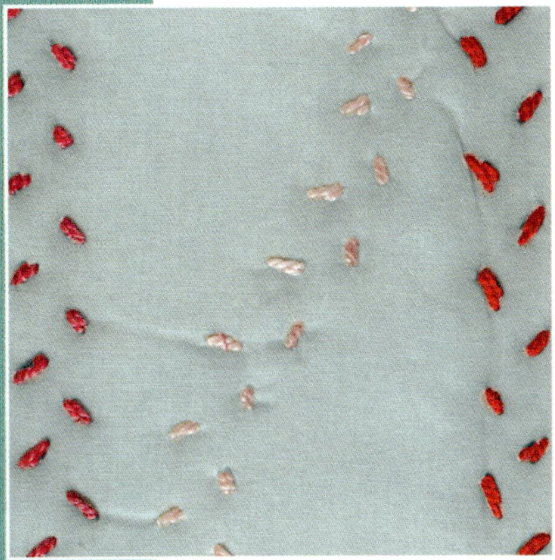

Gefiedert

Dieser dekorative Stich besteht aus kleinen, schräg gesetzten Kettenstichen, die an die Blätter einer Ranke erinnern.

SCHRITT 1

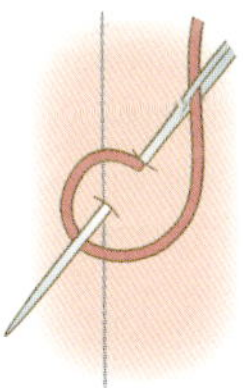

Faden am Anfang der Quiltlinie rechts der Nählinie zur Oberfläche bringen. Faden nach vorn halten und unter der Nadel hindurch nach rechts legen. Nadel in dieselbe Stelle stechen, an der sie hervorgekommen ist. Kettenstich nach vorn machen und Nadel in der Schlinge nach oben führen.

SCHRITT 2

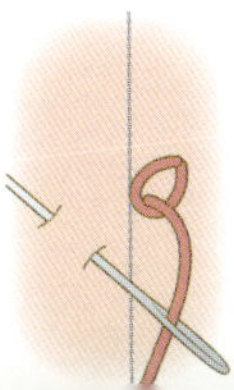

Die Nadel auf die linke Seite der Quiltlinie führen. Einen schrägen Stich rückwärts von unten nach links oben arbeiten.

SCHRITT 3

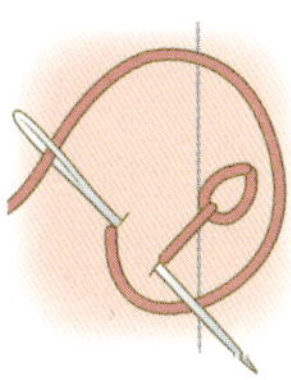

Nadel wieder in dieselbe Stelle stechen. Faden nach vorn halten und im Bogen unter der Nadel hindurch nach rechts legen. Kettenstich nach vorn machen und Nadel in die Stelle des letzten Fadens stecken. In bereitgelegte Schlinge stechen und Kettenglied formen.

SCHRITT 4

Einen schrägen Stich rückwärts nach rechts machen und Schritte 1, 2 und 3 wiederholen. So weiter arbeiten und mit einem kleinen Fixierstich außerhalb des letzten Kettenstichs vernähen.

RÜCKSEITE

Erhabener Kettenstich

Hier werden zwei Arbeitsschritte gemacht: Zuerst eine Leiter aus Spannstichen, die dann umstochen oder umwickelt wird. Diese Stiche können in gleichen oder in kontrastierenden Farben gearbeitet werden.

SCHRITT 1

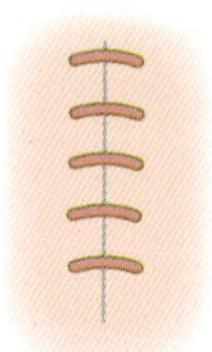

Den Faden zur Oberfläche bringen und eine Reihe von leiterförmigen Spannstichen durch alle Lagen arbeiten.

SCHRITT 2

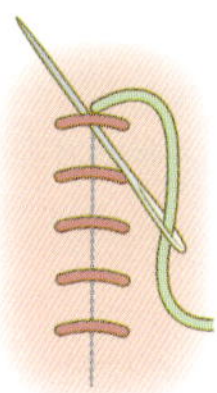

Den zweiten Faden (zum Umwickeln) auf der Nählinie und in der Mitte des ersten Leiterstichs zur Oberfläche bringen. Die Nadelspitze unter dem ersten Stich hindurch nach oben schieben.

SCHRITT 3

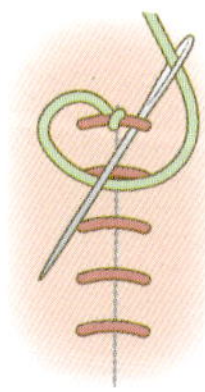

Den Faden nach unten rechts zu einer Schlinge formen, dann die Nadel nach unten unter dem ersten Stich der Leiter hindurch in die bereitgelegte Schlinge stechen.

SCHRITT 4

Schritt 2 und 3 wiederholen und die Leiter besticken.

RÜCKSEITE

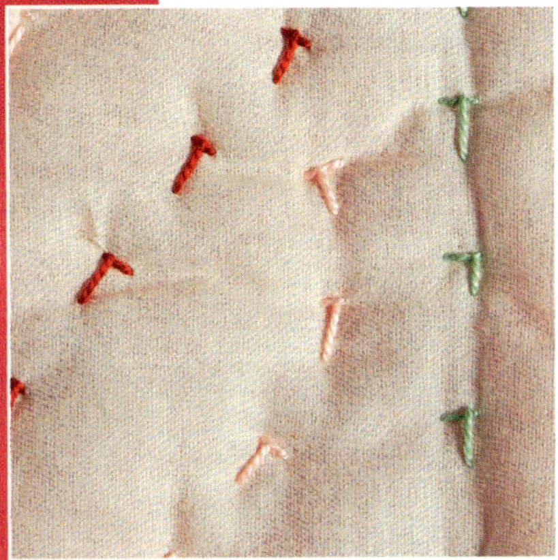

Knoten-Seilstich

Dieser Stich mit einem reizenden, schmückenden Knoten zwischen jedem Glied der Kette basiert auf dem Korallenstich und dem Seilstich. Die Stichreihe verläuft in einer leichten Zickzacklinie.

SCHRITT 1

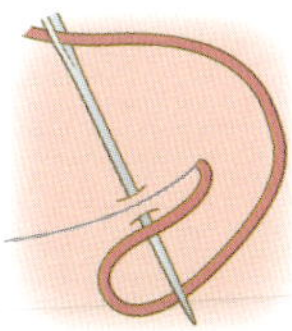

Den Faden am Anfang der Quiltlinie zur Oberfläche bringen. In horizontaler Richtung und von rechts nach links arbeiten. Den Faden nach vorn entlang der Nählinie und nach unten in einer Schlinge wieder zurücklegen. Einen kleinen senkrechten Stich durch alle Lagen machen, die Nadelspitze unterhalb der Nählinie auftauchen lassen. Faden nachziehen.

SCHRITT 2

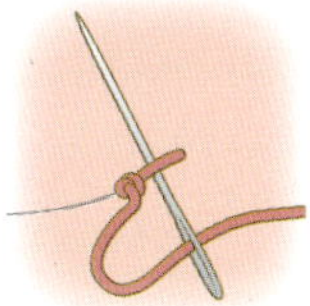

Die Nadel unter dem fertigen Stich hindurch nach oben schieben, ohne den Stoff zu fassen.

SCHRITT 3

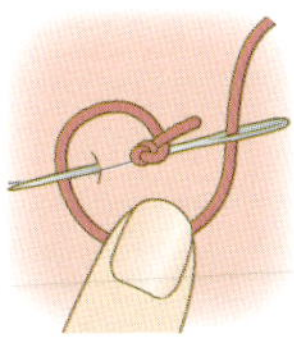

Den Faden nach vorn legen und im Bogen nach unten führen. Einen kleinen, horizontalen Stich auf der Nählinie vorwärts machen.

SCHRITT 4

Schritte 1, 2 und 3 wiederholen und entlang der Quiltlinie arbeiten. Am Ende den Faden außerhalb eines Knotens oder eines Kettenglieds vernähen.

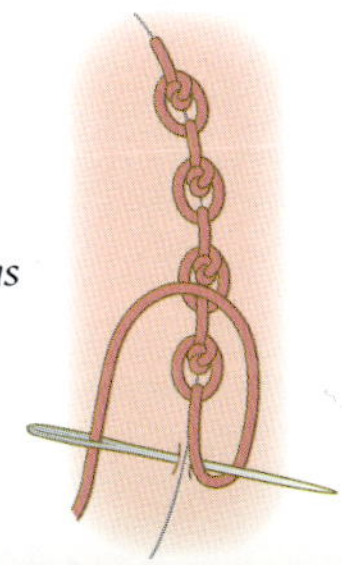

RÜCKSEITE

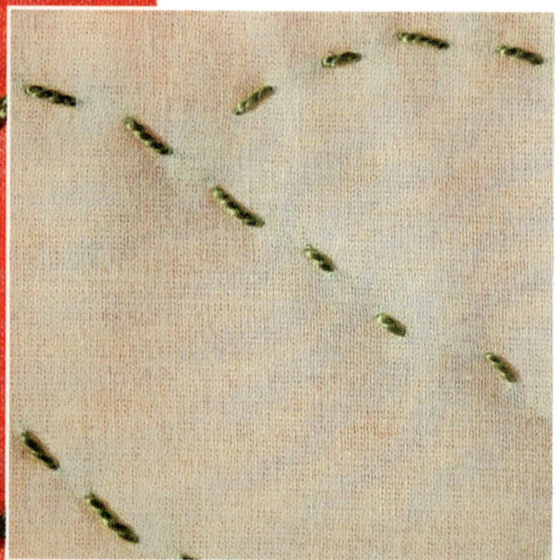

Gedrehter Kettenstich

Dies ist eine Variante mit mehr Struktur als der einfache Kettenstich. Er eignet sich daher für fortlaufende Linienmuster und zum Umranden von Quiltmotiven.

SCHRITT 1

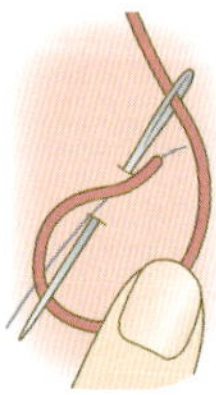

Den Faden am Anfang der Quiltlinie zur Stoffoberfläche bringen. Den Faden nach vorn auf die Linie legen. Die Nadel oberhalb des Fadens und links der Linie einstechen. Die Nadelspitze unterhalb und rechts der Linie wieder nach oben bringen und durch die bereitgelegte Schlinge führen. Das Kettenglied verdreht sich automatisch.

SCHRITT 2

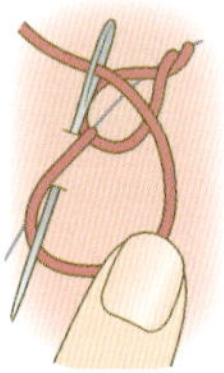

Den Faden nach vorn auf die Linie legen und den nächsten Stich ebenso arbeiten. So entlang der ganzen Linie arbeiten und mit einem kleinen Überfangstich außerhalb des letzten Kettengliedes enden.

TIPPS

- Machen Sie die Kettenglieder nicht zu lang, denn sie werden ziemlich schmal und sehen dann nicht mehr wie eine Kette aus.
- Wie bei allen Kettenstichen benutzen Sie den Daumen der nicht nähenden Hand, um den Faden zu einer Schlinge zu legen, bereit für den nächsten Stich.

RÜCKSEITE

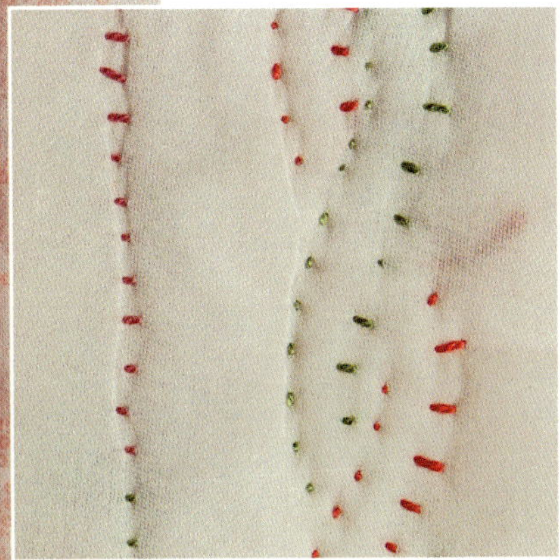

Rosettenstich

Dieser breite Stich wirkt sehr dekorativ – fast wie ein Zopf. Machen Sie die Stiche nicht allzu breit, damit er als Quiltstich nicht unstabil wird.

SCHRITT 1

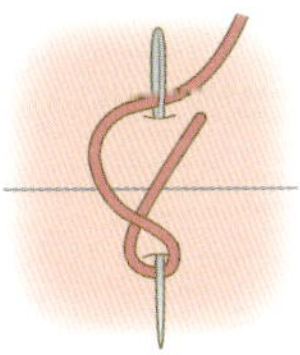

Horizontal arbeiten. Den Faden oberhalb der Nählinie zur Oberfläche bringen. Einen senkrechten Stich (oberhalb der Linie ein- und unterhalb der Linie ausstechen) und den Faden nach vorn und unten um die Nadelspitze herumlegen. Den Faden durchziehen und beim Weiterarbeiten den Stich mit dem Daumen der nicht nähenden Hand festhalten.

SCHRITT 2

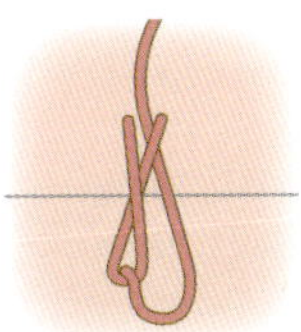

Die Nadel unter dem Anfangsfaden hindurch nach oben schieben, ohne den Stoff zu fassen.

SCHRITT 3

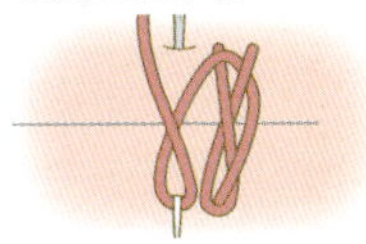

Den nächsten senkrechten Stich arbeiten, oberhalb der Linie ein- und unterhalb der Linie ausstechen, Faden von vorn nach hinten, unter der Nadelspitze hindurchwickeln.

SCHRITT 4

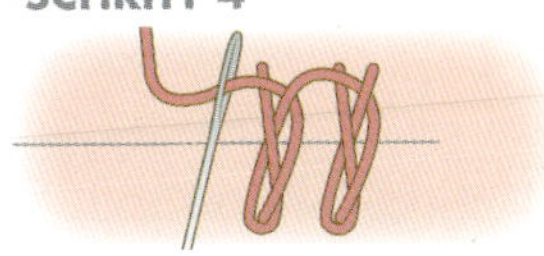

Diesmal die Nadel nach oben unter der Fadenbrücke hindurchführen, die zwischen den beiden verschlungenen Kettengliedern liegt. Mit Fixierstich außerhalb des letzten Kettengliedes enden.

RÜCKSEITE

Verzweigter Kettenstich

Wenn der Kettenstich (s. Seite 77) gut von der Hand geht, ist es ganz leicht, ihn mit kleinen schrägen Stichen zu ergänzen und so interessanter zu machen.

SCHRITT 1

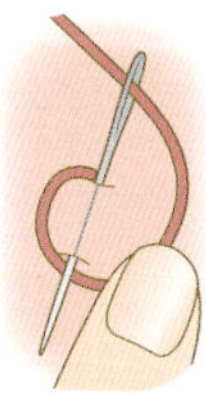

Den Faden am Anfang der Quiltlinie zur Oberfläche bringen. Das Garn in einer Schlinge nach vorn legen. Mit der Nadel dort einstechen, wo der Faden hervorkommt. Einen Quiltstich nach vorn entlang der Nählinie arbeiten und dort in der bereitliegenden Schlaufe zur Oberfläche kommen.

SCHRITT 2

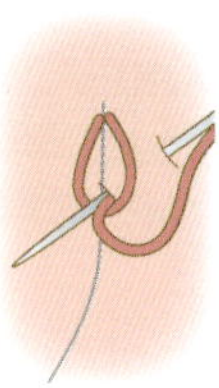

Die Nadel etwas nach hinten versetzt und rechts der Nählinie in den Stoff stechen. Schräg nach unten und einwärts sticken, in Richtung der Linie, und die Nadelspitze innerhalb des ersten, soeben genähten Kettengliedes austreten lassen (dabei den Faden spannen, keine Schlinge formen).

SCHRITT 3

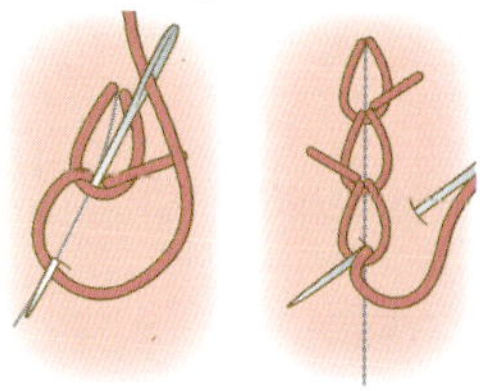

Den Faden im Bogen auf der Nählinie nach vorn legen. Die Nadel am Ende des soeben genähten Kettengliedes wieder einstechen und entlang der Nählinie mit einem Quiltstich heraustreten (innerhalb der bereitliegenden Schlinge). Nun den Schrägstich zur linken Seite hin arbeiten. So entlang der Linie arbeiten und mit einem Kettstich oder einem Schrägstich enden. Den letzten Stich außerhalb des letzten Kettenstichs vernähen.

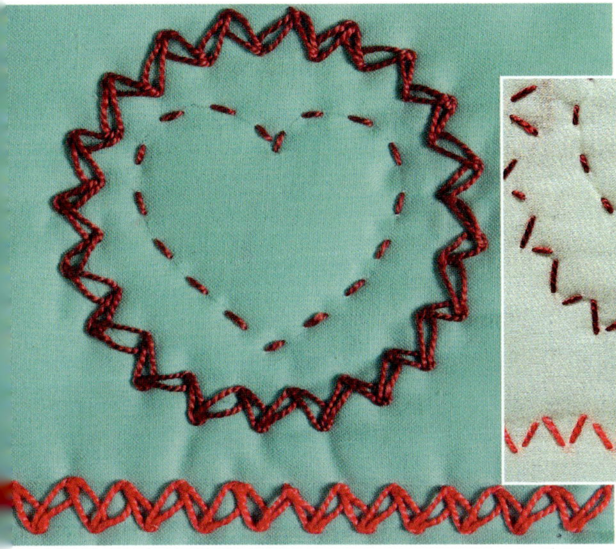

RÜCKSEITE

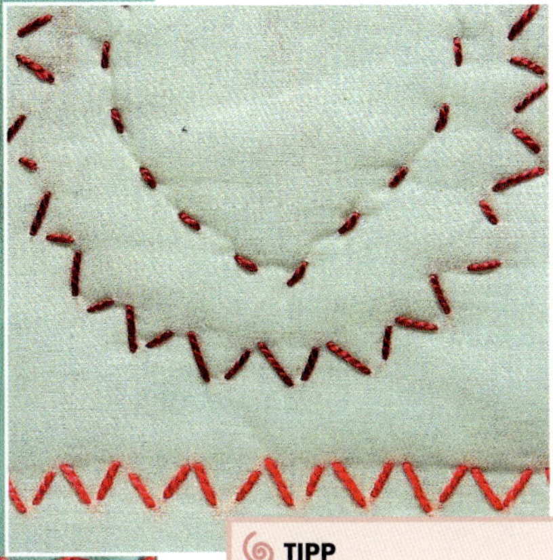

TIPP

Arbeiten Sie die schrägen Stiche aufrecht und in einem ziemlich steilen Winkel zur Quiltlinie.

Zickzack-Kettenstich

Dieser Stich wird auf sehr alten Stickereien gefunden. Wenn er sehr klein gearbeitet wird, liegt ein dekorativer Zopf auf dem Stoff, der den eigentlichen Kettenstich kaum noch erkennen lässt.

SCHRITT 1

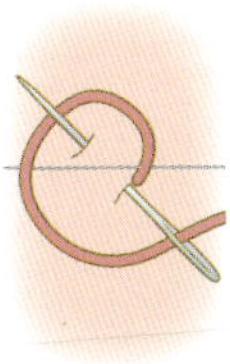

Den Faden knapp unterhalb der Quiltlinie zur Oberseite bringen. Horizontal arbeiten. Den Faden nach vorn zu einer Schlaufe legen. Die Nadel am gleichen Punkt (oder knapp daneben) einstechen, an dem der Faden aus dem Stoff kommt. Einen schrägen Quiltstich durch alle Lagen bis oberhalb der Linie und durch die bereitgelegte Schlinge machen.

SCHRITT 2

Den Faden wieder zu einer Schlinge legen. Diesmal den Faden des soeben genähten Kettengliedes spalten und schräg nach vorn bis unterhalb der Linie stechen, in die bereitgelegte Schlinge.

SCHRITT 3

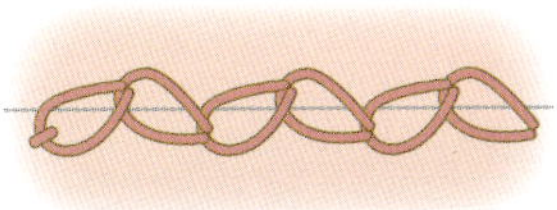

So weiter arbeiten, immer wechselnd einen Stich oberhalb und einen unterhalb der Nählinie. Das letzte Kettenglied mit einem kleinen Stich außerhalb der Schlinge sichern.

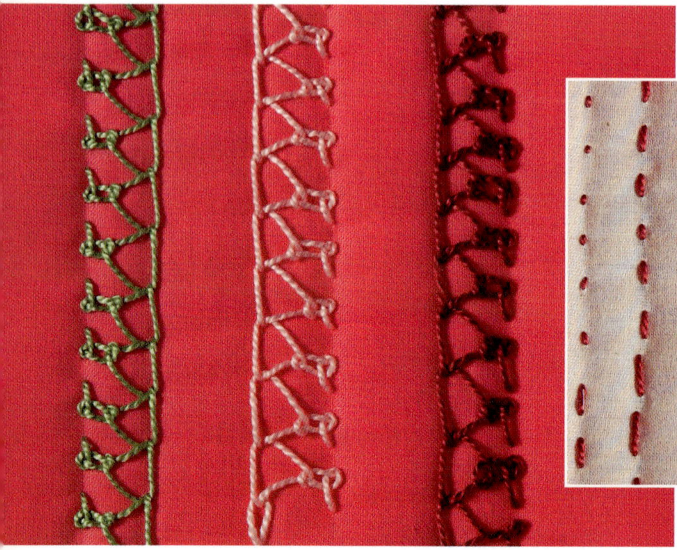

RÜCKSEITE

Gekrönter Kettenstich

Diese Kombination aus Ketten- und Korallenstich kann waagerecht gearbeitet werden (wie unten gezeigt) oder senkrecht. Er wirkt durchbrochen wie eine Spitze.

SCHRITT 1

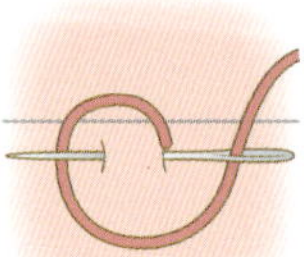

Faden auf die Oberfläche bringen. Schlinge formen und Nadelspitze an der gleichen Stelle in den Stoff stechen, an der der Faden hervorkommt. Waagerechten Stich nach vorn machen und Nadelspitze innerhalb der Schlinge nach oben bringen.

SCHRITT 2

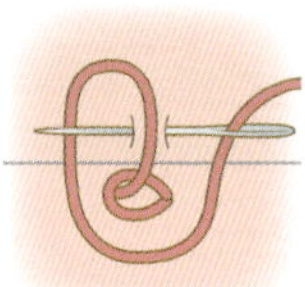

Den Faden oberhalb der Linie legen, im Bogen nach vorn und nach unten legen. Einen Quiltstich vorwärts in die bereitgelegte Schlinge stechen.

SCHRITT 3

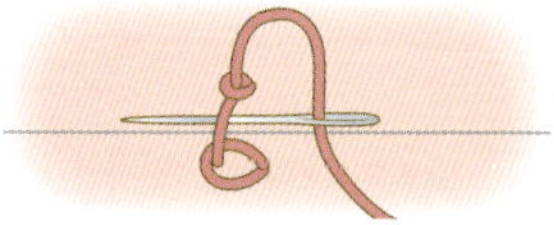

Den Faden unter der Fadenbrücke zwischen oberem und unterem Stich hindurchschieben (dabei keine Gewebefäden fassen).

SCHRITT 4

Den Faden nach vorn und nach unten zu einer Schlinge legen. Die Nadel in den unteren Kettenstich einstechen, nach vorn führen und durch die bereitgelegte Schlinge zur Oberfläche kommen. Schritte 2, 3 und 4 entlang der Nählinie wiederholen.

RÜCKSEITE

TIPP

Die Abbildungen zeigen, wie der Stich senkrecht genäht wird, doch ist es ebenso leicht, ihn waagerecht zu arbeiten.

Schnurstich

Der Schnurstich ist ein schmaler, kompakter Stich mit etwas erhabener Oberfläche. Er ist ideal für fortlaufende Linien und für Konturen von Quiltmotiven.

SCHRITT 1

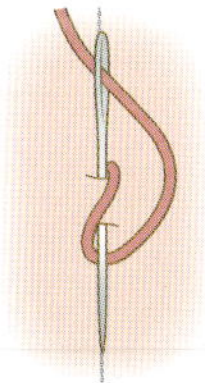

Faden am Anfang der Quiltlinie zur Oberfläche bringen. Im Bogen nach vorn legen, sodass er eine Schlinge nach rechts bildet. Nadel knapp links der Stelle in den Stoff stechen, an der der Faden austritt und Quiltstich durch alle Lagen nach vorn machen. Nadelspitze etwas weiter vorn auf der Linie und direkt in der Schlinge auftauchen lassen.

SCHRITT 2

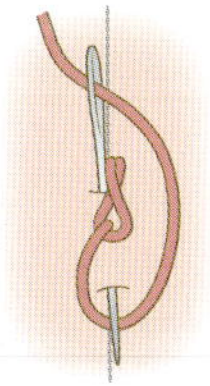

Den Faden im Bogen nach vorn legen, sodass er eine Schlinge nach links bildet. Diesmal leicht links der Linie und einen halben Stich rückwärts einstechen. Jetzt den Faden des vorangegangenen Stichs anziehen. Einen leicht schrägen Stich arbeiten und die Nadelspitze wieder auf der Linie durch die bereitgelegte Schlinge ausstechen.

SCHRITT 3

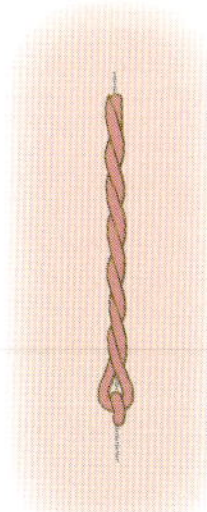

So weiter entlang der Quiltlinie arbeiten und den letzten Knoten oder die letzte Schlinge mit einem kleinen Stich befestigen.

RÜCKSEITE

Halber Federstich

Wunderbar zu sticken ist dieser halbe Federstich. Er bereichert ein Quiltmuster mit viel Bewegung und ist dabei leicht und fließend zu nähen.

TIPP

Halten Sie die Nadel relativ steil zur Nählinie, um die schräg gestellten Stiche zu betonen und um sie sicher in der Schräge zu fixieren.

SCHRITT 1

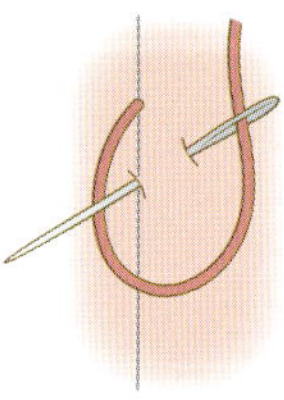

Den Faden am Anfang der Quiltlinie zur Oberfläche bringen. Den Faden nach unten entlang der Nählinie legen und zu sich her arbeiten. Die Nadel rechts der Linie einstechen. Einen schrägen Stich nach vorn machen und die Nadelspitze auf der Linie innerhalb der bereitgelegten Schlinge nach oben bringen.

SCHRITT 2

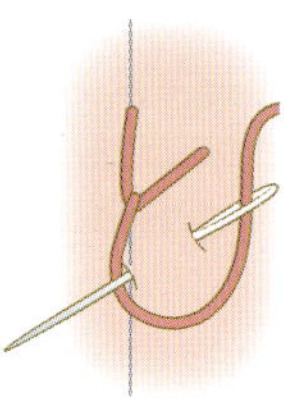

Wieder den Faden entlang der Linie legen, mit dem Daumen der nicht nähenden Hand festhalten und den nächsten Quiltstich arbeiten. Dabei schräg nach vorn und direkt auf der Linie innerhalb der bereitgelegten Schlinge nach oben stechen.

SCHRITT 3

So weiter arbeiten, bis das Ende des Musters oder des Fadens erreicht ist. Mit einem kleinen Fixierstich außerhalb des letzten Stichs enden.

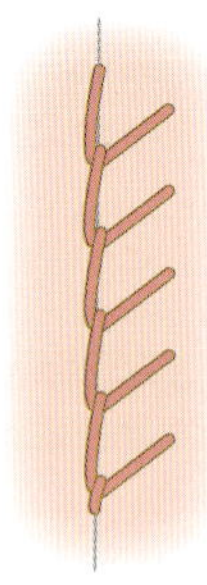

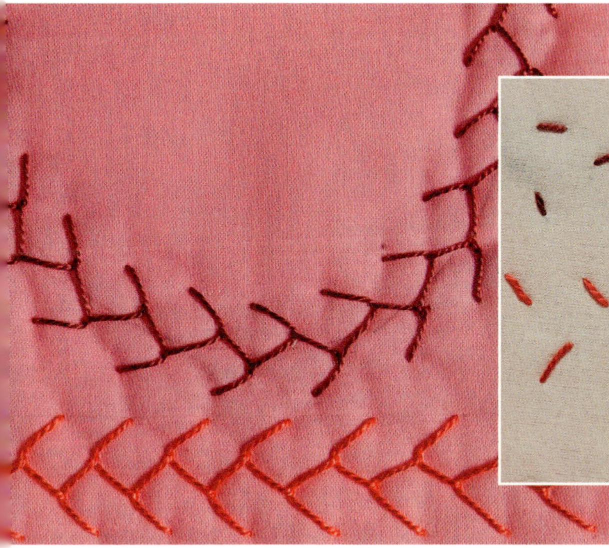

RÜCKSEITE

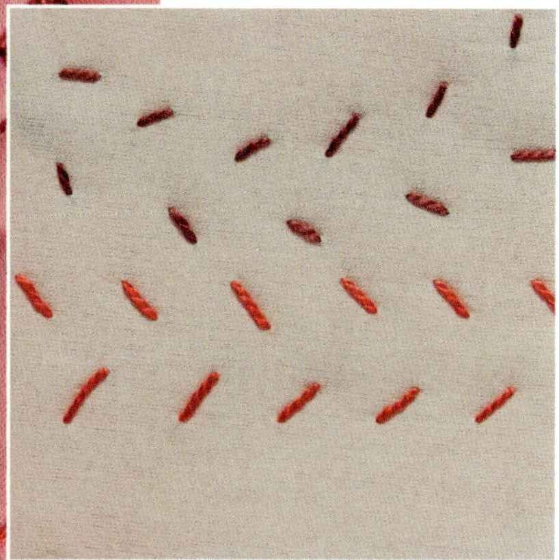

Federstich

Das zarte und attraktive Aussehen dieses Stichs kann zusätzlich betont werden, indem Sie die Nadel in unterschiedlichen Winkeln führen.

SCHRITT 1

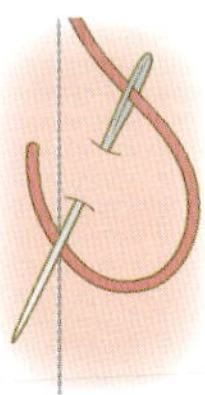

Den Faden am Anfang der Quiltlinie zur Oberfläche bringen. Zu sich her arbeiten. Den Faden entlang der Linie nach vorn und im Bogen nach rechts zu einer Schlinge legen. Einen Quiltstich durch alle Lagen arbeiten, dafür rechts der Linie beginnen, schräg nach unten in Richtung Linie stechen, diese aber nicht berühren. Die Nadel innerhalb der bereitgelegten Schlinge nach oben führen.

SCHRITT 2

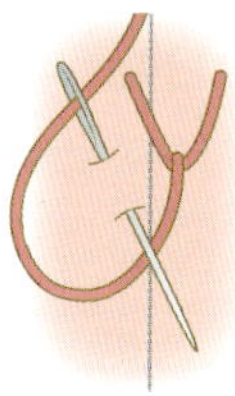

Den Faden auf der Linie festhalten und nach links zu einer Schlinge legen. Einen Quiltstich arbeiten, dafür links der Linie in Höhe der Ausstichstelle des Fadens rechts beginnen. Schräg nach unten in Richtung Linie stechen, ohne diese zu berühren, und die Nadel innerhalb der Schlinge nach oben bringen.

SCHRITT 3

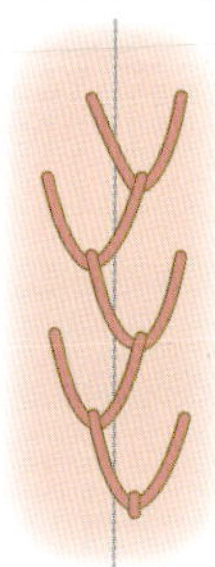

So weiter arbeiten, immer seitlich der Linie, ohne diese zu berühren. Es entsteht ein Muster, das an Vogelspuren erinnert. Mit einem kleinen Fixierstich außerhalb des letzten V-förmigen Stichs enden.

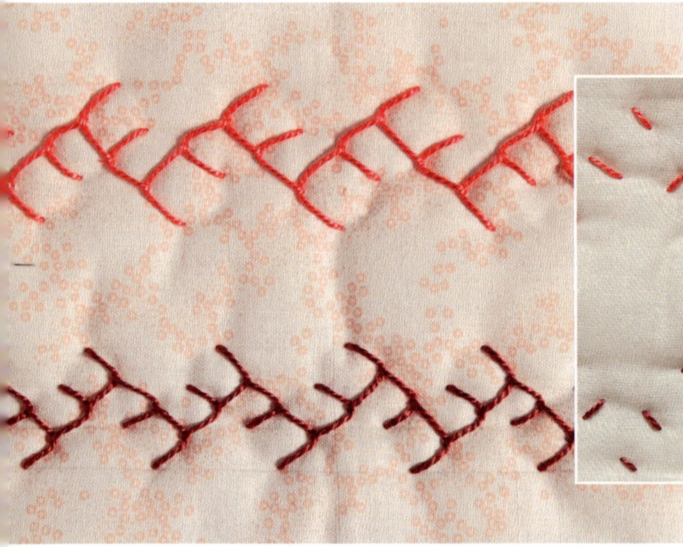

RÜCKSEITE

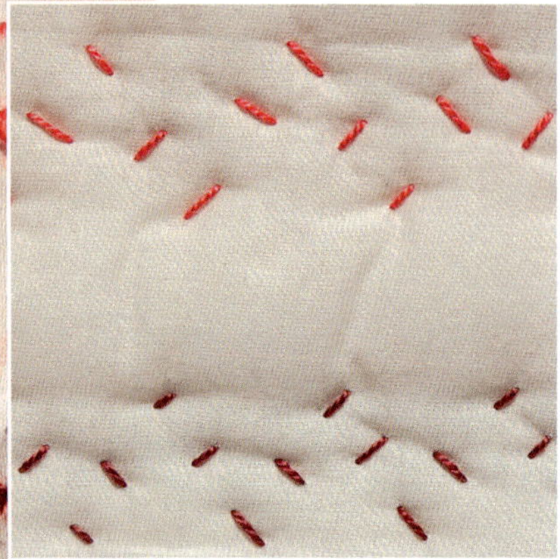

Federstich Plus

Der doppelte Federstich ist die breitere Variation des einfachen Federstichs. Die dekorativ gefiederte Linie wirkt noch kunstvoller als die einfache Federstichlinie aus „Vogelspuren".

SCHRITT 1

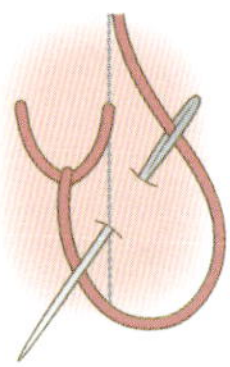

Den Faden am Anfang und links der Quiltlinie zur Oberfläche bringen. Den Faden nach unten, zu sich her und zu einer Schlinge nach rechts legen. Einen Quiltstich durch alle Lagen machen, dafür von rechts nach links schräg nach unten in Richtung Linie stechen und die Nadel innerhalb der bereitgelegten Schlinge heraustreten lassen. Einen zweiten Stich ebenso arbeiten, schräg von rechts nach links, wieder in Richtung Linie.

SCHRITT 2

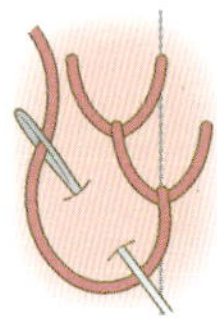

Den Faden zu sich her zu einer Schlinge nach links legen. Einen Quiltstich auf der linken Seite der zuvor genähten Stiche arbeiten, auf Höhe der Stelle, an welcher der letzte Faden des rechten Stichs hervorkam. Die Nadel schräg nach unten und innen stechen und durch die bereitgelegte Schlinge herauskommen lassen. Faden nach unten zu einer Schlinge nach links legen und einen weiteren Stich von links nach rechts schräg nach innen machen.

SCHRITT 3

So weiter arbeiten, immer zwei Federstiche rechts und zwei links der Nählinie.

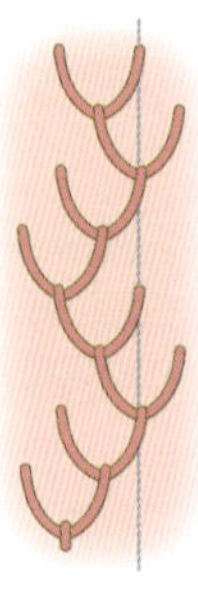

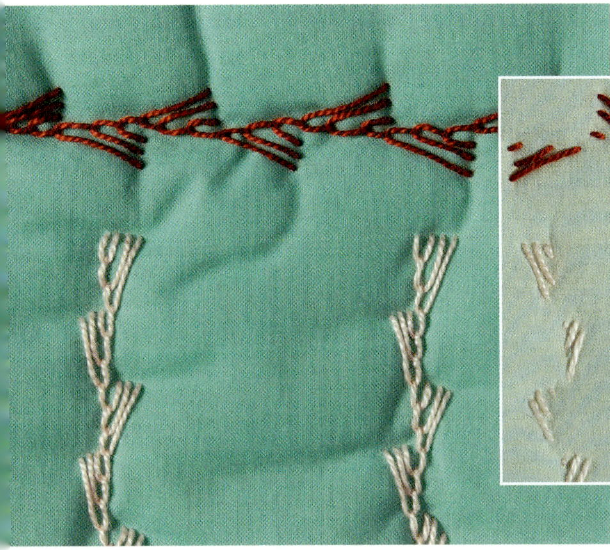

RÜCKSEITE

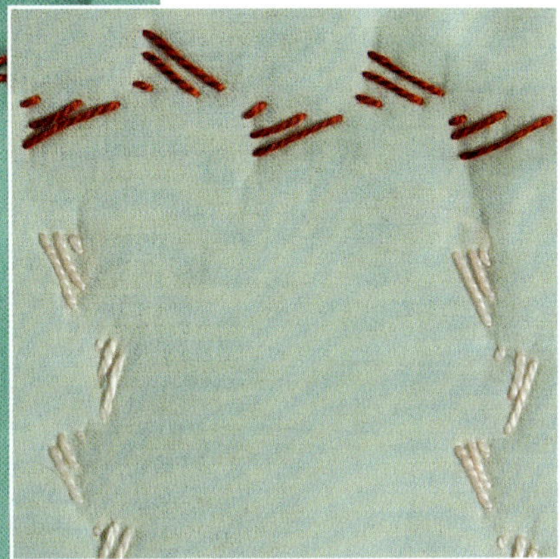

Frauenhaar

Eine dekorative Variante des einfachen Federstichs, der auf die Mittellinie hin ausgerichtet ist. Arbeiten Sie die langen äußersten Zweige dicht an den kürzeren entlang.

SCHRITT 1

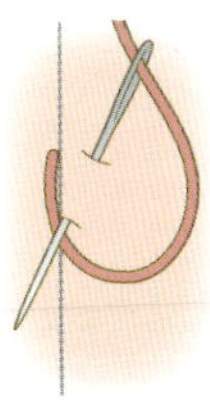

Den Faden am Anfang der Quiltlinie zur Oberfläche bringen. Senkrecht zu sich her arbeiten. Den Faden auf der Linie nach unten legen und mit dem Daumen der nicht nähenden Hand nach rechts halten. Einen schrägen Quiltstich durch alle Lagen arbeiten, von rechts in Richtung Linie nach unten. Die Nadel auf der Linie durch die bereitgelegte Schlinge nach oben bringen.

SCHRITT 2

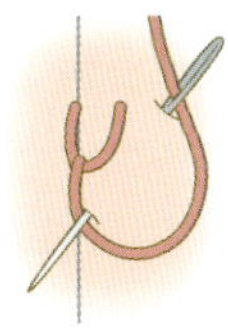

Einen zweiten Stich arbeiten. Die Oberkante liegt auf gleicher Höhe wie das Ende des ersten Zweiges. Die Nadel auf der Linie durch die bereitgelegte Schlinge nach oben bringen.

SCHRITT 3

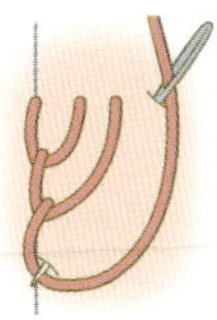

Einen dritten Stich auf die gleiche Weise nähen, dabei eng neben den vorigen Stichen bleiben.

SCHRITT 4

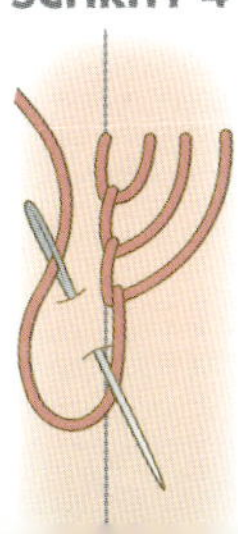

Nun den Faden nach unten links festhalten. Die Stichreihenfolge wiederholen, aber nach links arbeiten. Immer drei Stiche auf jeder Seite der Nählinie arbeiten.

RÜCKSEITE

Pfeilspitzen

Ein vielseitiger und schneller Stich, der entlang einer leicht geschwungenen Linie einfach zu nähen ist. Er ähnelt dem Fliegenstich (s. Seite 99).

TIPPS

- Kurven: An der Innenseite einer Kurve lassen Sie kleinere Lücken zwischen den Stichen, an der Außenseite arbeiten Sie breitere Lücken.
- Abstände: Idealerweise liegt die Pfeilspitze auf gleicher Höhe wie die unteren Enden des vorhergehenden V-förmigen Stichs. Für einen dichteren Effekt arbeiten Sie die Stiche enger nacheinander.

SCHRITT 1

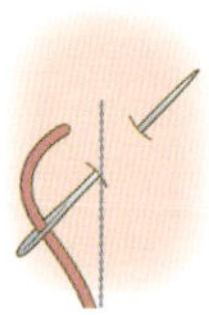

Den Faden am Anfang und links der Quiltlinie zur Oberfläche bringen. Die Nadel auf der Linie einstechen, etwas tiefer als der Startpunkt. Einen schrägen Stich nach oben und nach rechts der Linie machen.

SCHRITT 2

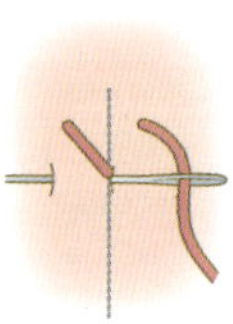

Den Faden nachziehen. Die Nadel an derselben Stelle einstechen, an welcher der Faden zuvor eingestochen wurde. Waagerecht nach links neben die Linie stechen.

SCHRITT 3

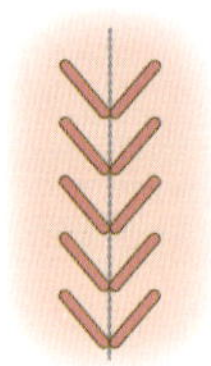

Den Faden nachziehen und diese beiden Schritte entlang der Linie wiederholen. Mit einem vollständigen V-förmigen Stich enden.

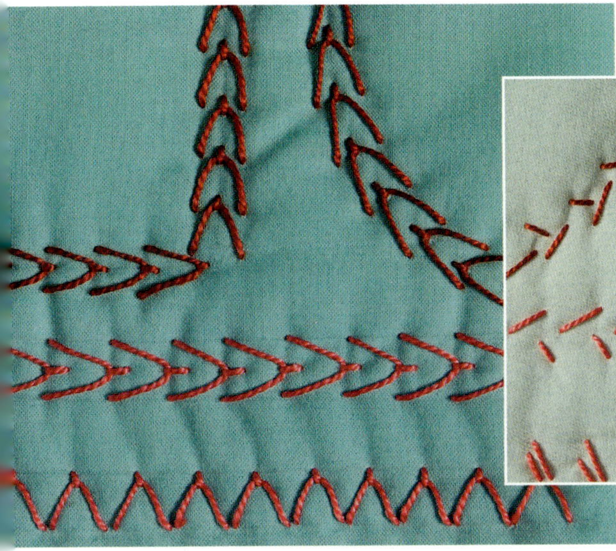

RÜCKSEITE

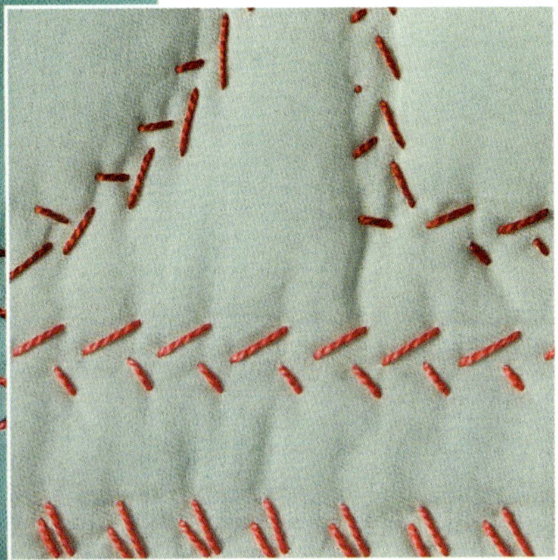

Fliegenstich

Dieser Stich kann waagerecht oder senkrecht gearbeitet und sogar einzeln über eine Fläche gestickt werden. Er formt entweder ein Y (längerer Fixierstich) oder ein V (kurzer Fixierstich).

SCHRITT 1

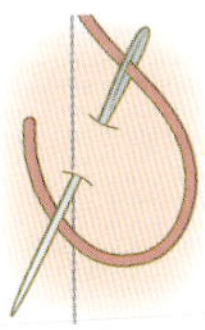

Den Faden am Anfang und links der Quiltlinie zur Oberfläche bringen. Faden nach unten und im Bogen zu einer Schlinge nach rechts legen. Die Nadel rechts der Linie einstechen, auf gleicher Höhe wie die Austrittsstelle links. Einen Quiltstich schräg nach unten machen und die Nadelspitze auf der Linie in der bereitgelegten Schlinge nach oben führen.

SCHRITT 2

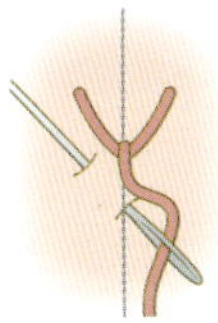

Die Nadel wieder einstechen, direkt auf der Linie und unterhalb des soeben genähten V-förmigen Stichs. Nadel links der Linie wieder ausstechen.

SCHRITT 3

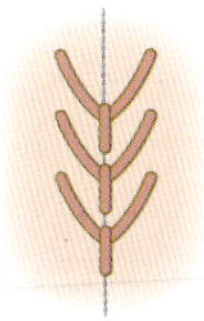

Diese beiden Schritte wiederholen. Der Faden muss immer nach unten zur Schlinge gelegt werden. Entlang der Quiltlinie sticken und am Ende den letzten V-förmigen Stich fixieren.

SCHRITT 4

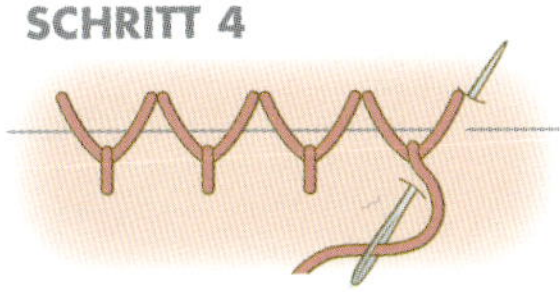

Beim Sticken einer horizontalen Linie jeweils oberhalb und unterhalb der Linie einstechen.

RÜCKSEITE

Gedreht

Dieser Stich weist eine dekorative Drehung des Fadens auf, die unter jedem Fliegenstich einen interessanten Blickpunkt bildet.

SCHRITT 1

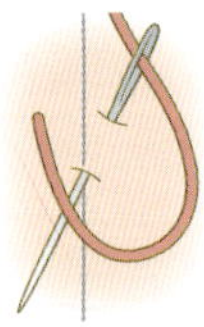

Den Faden links der Quiltlinie zur Oberfläche bringen. Nach unten und nach rechts hin zur Schlinge legen. Die Nadel rechts der Linie einstechen, auf gleicher Höhe an welcher der erste Stich begann. Einen Quiltstich durch alle Lagen machen, dafür schräg nach unten stechen und auf der Linie, innerhalb der bereitgelegten Schlaufe, auftauchen lassen.

SCHRITT 2

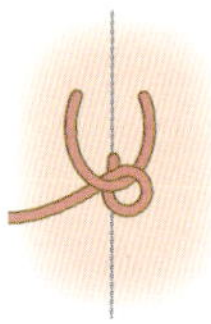

Die Schlaufe festhalten und den Faden von unten her darüber legen und wieder nach unten durchziehen.

SCHRITT 3

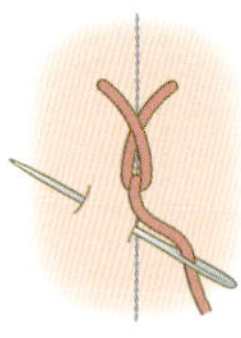

Auf der Linie einstechen und wieder einen Quiltstich nach links machen. So weiter arbeiten und mit einem mittleren Fixierstich enden.

ALTERNATIVE

Dieser Stich kann auch waagerecht gearbeitet werden. Anstatt nach unten, in gleicher Weise nach der Seite wie einen Fliegenstich nähen (s. Seite 99).

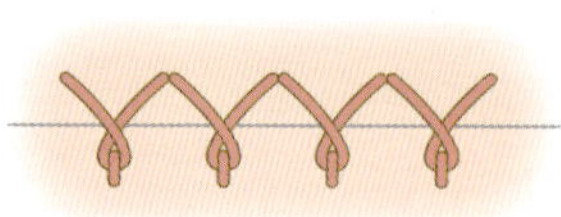

RÜCKSEITE

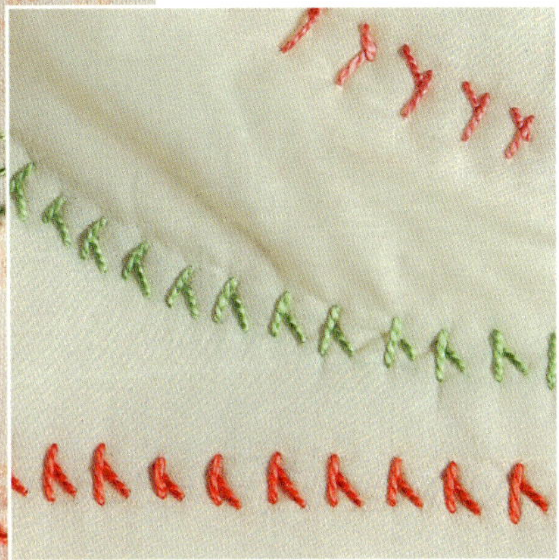

TIPP

Sie können den Sicherungsstich in der Mitte länger oder kürzer arbeiten, doch bei den Abständen zwischen den Stichen gibt es nicht viel Spielraum.

Geflochten

Der geflochtene Fliegenstich muss waagerecht auf der Quiltlinie gearbeitet werden, damit sich die Zweige der einzelnen Stiche überlappen.

SCHRITT 1

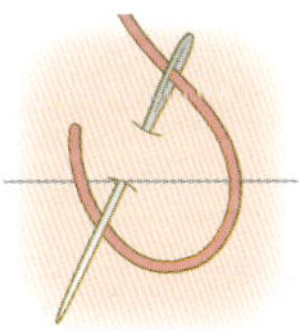

Waagerecht von links nach rechts arbeiten. Faden oberhalb der Quiltlinie zur Oberfläche bringen. Faden nach unten halten und nach rechts hin zur Schlinge legen. Nadel oberhalb der Quiltlinie einstechen, etwas weiter vorn und in gleicher Höhe wie der Startpunkt. Schrägen Quiltstich nach unten und einwärts machen und Nadelspitze auf der Linie innerhalb der Schlaufe heraustreten lassen.

SCHRITT 2

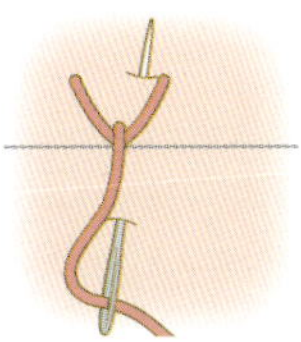

Die Nadel unterhalb der Linie, mittig unter dem V, in den Stoff stechen. Einen senkrechten Quiltstich nach oben machen und die Nadel am oberen Ende innerhalb der beiden Spitzen des V zur Oberfläche bringen.

SCHRITT 3

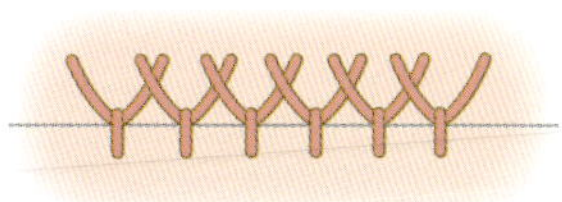

Den zweiten Fliegenstich arbeiten und immer so weiter. Jeder Zweig überlappt den vorhergehenden Stich. Den letzten Stich außerhalb und unter dem letzten V-Stich vernähen.

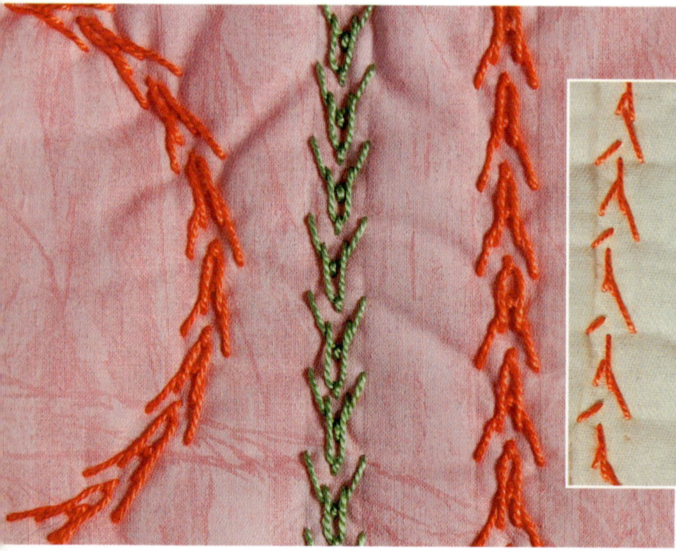

RÜCKSEITE

Doppelt

Der einfache Fliegenstich wird lang gestickt, damit eine zweite Reihe von engeren Fliegenstichen dazwischengesetzt werden kann.

SCHRITT 1

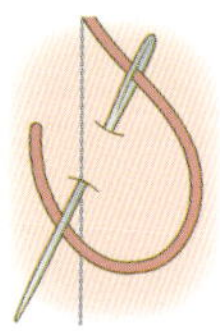

Den Faden am Anfang und links der Quiltlinie zur Oberfläche bringen. Die Reihe waagerecht arbeitend zu sich her stechen. Faden nach unten und nach rechts zu einer Schlinge legen. Die Nadel rechts der Linie einstechen, auf gleicher Höhe wie die Austrittsstelle links. Einen Quiltstich schräg nach unten machen und die Nadelspitze auf der Linie in der bereitgelegten Schlinge nach oben führen.

SCHRITT 2

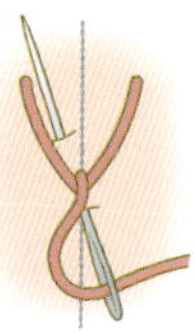

Die Nadel wieder einstechen, direkt auf der Linie und unterhalb des soeben genähten V-förmigen Stichs. Nadelspitze innerhalb des soeben genähten Stichs zur Oberfläche bringen.

SCHRITT 3

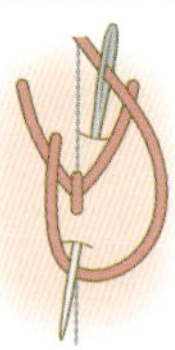

Den Faden nach unten halten und nach rechts legen. Rechts innerhalb des V einstechen und direkt auf der Linie und unterhalb des ersten Stichs hervorkommen, dabei in der Fadenschlaufe auftauchen.

SCHRITT 4

Diese Stichkombination entlang der Quiltlinie wiederholen. Mit einem kompletten doppelten Fliegenstich enden und den Faden außerhalb des letzten V-förmigen Stichs fixieren.

RÜCKSEITE

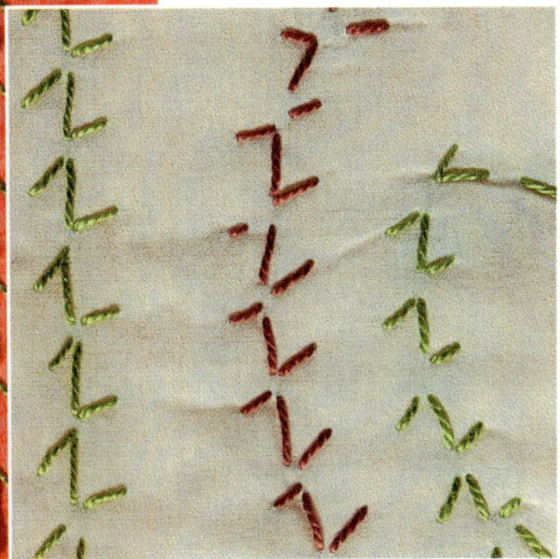

Farnkrautstich

Bei dieser hübschen Linie können die Spitzen des „Farns“ alle auf gleicher Höhe liegen oder so gestickt werden, dass die mittlere Linie höher und die seitlichen Zweige niedriger stehen.

SCHRITT 1

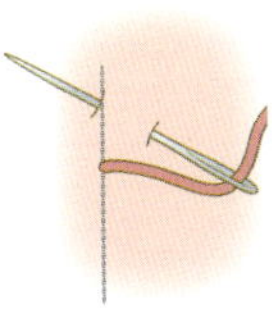

Den Faden am Anfang der Quiltlinie zur Oberfläche bringen. Die Nadel weiter oberhalb und rechts der Linie einstechen. Einen Quiltstich schräg nach oben durch alle Lagen machen (oder waagerecht für den gleich langen „Farnzweig“, siehe Abbildung zu Schritt 4). Den Faden nachziehen.

SCHRITT 2

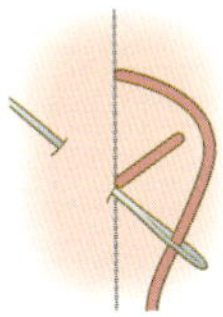

Nadel am Startpunkt wieder einstechen und schräg nach oben links, auswärts gerichtet, hervorkommen.

SCHRITT 3

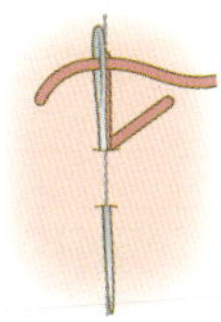

Die Nadel noch einmal am Startpunkt einstechen und nach unten zu sich her führen. Wieder auf der Linie auftauchen und dort den nächsten Stich beginnen.

SCHRITT 4

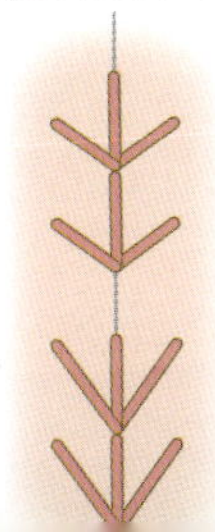

Für gleich hohe Farnspitzen bei Schritt 1 einen waagerechten Stich machen oder einen steileren schrägen Stich bei Schritt 2 für steilere Zweige.

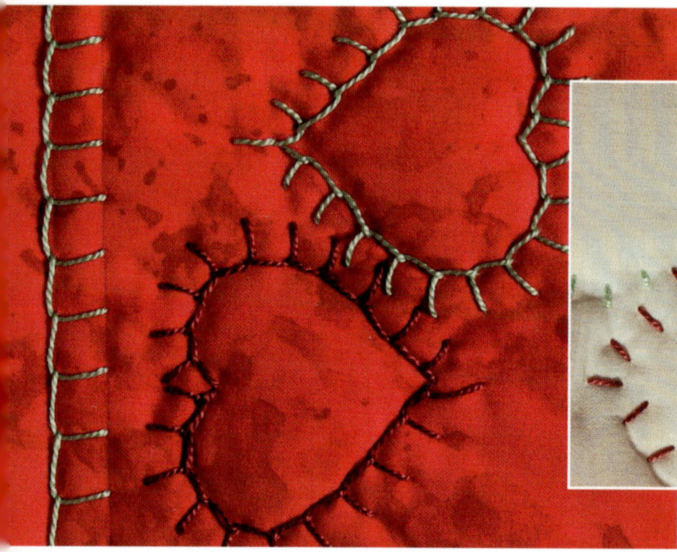

RÜCKSEITE

TIPPS

- Machen Sie die Stiche nicht zu lang, um den Stoff nicht zu verziehen.
- Wenn die Stiche zu eng genäht sind, erinnern sie an einen Knopflochstich, der vielleicht zu dicht wirkt.
- Kurven und Kreise: Je nachdem, ob die Strahlen nach innen oder nach außen weisen, ergeben sich unterschiedliche Wirkungen.

Schlingstich

Dieser einfache Stich wird oft zum Versäubern von Stoffkanten und für das Übersticken der Konturen von Applikationen benutzt.

SCHRITT 1

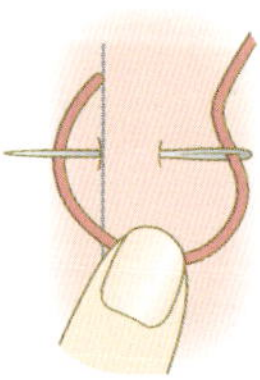

Den Faden am Anfang der Quiltlinie zur Oberfläche bringen. Senkrecht und zu sich her arbeiten. Den Faden entlang der Linie nach unten legen. Einen Quiltstich von rechts nach links durch alle Lagen machen, die Nadelspitze aus der Linie heraus in die bereitgelegte Fadenschlinge führen.

SCHRITT 2

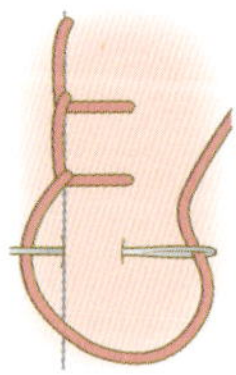

Den Faden auf der Linie nach unten legen, wieder von rechts nach links stechen.

SCHRITT 3

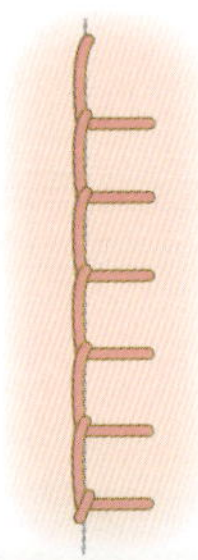

Auf diese Weise entlang der Linie arbeiten. Die Reihe mit einem kleinen Fixierstich außerhalb des letzten Schlingstichs beenden und vernähen.

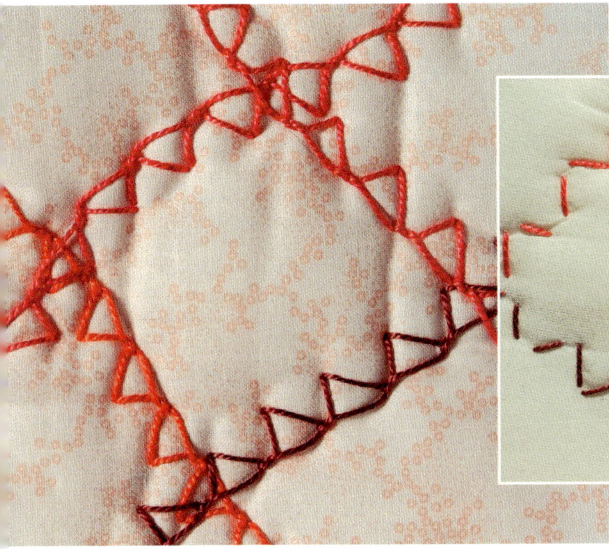

RÜCKSEITE

Geschlossen

Diesen Schlingstich arbeiten Sie wegen der Dreiecke am bequemsten zu sich her. Ändern Sie die Flächen innerhalb der Dreiecke, indem Sie die Stiche tiefer oder flacher stechen.

SCHRITT 1

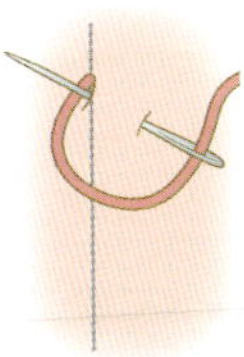

Den Faden am Anfang der Quiltlinie zur Oberfläche bringen. Nach unten entlang der Linie legen. Auf der rechten Seite der Linie einen Quiltstich durch alle Lagen arbeiten, dafür schräg aufwärts in Richtung der Linie stechen. Die Nadelspitze auf der Linie herauskommen lassen und durch die bereitgelegte Schlinge führen. Den Faden nachziehen.

SCHRITT 2

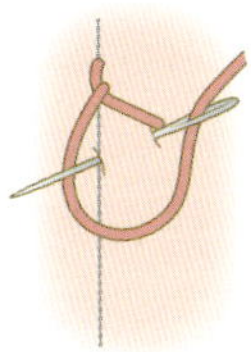

Faden nach unten entlang der Linie legen. In die gleiche Stelle vorher einen schräg nach unten gerichteten Stich machen und Nadel auf der Linie wieder auftauchen lassen. Dabei durch die bereitgelegte Schlinge stechen. Faden nachziehen.

SCHRITT 3

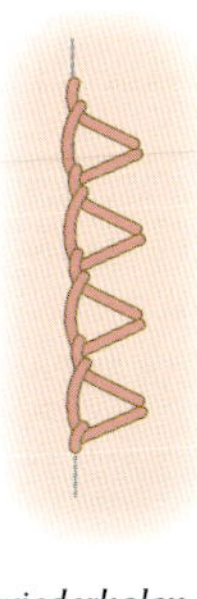

Den Faden nach unten entlang der Linie legen, Die Nadel rechts der Linie schräg nach oben in Richtung der Linie einstechen. Die Nadelspitze direkt auf der Linie und in der bereitgelegten Schlinge auftauchen lassen, aber außerhalb des zuvor geformten Dreiecks. Den Faden durchziehen. Schritt 2 wiederholen, um diesen Stich zu vollenden. So weiter entlang der Linie arbeiten.

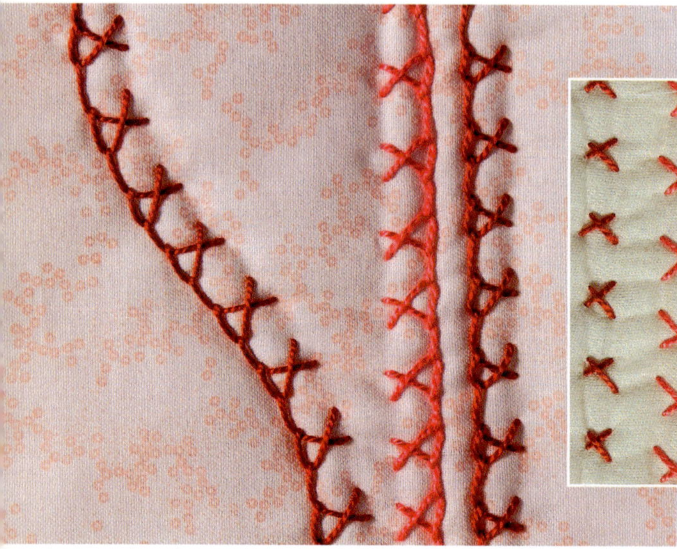

RÜCKSEITE

Gekreuzter Schlingstich

Die beiden Äste jedes Stichs überlappen sich kreuzförmig auf der Quiltoberfläche und sind durch einen Querfaden getrennt.

SCHRITT 1

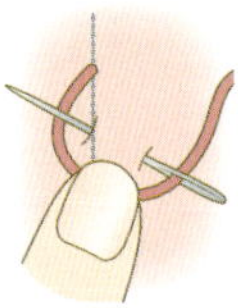

Den Faden am Anfang der Quiltlinie zur Oberfläche bringen. Senkrecht und zu sich her arbeiten. Den Faden entlang der Linie nach unten und im Bogen nach rechts zur Schlinge legen. Einen Quiltstich durch alle Lagen arbeiten, dabei die Nadel rechts der Linie einstechen und schräg nach oben/rückwärts auf der Linie durch die bereitgelegte Schlinge wieder zur Oberfläche führen.

SCHRITT 2

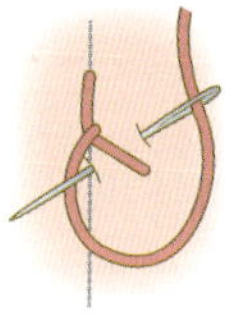

Den Faden entlang der Linie und wieder nach rechts hin zur Schlinge legen. Die Nadel rechts der Linie etwa eine Stichlänge oberhalb des ersten Stichs wieder einstechen. Einen schrägen Stich von oben nach vorn/unten führen und die Nadel auf der Linie durch die bereitgelegte Schlinge auftauchen lassen.

SCHRITT 3

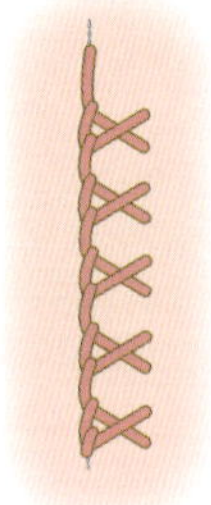

Schritte 1 und 2 mit gleichmäßigen Abständen entlang der Quiltlinie wiederholen. Am Ende der Linie den zweiten Stich mit einem kleinen Stich nach außen festnähen.

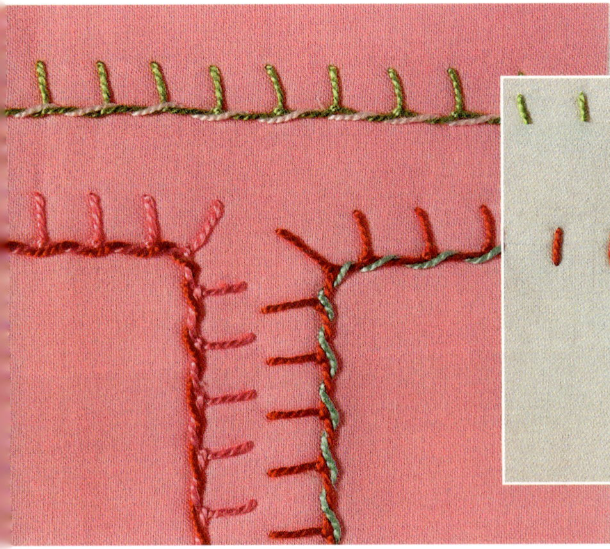

RÜCKSEITE

TIPPS

- Setzen Sie die Stiche in gleichmäßigen Abständen, das sieht am besten aus. Die Abstände können verändert werden, ebenso wie die Länge der Spitzen.
- Bei Kurven, Kreisen oder Ecken können die Spitzen nach innen oder nach außen weisen.
- Arbeiten Sie beim Durchschlingen mit dem Nadelöhr voran oder verwenden Sie dabei eine stumpfe Sticknadel.

Umstochen

Eine Reihe von Schlingstichen, die von einem zweiten Faden umstochen wurde, lässt die Unterkante der Stichreihe plastisch hervortreten. Dies wird noch deutlicher, wenn Sie andersfarbiges Garn verwenden.

SCHRITT 1

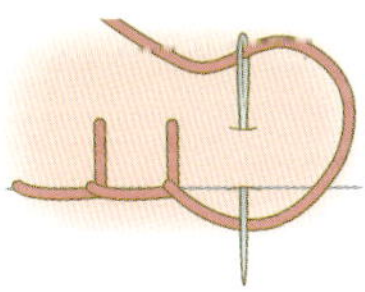

Den Faden am Anfang der Quiltlinie zur Oberfläche bringen. Eine Reihe von Schlingstichen arbeiten (s. Seite 104).

SCHRITT 2

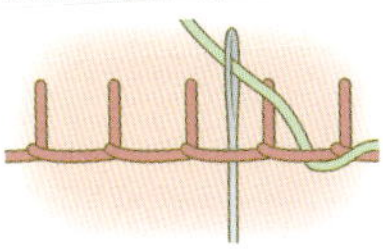

Den zweiten (evtl. kontrastierenden) Faden am Anfang der Schlingstichreihe am gleichen Startpunkt zur Oberfläche bringen. Die Nadel unter jeder Fadenbrücke der Stiche hindurchschieben, immer in der gleichen Richtung.

SCHRITT 3

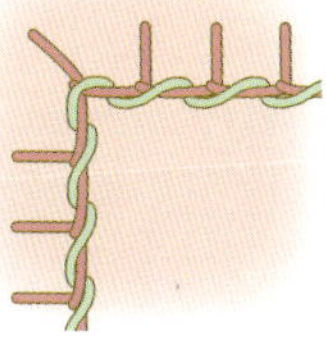

An Ecken auf die gleiche Weise fortfahren – die Stiche werden sich von allein um die Ecke legen.

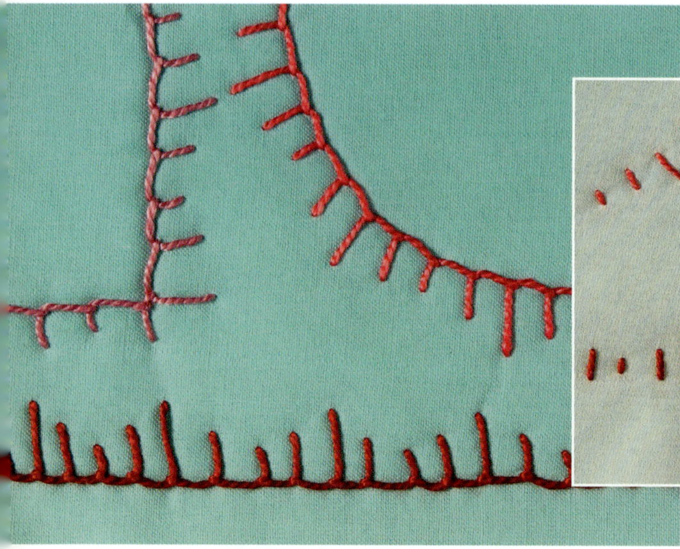

RÜCKSEITE

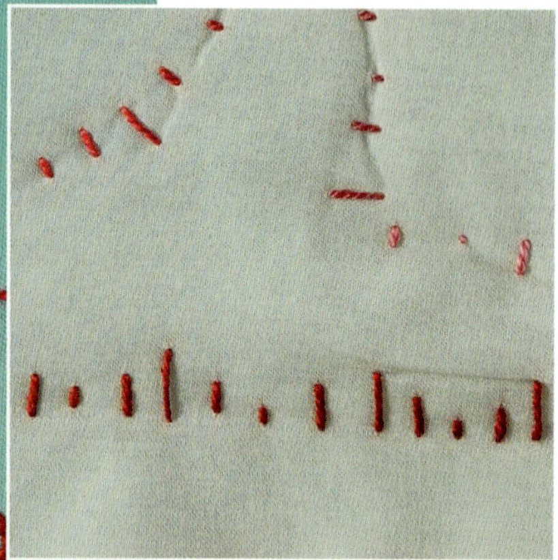

TIPP

Arbeiten Sie die Stiche nicht zu lang, da sich sonst der Stoff verzieht.

Lange und kurze Schlingstiche

Der einfache Schlingstich (s. Seite 104) macht großen Spaß, sobald Sie ihn mit verschiedenen Längen arbeiten oder wenn Sie die Stiche bündeln.

SCHRITT 1

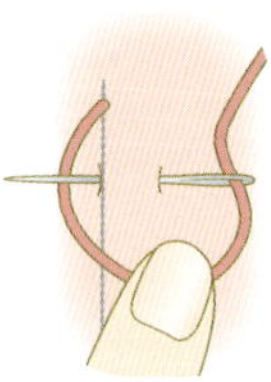

Den Faden am Anfang der Quiltlinie zur Oberfläche bringen. Senkrecht und zu sich her arbeiten. Den Faden entlang der Linie nach unten und nach rechts zur Schlinge legen. Einen Quiltstich durch alle Lagen arbeiten, dabei die Nadel rechts der Linie einstechen, schräg nach oben/rückwärts auf der Linie durch die bereitgelegte Schlinge wieder auf die Oberfläche führen.

SCHRITT 2

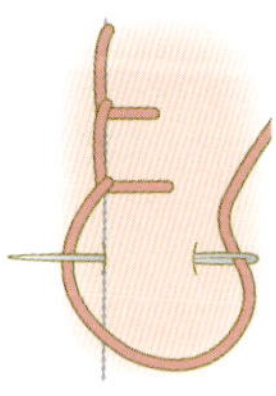

Den Stich wie oben wiederholen, aber nun etwas breiter oder schmaler, je nach Wunsch und Mustervorstellung.

SCHRITT 3

So weiter entlang der Quiltlinie arbeiten und mit einem kleinen Stich außerhalb des letzten Schlingstichs enden.

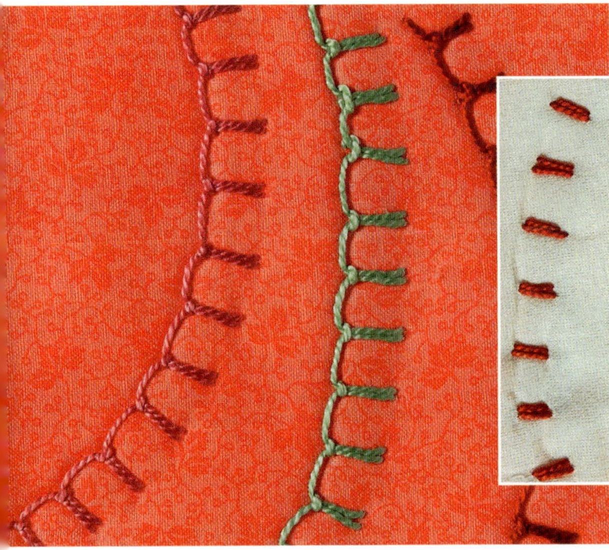

RÜCKSEITE

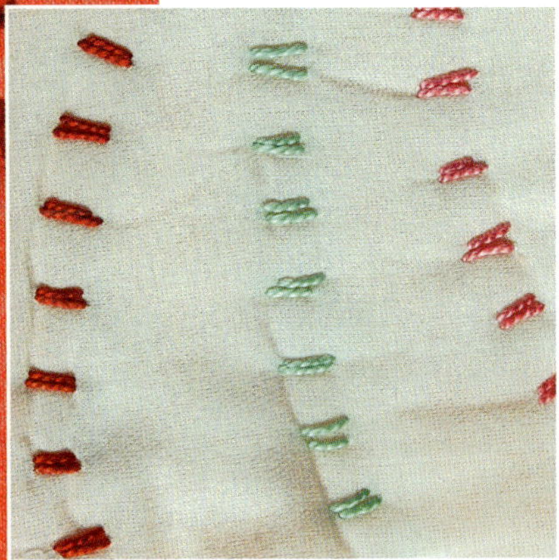

Doppelter Schlingstich

Diese Variante wirkt kräftiger als der einfache Schlingstich (s. Seite 104). Zwei Stiche liegen dicht beieinander und heben die Strahlen stärker hervor.

SCHRITT 1

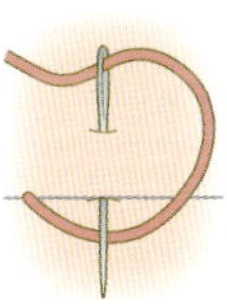

Den Faden am Anfang auf der Quiltlinie zur Oberfläche bringen. Den Faden nach unten und nach rechts zur Schlinge legen. Oberhalb der Linie einstechen und einen Quiltstich durch alle Lagen arbeiten. Die Nadelspitze direkt auf der Linie und durch die bereitgelegte Schlinge wieder zur Oberfläche führen.

SCHRITT 2

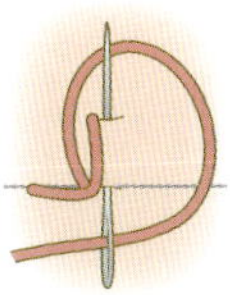

Nun den Faden nach oben und nach rechts legen. Die Nadel auf der Nählinie und direkt neben dem Austrittspunkt des vorigen Stichs einstechen. Einen Quiltstich nach oben arbeiten und die Nadelspitze direkt neben dem vorigen Stich auftauchen lassen, dabei durch die bereitliegende Schlinge stechen. Die Fäden liegen dicht beieinander.

TIPPS

- Vergewissern Sie sich, dass die beiden Stiche dicht nebeneinander liegen, ohne in dasselbe Loch gestochen zu haben.
- Es ist zuerst ungewohnt, beim Nähen die Richtung zu wechseln, aber mit etwas Übung werden die Stiche perfekt.

SCHRITT 3

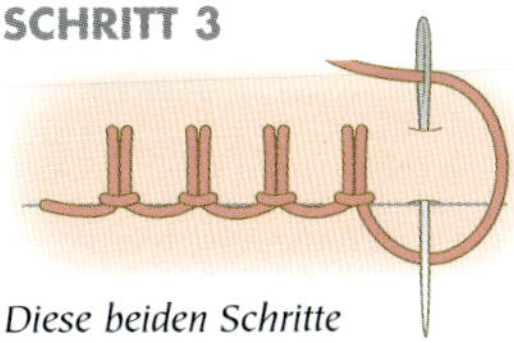

Diese beiden Schritte entlang der Nählinie wiederholen. Mit einem aufwärtsgeführten Stich und einem kleinen Fixierstich enden.

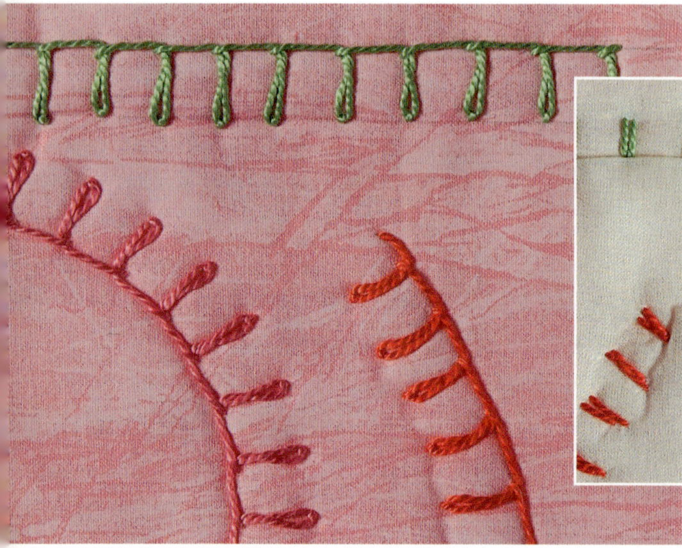

RÜCKSEITE

Baskischer Schlingstich

Einer der ungewöhnlicheren Quiltstiche stammt aus Spanien, wo er traditionell mit rotem Garn auf grünem Stoff gestickt wird, oder mit weißem Garn auf blau-grünem Stoff.

SCHRITT 1

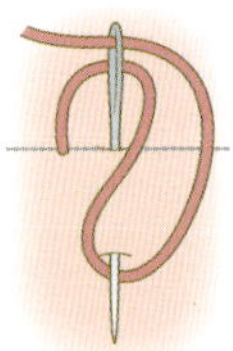

Den Faden am Anfang der Quiltlinie zur Oberfläche bringen. Senkrecht und zu sich her arbeiten. Waagerecht und von links nach rechts arbeiten. Einen tiefen, senkrechten Quiltstich durch alle Lagen machen. Dafür die Nadel auf der Linie einstechen und unterhalb davon wieder hervorkommen, doch bevor die Nadel durchgezogen wird, den Faden zuerst von links nach rechts hinter dem Öhr vorbei, schräg von rechts nach links über die Nadel und wieder von links nach rechts unter der Nadelspitze hindurchschlingen.

SCHRITT 2

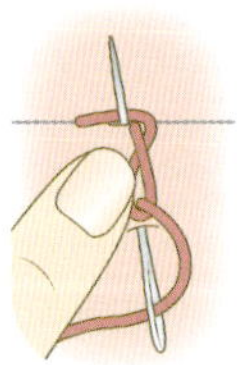

Den Daumen der nicht nähenden Hand auf diese Fadenschlaufe legen und währenddessen den zweiten Quiltstich senkrecht nach oben machen. Dafür die Nadel unter der genähten Schlaufe einstechen, diese damit befestigen, dann nach oben zur Quiltlinie stechen und dort links der Schlaufe und unterhalb der Fadenbrücke oben herauskommen.

SCHRITT 3

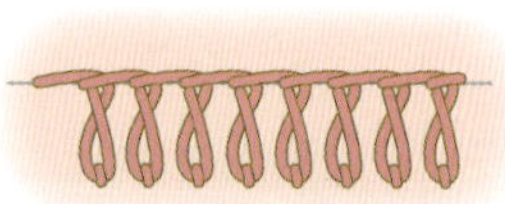

Schritte 1 und 2 entlang der Quiltlinie wiederholen. Nach einem aufwärtsgeführten senkrechten Stich enden und mit einem kleinen Stich außerhalb der letzten Schlinge festnähen.

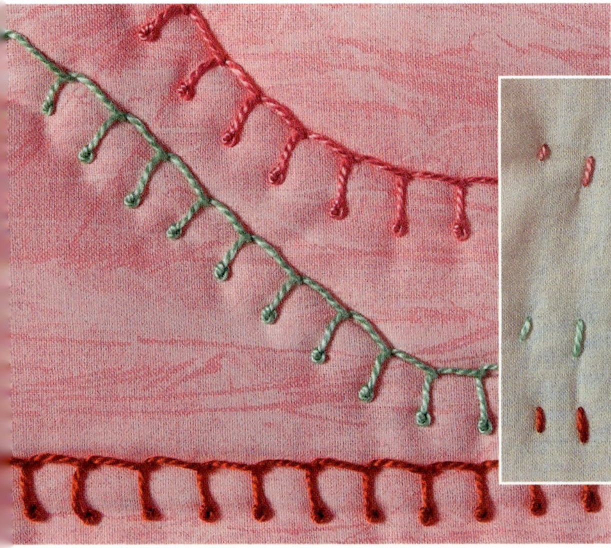

RÜCKSEITE

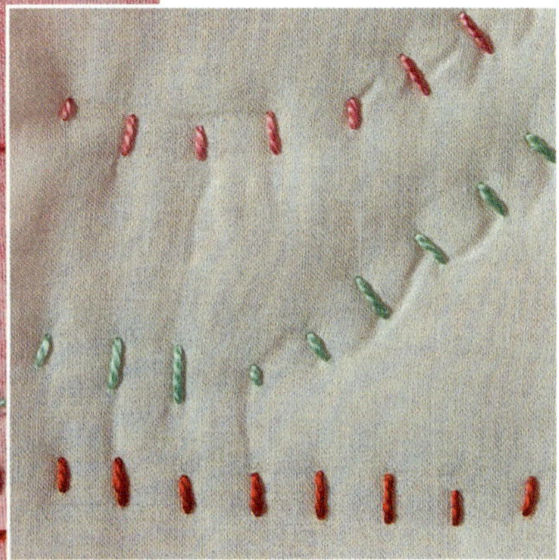

Knötchen-Schlingstich

Hier wird durch eine Extradrehung ein kleines fühlbares Knötchen gearbeitet, das am Ende jeder Zacke des Schlingstichs sitzt.

SCHRITT 1

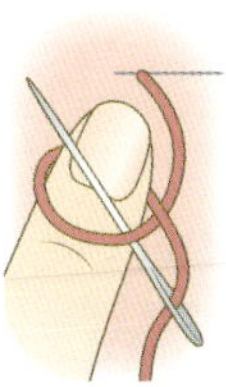

Den Faden oberhalb der Quiltlinie zur Oberfläche bringen. Den Faden um den Daumen der nicht nähenden Hand wickeln: zuerst von rechts über den Daumen nach links, hinter dem Daumen vorbei wieder nach rechts, wo sich der Faden kreuzt. Jetzt die Nadel nach oben unter dem Fadenstück, das auf dem Daumenrücken ruht, hindurchschieben.

SCHRITT 2

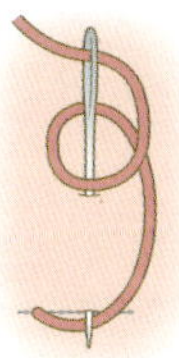

Den gewickelten Faden sanft vom Daumen schieben und die Nadel in den Stoff oberhalb der Linie stechen. Einen senkrechten Quiltstich durch alle Lagen machen und die Nadelspitze auf der Nählinie und durch die bereitliegende Schlinge auftauchen lassen.

SCHRITT 3

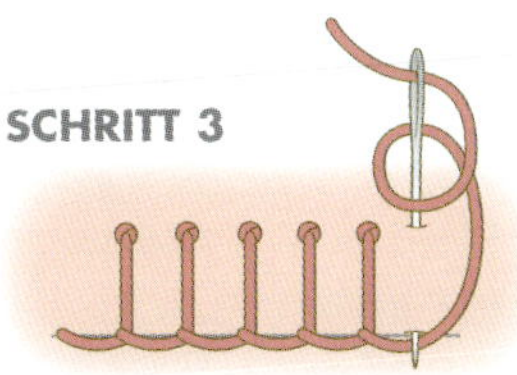

Dies entlang der Quiltlinie wiederholen. Am Ende mit einem kleinen Stich außerhalb des letzten Stichs vernähen.

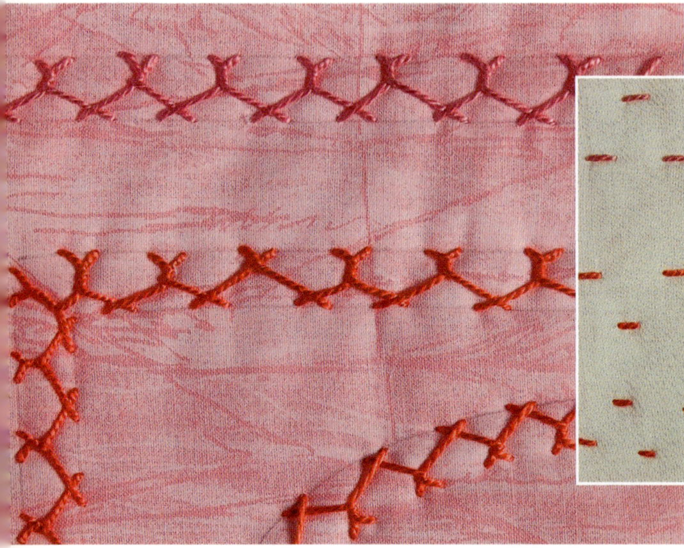

RÜCKSEITE

TIPPS

- Dieser Stich ist eine Weiterführung des Hexenstichs (s. Seite 114), den Sie vielleicht zuvor üben möchten.
- Unterschiedliche Wirkung entsteht, wenn Sie den Spannfaden verlängern und die Abstände zwischen den Stichen breiter machen.

Bretonischer Stich

Dieser ungewöhnliche, gedrehte Schlingstich hat seinen Namen von Stickarbeiten, die in England gefunden wurden. Er wurde ursprünglich mit blauem Garn auf weißem Stoff gearbeitet oder mit weißem Garn auf blauem Stoff.

SCHRITT 1

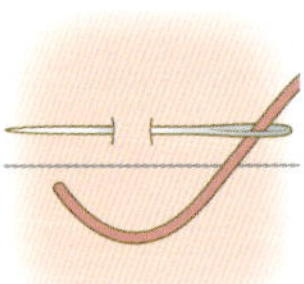

Den Faden unterhalb der Quiltlinie zur Oberfläche bringen. Waagerecht und von links nach rechts arbeiten. Einen waagerechten Quiltstich durch alle Lagen nähen, oberhalb der Nählinie und von rechts nach links.

SCHRITT 2

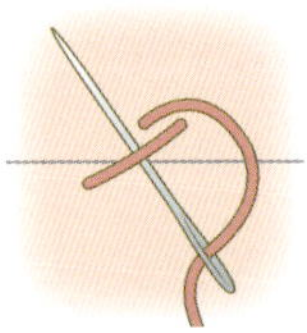

Die Nadel unter dem entstandenen schrägen Spannstich von links nach rechts hindurchschieben, ohne in den Stoff zu stechen.

SCHRITT 3

Einen horizontalen Quiltstich unterhalb der Nählinie von rechts nach links arbeiten. So weiter nähen und am Schluss das Fadenende an der Stelle im Stoff vernähen, an der der nächste Stich beginnen würde.

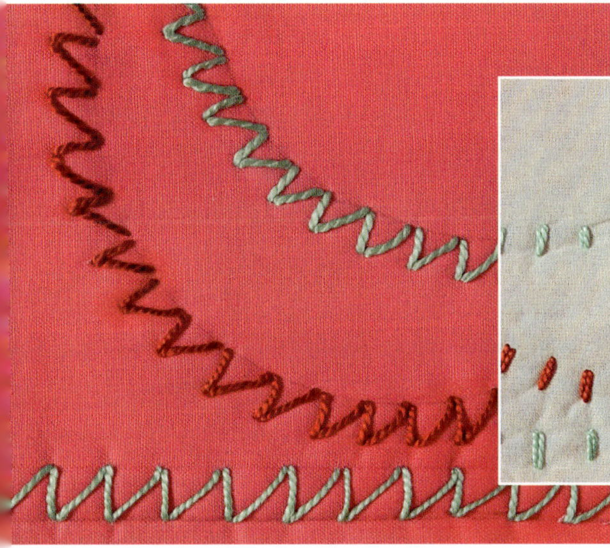

RÜCKSEITE

Handschuhstich

Traditionell wurde dieser Stich für das Nähen feiner Lederhandschuhe angewendet. Zwei Stiche führen bei jeder Wiederholung in dasselbe Einstichloch, sodass auf der Rückseite einige Stiche dicker wirken als die anderen.

SCHRITT 1

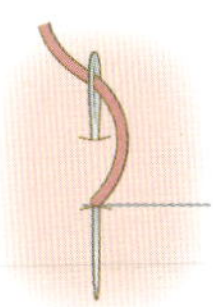

Den Faden am Anfang der Quiltlinie zur Oberfläche bringen. Waagerecht arbeiten. Die Nadel oberhalb der Quiltlinie einstechen und einen senkrechten Stich zu sich her machen. Die Nadelspitze auf der Nählinie und im Startpunkt wieder herauskommen lassen.

SCHRITT 2

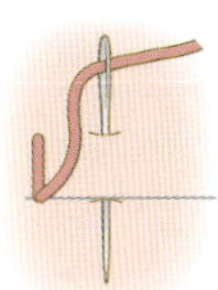

Entlang der Linie weitergehen und wieder oberhalb der Nählinie einstechen, die Nadelspitze auf der Linie wieder auftauchen lassen.

SCHRITT 3

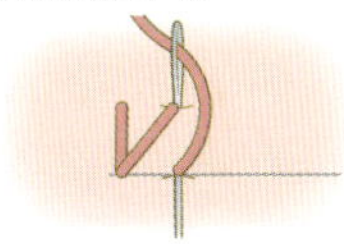

Die Nadel oberhalb der Linie an der gleichen Stelle einstechen wie zuvor. Einen senkrechten Quiltstich nach unten zu sich her machen und die Nadelspitze an der gleichen Stelle hervorkommen lassen wie zuvor.

SCHRITT 4

Entlang der Linie weitergehen und den nächsten senkrechten Quiltstich arbeiten. So weiter auf der Nählinie sticken.

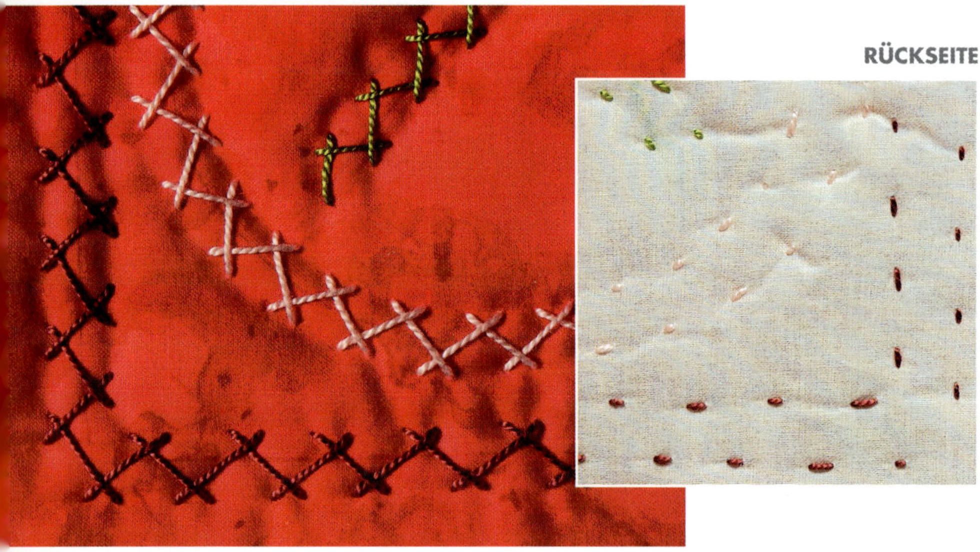

Hexenstich

Sie können den Hexenstich ganz einfach verändern, indem Sie die Stiche oberhalb und unterhalb der Nählinie entweder breiter auseinander machen oder ihn über der Linie hinweg verlängern oder verkürzen.

SCHRITT 1

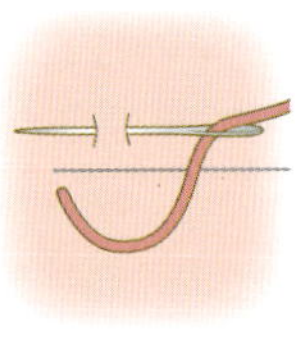

Den Faden unterhalb der Quiltlinie zur Oberfläche bringen. Entlang der Linie in gewünschter Nährichtung nach vorn gehen. Oberhalb der Linie und in entgegengesetzter Nährichtung einen kleinen, waagerechten Quiltstich durch alle Lagen arbeiten.

SCHRITT 2

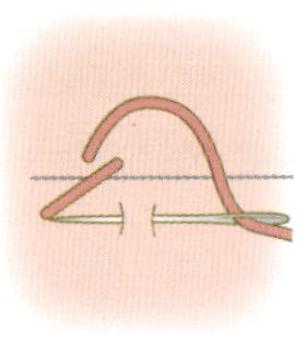

Wieder in Nährichtung nach vorn gehen. Einen kleinen waagerechten Stich unterhalb der Linie sticken, wieder entgegen der Nährichtung.

SCHRITT 3

Schritte 1 und 2 wiederholen und die Reihe fertig nähen.

SCHRITT 4

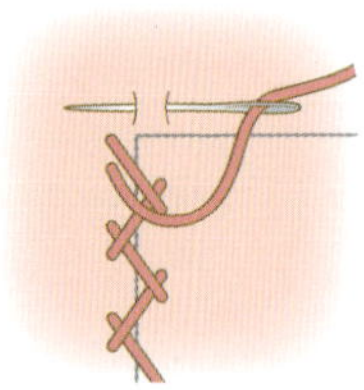

Um den Hexenstich um eine Ecke zu führen, zwei Stiche außen an der Ecke arbeiten und dann weiter nähen wie zuvor.

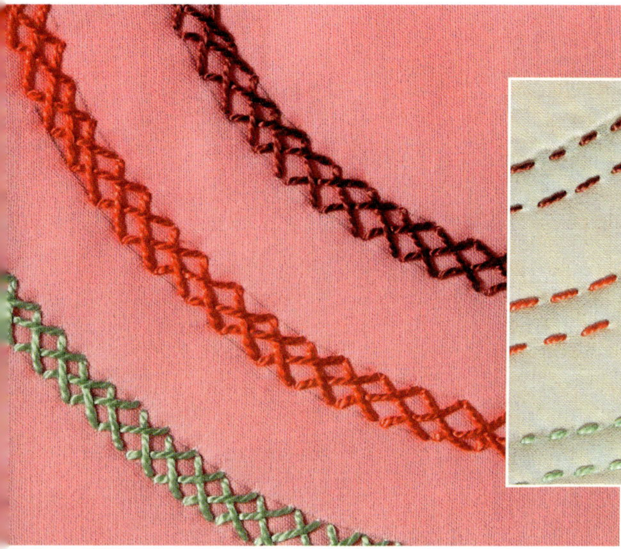

RÜCKSEITE

Geschlossen

Der geschlossene Hexenstich ist für klar definierte, kräftige Linien nützlich, die besonders hervorgehoben werden sollen.

SCHRITT 1

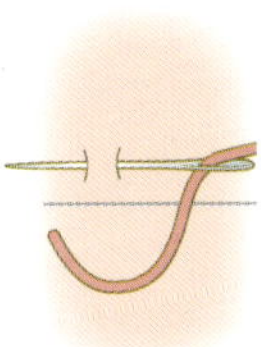

Den Faden oberhalb der Quiltlinie zur Oberfläche bringen. Entlang der Linie in gewünschter Nährichtung nach vorn gehen. Einen kleinen, waagerechten Quiltstich durch alle Lagen arbeiten, oberhalb der Linie und in entgegengesetzter Nährichtung.

TIPPS

- Dieser Stich kann durchaus breiter gearbeitet werden, doch wird er bei zu großer Breite den Stoff verziehen.
- Die Abstände zwischen den Stichen hängen von der Breite der Quiltstiche ab, also der Strecke oberhalb und unterhalb der Linie.

SCHRITT 2

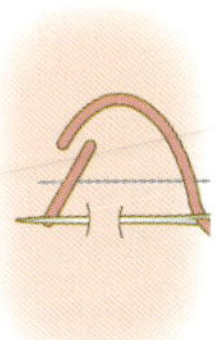

Wieder in Nährichtung nach vorn gehen. Einen kleinen waagerechten Stich unterhalb der Linie sticken, wieder in entgegengesetzter Nährichtung.

SCHRITT 3

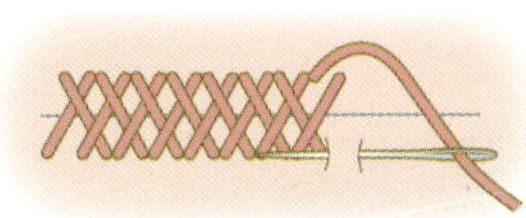

Schritte 1 und 2 wiederholen, dabei muss jeder Stich den vorhergehenden Stich berühren, sowohl oberhalb als auch unterhalb der Linie.

RÜCKSEITE

Doppelter Hexenstich

Nähen Sie eine Reihe von doppelten Hexenstichen in solchen Bereichen, bei denen etwas besonders hervorgehoben werden soll. Der Abstand kann variiert werden, genauso wie die Breite und die Länge der Stiche.

SCHRITT 1

Den Faden unterhalb der Quiltlinie zur Oberfläche bringen. Eine Reihe von einfachen Hexenstichen arbeiten (s. Seite 114).

SCHRITT 2

Einen zweiten, nach Wunsch kontrastfarbenen Faden am Anfang der Quiltlinie auf die Oberfläche bringen. Diesmal oberhalb der Quiltlinie beginnen.

SCHRITT 3

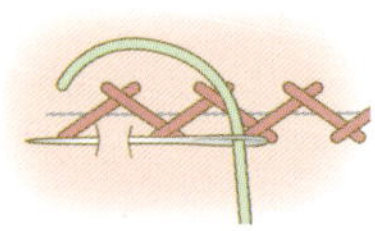

Entlang der Stichreihe nach vorn gehen. Einen waagerechten, rückwärts gerichteten Quiltstich durch alle Lagen arbeiten.

SCHRITT 4

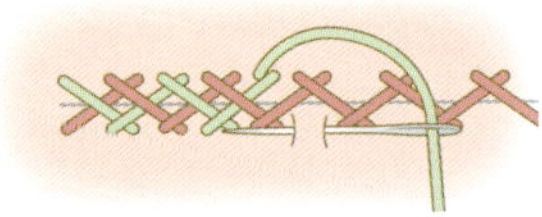

Die Nadel unter dem nächsten gespannten Faden hindurchschieben (nicht in den Stoff stechen). Dann erst den nächsten Quiltstich oberhalb der Linie arbeiten, nach rückwärts gerichtet, genau zwischen die nächsten der zuvor genähten Hexenstiche. So weiterarbeiten, jedes Mal in die Lücken zwischen den Stichen der ersten Reihe stechen. Dabei nur beim Aufwärtsstechen den Faden unter dem Spannfaden der ersten Reihe hindurchschieben.

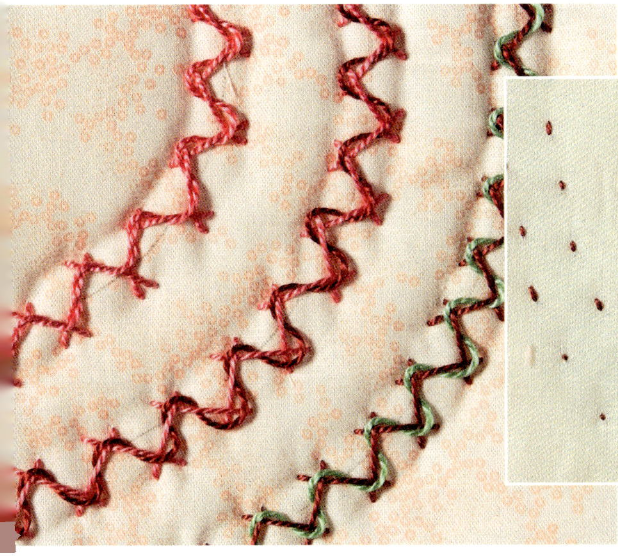

RÜCKSEITE

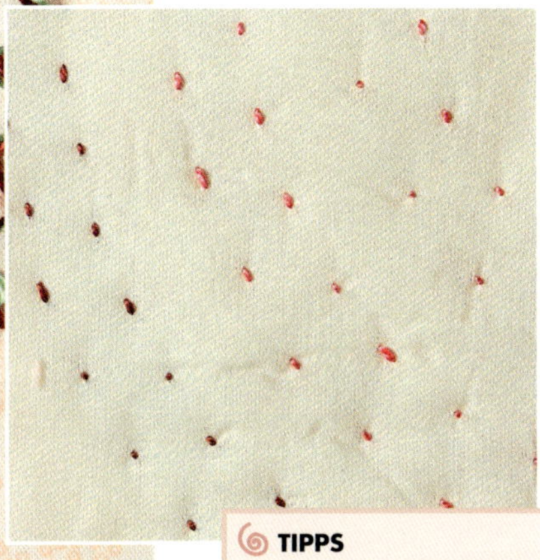

Durchgezogener Hexenstich

Wenn der einfache Hexenstich etwas interessanter werden soll, kann er von einem kontrastfarbenen zweiten Garn durchzogen werden.

TIPPS

- Ziehen Sie das zweite Garn nicht zu fest an, damit die erste Hexenstichreihe nicht verzogen wird.
- Schieben Sie die Nadel mit dem Öhr voran unter den Hexenstichen hindurch oder arbeiten Sie mit einer stumpfen Sticknadel.

SCHRITT 1

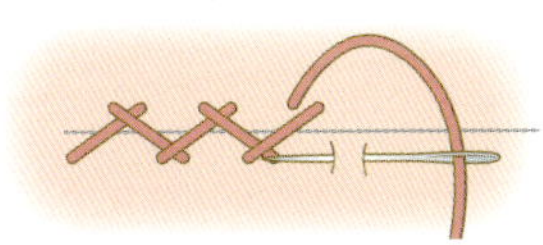

Den Faden unterhalb der Quiltlinie zur Oberfläche bringen. Eine Reihe von einfachen Hexenstichen arbeiten (s. Seite 114).

SCHRITT 2

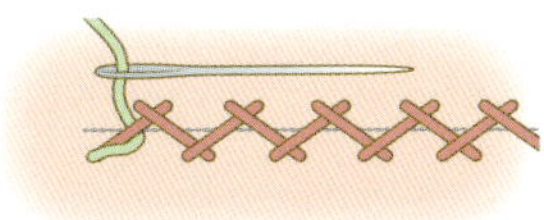

Einen zweiten, nach Wunsch kontrastfarbenen Faden am Anfang der Quiltlinie auf die Oberfläche bringen, am gleichen Punkt, an dem der erste Hexenstich begann. Die Nadel von rechts nach links unter dem ersten gespannten Stich hindurchschieben.

SCHRITT 3

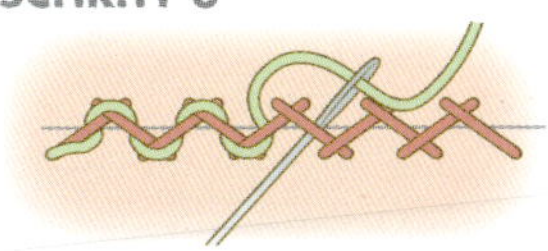

Die Nadel von links nach rechts unter dem nachfolgenden gespannten Stich hindurchschieben. So weiter entlang der ersten Hexenstichreihe arbeiten. Den zweiten Faden an der gleichen Stelle enden lassen, an der auch die erste Hexenstichreihe geendet hat.

RÜCKSEITE

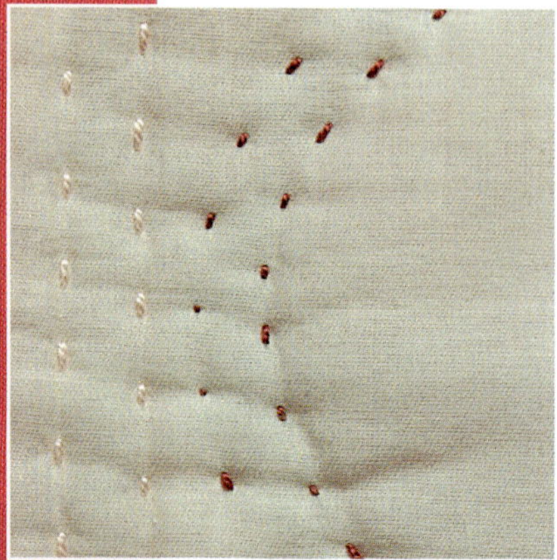

Spitzen-Hexenstich

Ein ausgesprochen dekorativer Stich. Die engen Schlaufen lassen sich nicht so leicht aus der Position bringen wie andere durchschlungene Stiche.

SCHRITT 1

Eine Reihe von einfachen Hexenstichen sticken (s. Seite 114) und die Arbeit drehen, sodass sie auf dem Kopf steht. Einen zweiten Faden am Anfang der Linie zur Oberfläche bringen. Unterhalb der Nählinie beginnen. Den Faden gegen den Uhrzeigersinn um die kleine Kreuzung des Basisstichs legen. Dafür die Nadel von links nach rechts unter dem ersten Teil des Basisfadens hindurchschieben, über den nächsten und dann unter dem langen Basisfaden hindurch.

SCHRITT 2

Nun die Nadel über den nächsten Basisfaden und jetzt noch unter dem Kontrastfaden hindurchnähen, über den nächsten Spannfaden hinweg und unter dem nachfolgenden langen Spannfaden hindurch. Dann zur nächsten Fadenkreuzung oberhalb der Linie gehen.

SCHRITT 3

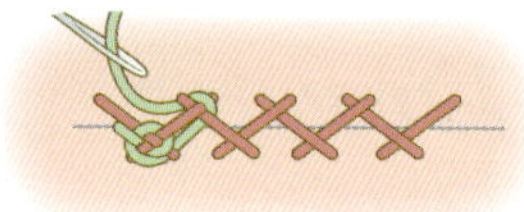

Gegen den Uhrzeigersinn unter, über, unter und über die Basisfäden stechen, dann unter den Kontrastfaden wie gezeigt. Über, unter, über und unter dem Spannfaden hindurch, über den Kontrastfaden hinweg und wieder hinunter zur nächsten Fadenkreuzung unterhalb der Linie gehen.

SCHRITT 4

Wie gezeigt wieder zur unteren nächsten Fadenkreuzung gehen und die Stichfolge dort wiederholen.

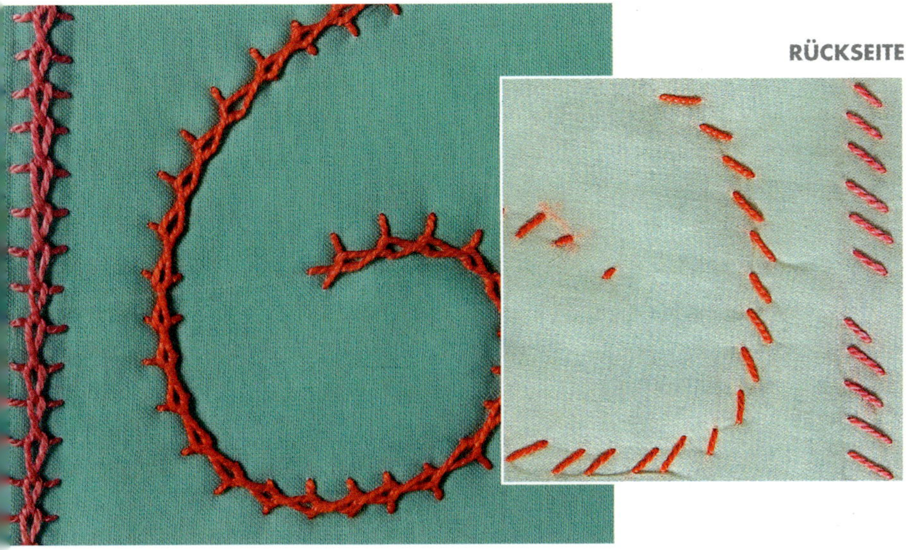

VanDyke-Stich

Er sieht gut aus und ist einfach zu nähen. Er hat ein kettenähnliches Aussehen und wird durch Verwendung eines stärkeren Fadens besonders auffällig.

SCHRITT 1

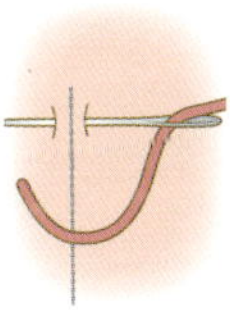

Den Faden links der Quiltlinie und etwas unterhalb des Startpunkts zur Oberfläche bringen. Die Nadel zurück zum Beginn der Quiltlinie führen und einen kleinen waagerechten Quiltstich machen.

SCHRITT 2

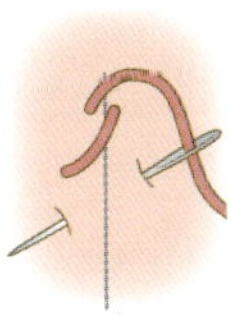

Die Nadel rechts der Linie einstechen, auf gleicher Höhe wie die Austrittstelle des Fadens links der Linie. Einen Quiltstich durch alle Lagen schräg unter der Nählinie hindurch nach unten bis links der Nählinie machen.

SCHRITT 3

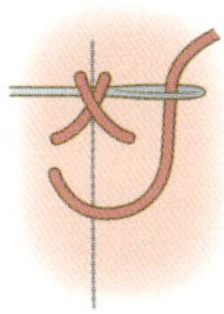

Die Nadel hinter den beiden nun gekreuzten Fäden hindurchschieben und den Faden durchziehen.

SCHRITT 4

Schritte 2 und 3 wiederholen und mit einem Schritt-2-Stich enden.

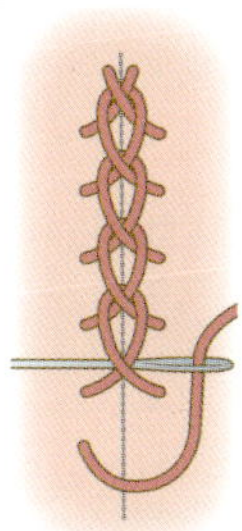

RÜCKSEITE

Peking-Stich

Ein attraktiver und ornamentaler Stich mit leicht erhabenem Aussehen. Der Peking-Stich wirkt wie ein dekorativer Zopf, der auf der Stoffoberfläche sitzt.

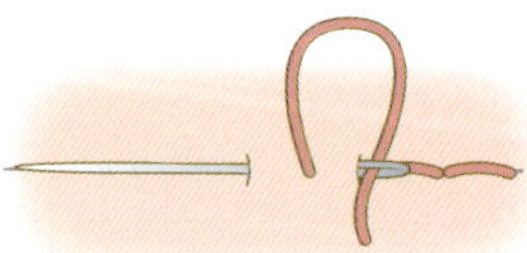

Faden am Anfang der Quiltlinie zur Oberfläche bringen. Eine Grundlinie aus Rückstichen nähen (s. Seite 71).

SCHRITT 2

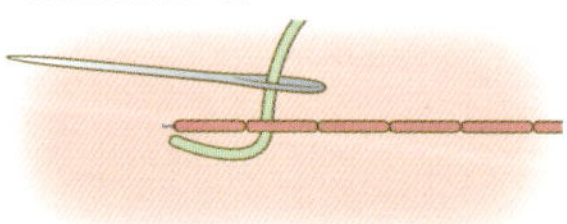

Den zweiten, evtl. kontrastfarbenen Faden an einem Ende der Quiltlinie zur Oberfläche bringen, diesmal aber knapp unterhalb der genähten Linie. Die Nadel unter dem zweiten Stich der Grundlinie hindurch nach oben schieben.

SCHRITT 3

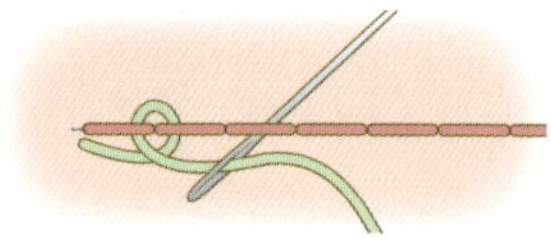

Entlang der Grundlinie zurückgehen und die Nadel unter dem ersten Stich hindurch nach unten schieben. Dabei liegt die Nadel vor dem darunterliegenden Kontrastfaden.

SCHRITT 4

Zwei Stiche entlang der Grundlinie nach vorn gehen und Schritte 2 und 3 wiederholen. Es geht immer zwei Stiche nach vorn und einen Stich zurück.

RÜCKSEITE

Ährenstich

Dieser Stich sieht wie eine Kornähre aus. Er entsteht aus einer Kombination von Quiltstichen und Schlingenstichen.

SCHRITT 1

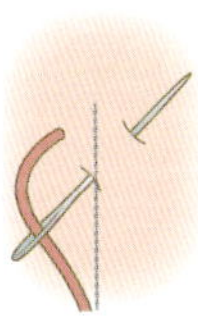

Den Faden am Anfang und links der Quiltlinie zur Oberfläche bringen. Die Nadel etwas weiter unten und direkt auf der Linie einstechen. Daraufhin einen Quiltstich schräg nach rechts oben durch alle Lagen machen.

SCHRITT 2

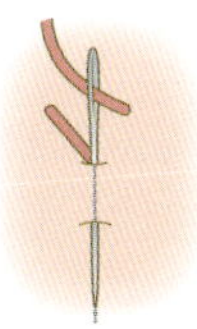

Die Nadel wieder in den Stoff stechen, an der gleichen Einstichstelle wie zuvor. Einen Quiltstich nach unten zu sich her machen und auf der Linie ausstechen.

SCHRITT 3

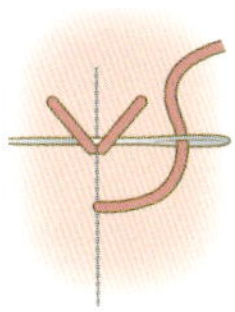

Die Nadel von rechts nach links hinter den beiden nun fertigen Stichen hindurchschieben.

SCHRITT 4

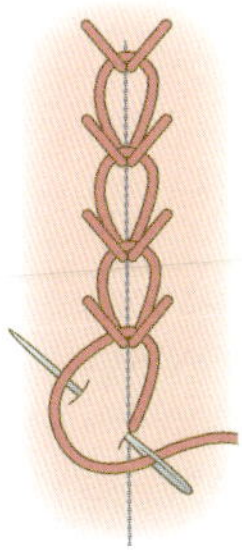

Die Nadel wieder auf der Linie einstechen, an der Ausstichstelle des letzten Stichs. Einen Quiltstich schräg nach links oben machen und von Neuem beginnen. Für die nachfolgenden Stiche ist es praktisch, beim Unterstechen der beiden äußeren „Arme" des vorigen Stichs die Nadel vor die mittlere Schlaufe zu legen. Dadurch liegt der Stich flach auf der Stoffoberfläche.

RÜCKSEITE

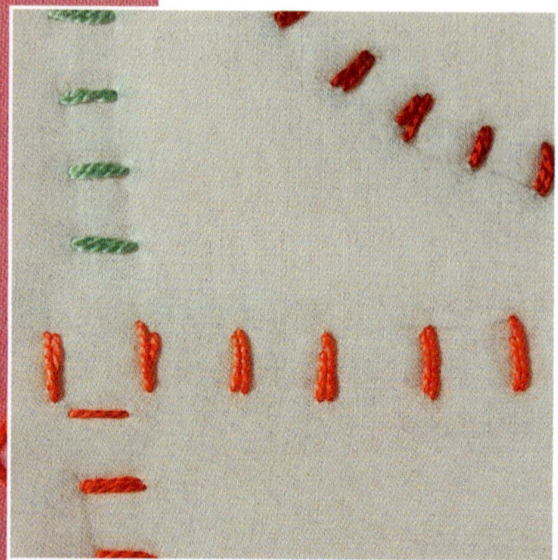

Kreuzstich

Der Kreuzstich ist wahrscheinlich der älteste und bekannteste Zierstich, der aber im Zusammenhang mit dem Quilten kaum geläufig ist. Hier sind einige verschiedene Kreuzstich-Techniken aufgeführt.

SCHRITT 1

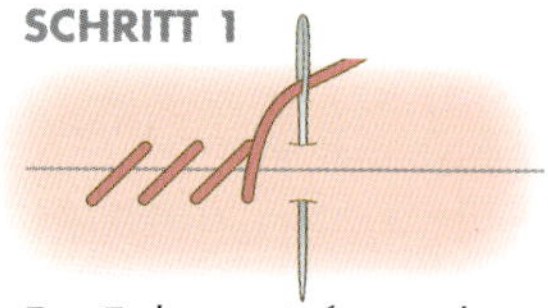

Den Faden am Anfang und unterhalb der Quiltlinie zur Oberfläche bringen. Beim Vorwärtsarbeiten dieser Stichreihe die Nadel jeweils oberhalb der Linie einstechen und einen senkrechten Stich durch alle Lagen machen. Die Nadelspitze unterhalb der Linie zur Oberfläche führen.

SCHRITT 2

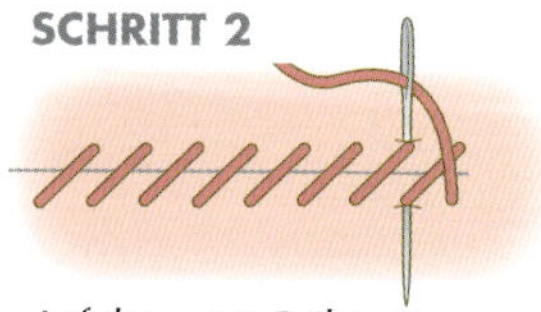

Auf der ersten Reihe aus schrägen Stichen nun rückwärts arbeiten und die Kreuze vervollständigen. In der Gegenrichtung sticken und wieder senkrechte Stiche machen, jeweils in derselben Einstich- und Ausstichstelle der vorhergehenden Stiche.

TIPPS

- Diese Technik ergibt auf der Rückseite der Arbeit ein sauberes Stichbild.
- Es ist eine gute Methode für dicht gewebte Stoffe, da es beim Quilten kein lockeres Gewebe gibt, bei dem durch Zählen von Webfäden Stiche von gleichmäßiger Länge und Breite möglich wären.

SCHRITT 3

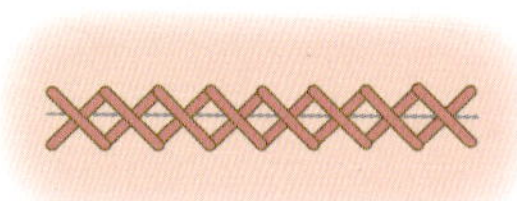

So weiterarbeiten, bis die ganze erste Reihe bedeckt ist und die schrägen Stiche zu Kreuzen geworden sind.

RÜCKSEITE

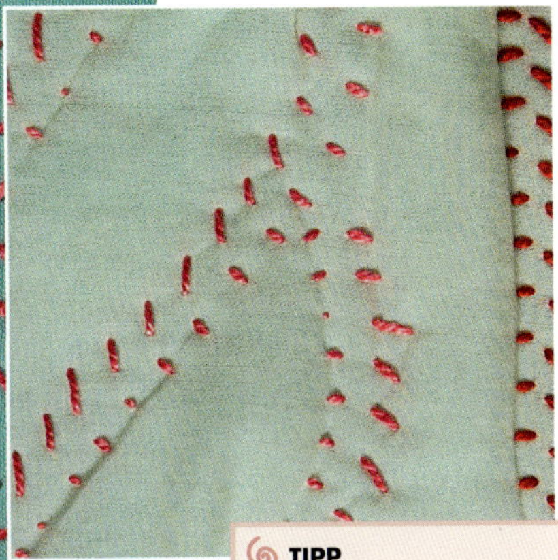

TIPP

Vielleicht ist es für Sie einfacher, wenn Sie zuvor den Fliegenstich (s. Seite 99) geübt haben.

Romanischer Stich

Traditionell wird dieser Stich sehr dicht gearbeitet und für Flächen benutzt. Hier sind die Abstände gleichmäßig breit.

SCHRITT 1

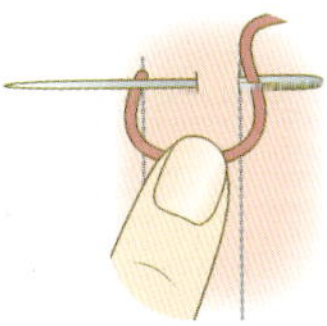

Den Faden am Anfang und links der Quiltlinie zur Oberfläche bringen. Den Faden nach unten und nach rechts halten. Die Nadel rechts der Linie einstechen, auf gleicher Höhe wie die Einstichstelle links. Einen waagerechten Quiltstich arbeiten und die Nadelspitze in der Mitte, oberhalb des quer bereitliegenden Fadens auftauchen lassen.

SCHRITT 2

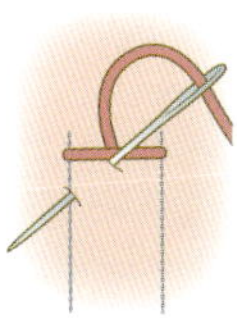

Nun die Nadel direkt unterhalb des quer liegenden Fadens schräg nach links unten einstechen und ihn damit befestigen. Die Nadelspitze etwas tiefer, auf der gleichen Linie wie die Einstichstelle des ersten Stichs hervorkommen lassen.

SCHRITT 3

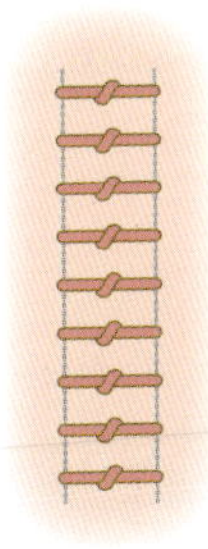

Den Faden nach unten und nach rechts halten. Die Nadel rechts einstechen und wieder in der Mitte und oberhalb des Querfadens zur Oberfläche kommen. Dies und Schritt 2 entlang der Quiltlinie wiederholen. Mit einem kleinen Fixierstich in der Mitte enden.

RÜCKSEITE

TIPP

Übertreiben Sie nicht die Stichlänge. Wenn Sie einen Bettquilt arbeiten, kann man an überlangen Stichen hängen bleiben oder sie verheddern sich.

Langer Hexenstich

Der Stich wird oft auf Zählstoffen angewendet, ist aber auch als Quiltstich auf dicht gewebten Stoffen brauchbar und einfach zu nähen.

SCHRITT 1

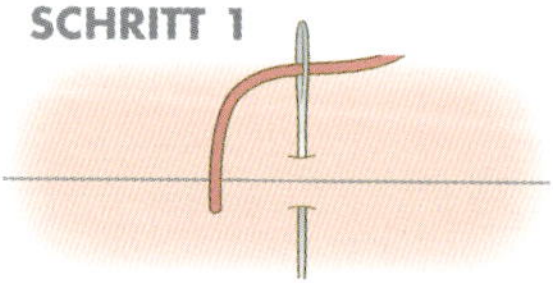

Den Faden am Anfang und unterhalb der Quiltlinie zur Oberfläche bringen. Entlang der Linie nach vorn gehen (etwa doppelt so weit wie die geplante kurze Stichlänge). Die Nadel oberhalb der Linie in den Stoff stechen und einen senkrechten Quiltstich nach unten zu sich her durch alle Lagen arbeiten. Die Nadelspitze unterhalb der Linie auftauchen lassen.

SCHRITT 2

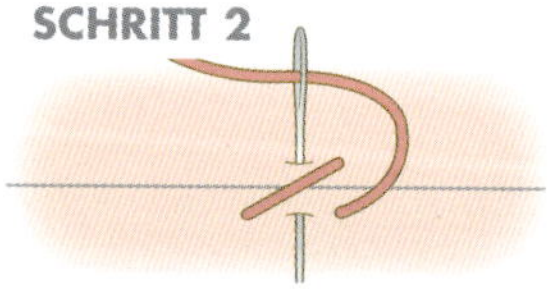

Die Nadel entlang dieses Stichs die halbe Strecke weit zurücksetzen und oberhalb der Linie (auf gleicher Höhe wie die Einstichstelle des vorigen Stichs) einstechen. Wieder einen senkrechten Stich machen und die Nadel unterhalb der Linie auftauchen lassen (auf gleicher Höhe wie die Ausstichstelle des vorigen Stichs).

SCHRITT 3

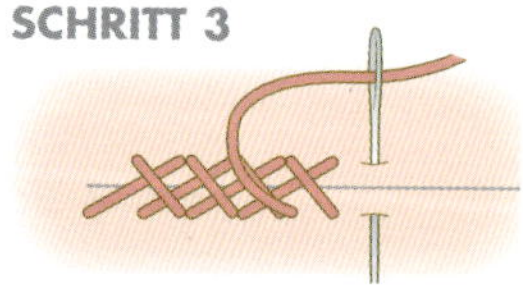

Wieder entlang der Linie nach vorn gehen, zweimal so weit wie die Länge des kurzen Stichs und wieder einen senkrechten Stich nach unten arbeiten. Schritte 2 und 3 wiederholen und entlang der Quiltlinie sticken, dabei die Abstände so gleichmäßig wie möglich halten. An Kurven die Abstände stets entsprechend anpassen.

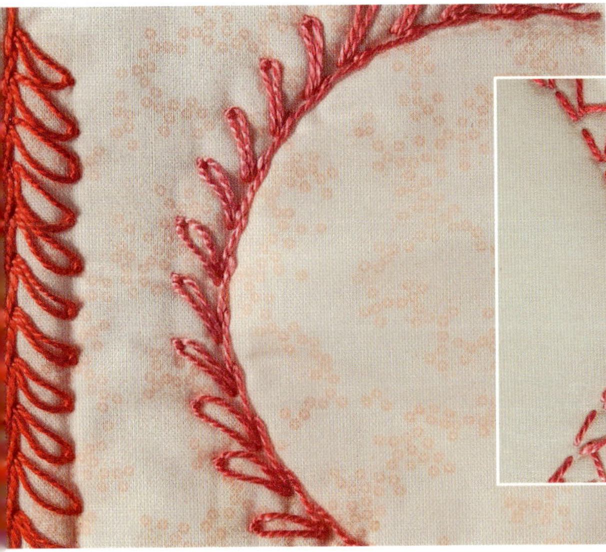

RÜCKSEITE

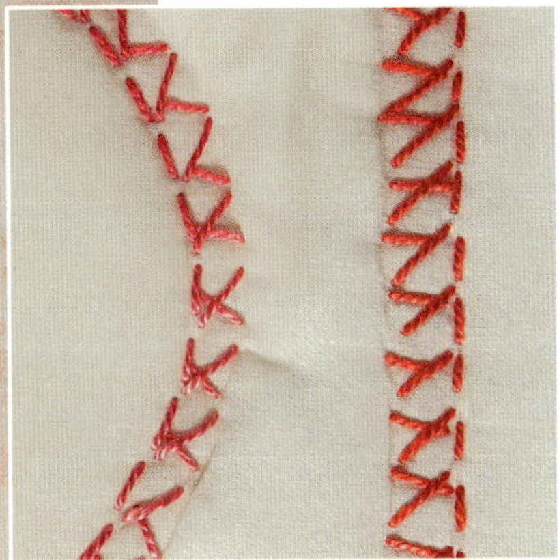

Blütenstich

Die schrägen Schlaufen erinnern an Blütenblätter, die zart vom Wind bewegt werden. Dieser Stich wirkt entlang der Außenkurve eines Musters besonders gut.

SCHRITT 1

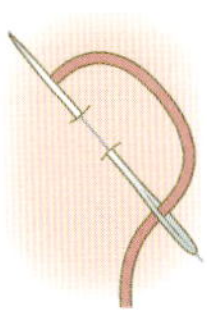

Den Faden am Anfang der Quiltlinie und dort etwas weiter vorn zur Oberfläche bringen. Den Faden nach oben legen, die Nadel zum Anfang der Quiltlinie zurücksetzen und einen kleinen Quiltstich durch alle Lagen machen. Dabei der Linie folgen und die Nadelspitze unterhalb des bereitliegenden Fadens auftauchen lassen.

SCHRITT 2

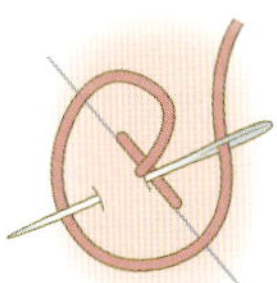

Den Faden nach links zur Schlaufe legen. Die Nadel auf der Linie einstechen, direkt auf dem Ausstichpunkt des letzten Fadens. Einen Quiltstich schräg nach links arbeiten und die Nadel in der bereitliegenden Schlaufe nach oben stechen.

SCHRITT 3

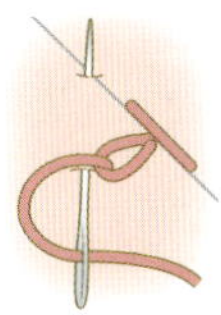

Die Nadel knapp außerhalb der Fadenschlaufe einstechen und schräg nach links oben führen. Die Nadelspitze auf der Linie und im Abstand von zwei Stichlängen zum vorigen Stich auftauchen lassen.

SCHRITT 4

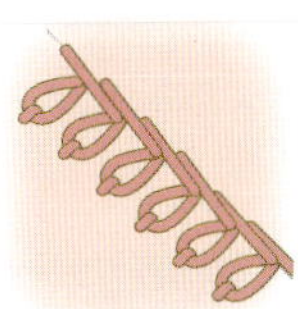

Schritt 1 wiederholen. Beim letzten Stich die Nadel am Scheitelpunkt der letzten Schlaufe einstechen und unter dem Querstich auf der Linie enden.

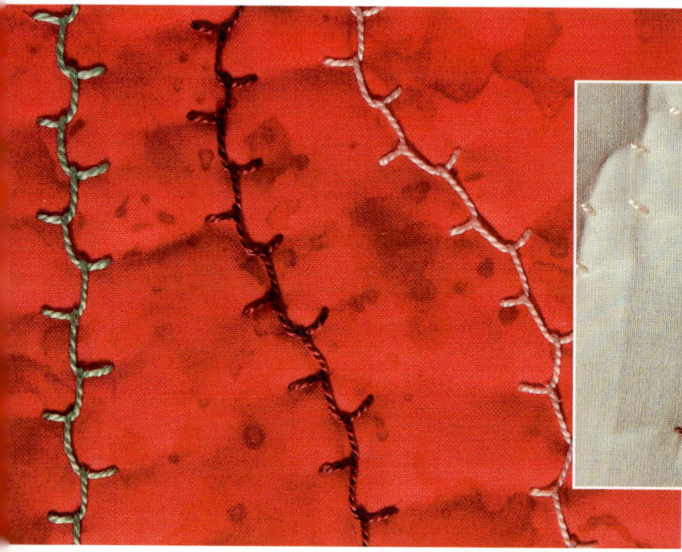

RÜCKSEITE

Offener kretischer Stich

Der offene kretische Stich, ein Verwandter des Hexenstichs (s. Seite 114), wird normalerweise mit Stickerei auf dichtem Gewebe in Verbindung gebracht, doch ergibt er auch einen interessanten Quiltstich.

TIPPS

- Wegen der verschiedenen Stichrichtungen (aufwärts und abwärts) und weil jedes Mal eine Fadenschlaufe gelegt werden muss, ist dieser Stich am bequemsten waagerecht zu arbeiten.
- Benutzen Sie den Daumen Ihrer nicht nähenden Hand, um den Faden für den nächsten Stich bereitzulegen.

SCHRITT 1

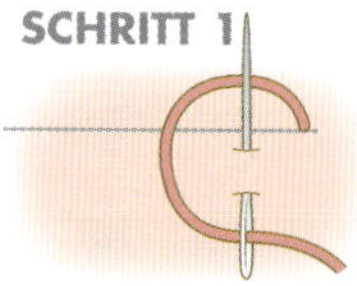

Den Faden am Anfang der Quiltlinie zur Oberfläche bringen. Den Faden nach oben links und im Bogen abwärts zur Schlinge legen. Einen kleinen senkrechten Quiltstich aufwärts durch alle Lagen stechen. Die Nadelspitze unterhalb der Quiltlinie innerhalb der bereitliegenden Schlaufe auftauchen lassen.

SCHRITT 2

Den Faden nach links oben halten. Einen kleinen abwärtsgerichteten Quiltstich machen, dabei oberhalb der Linie einstechen und innerhalb der bereitgelegten Schlinge auftauchen.

SCHRITT 3

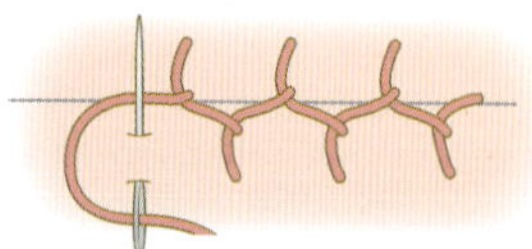

Schritte 1 und 2 entlang der Quiltlinie wiederholen. Von rechts nach links arbeiten.

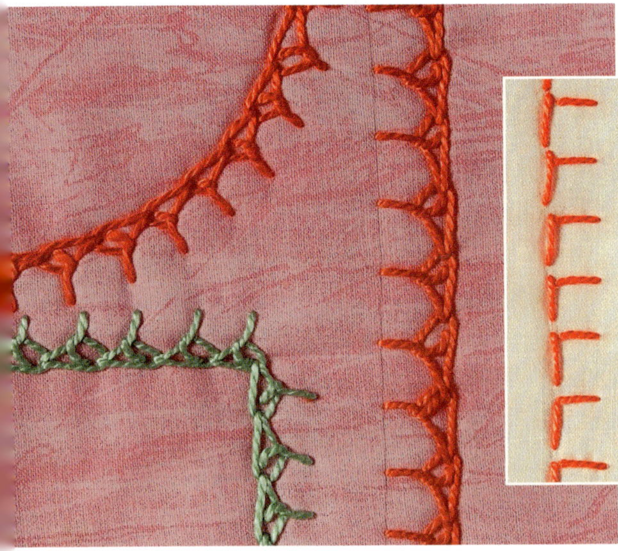

RÜCKSEITE

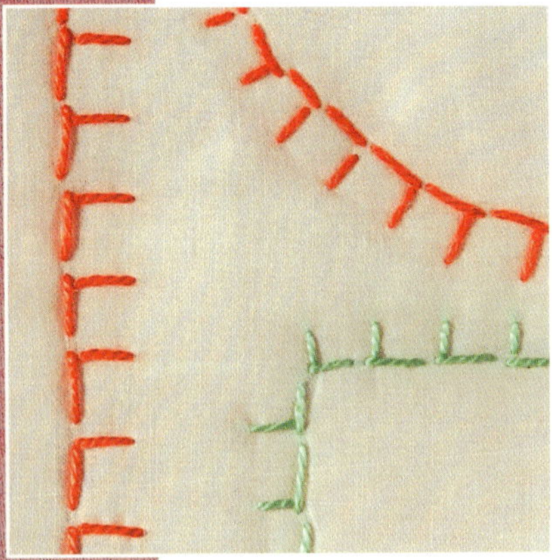

Montmellikstich

Der Montmellikstich wurde zuerst auf der Weißstickerei in Irland angewendet. Dieser ungewöhnliche und komplexe Stich ist erstaunlich einfach zu nähen.

SCHRITT 1

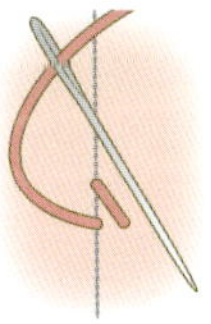

Den Faden am Anfang der Quiltlinie auf die Oberfläche bringen. Ein Stück weit unterhalb einen waagerechten Quiltstich durch alle Lagen arbeiten, dabei von rechts nach links stechen und die Nadel auf der Quiltlinie wieder zur Oberfläche bringen.

SCHRITT 2

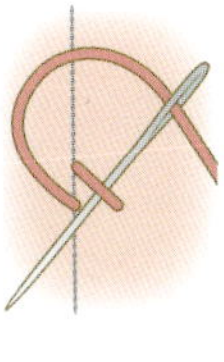

Die Nadel von rechts nach links unter dem entstandenen Schrägstich hindurchschieben (ohne die Gewebefäden zu fassen).

SCHRITT 3

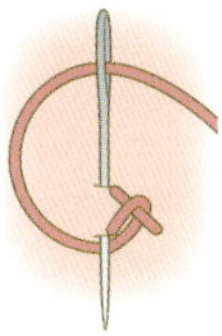

Den Faden nach links oben zu einer Schlaufe legen. Die Nadel sticht in den ursprünglichen Einstichpunkt ein. Einen Quiltstich entlang der Linie nach vorn machen, dabei die Nadelspitze am letzten Ausstichpunkt und innerhalb der bereitliegenden Fadenschlaufe auftauchen lassen.

SCHRITT 4

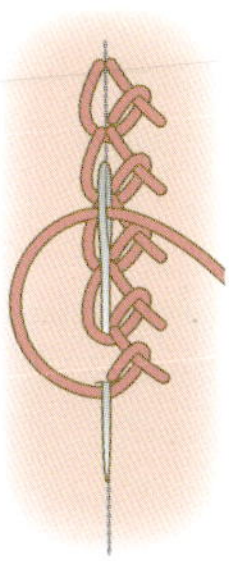

Schritte 1, 2 und 3 wiederholen. Bei Schritt 3 muss die Nadel in die Kette des vorigen Stichs einstechen. Auf der Quiltlinie entlang arbeiten und mit einem kleinen Stich außerhalb des letzten Montmellikstichs enden.

RÜCKSEITE

TIPP

Dies ist ein sehr schneller Stich, den Sie gut variieren können. Wenn Sie dickeres Garn verwenden, tritt der Knoten deutlicher hervor.

Korallenstich

Das Aussehen des fertigen Korallenstichs hängt von den Abständen zwischen den Stichen ab, sowie dem Winkel und der Länge des schrägen Stichs, der durch alle Quiltlagen gearbeitet wird.

SCHRITT 1

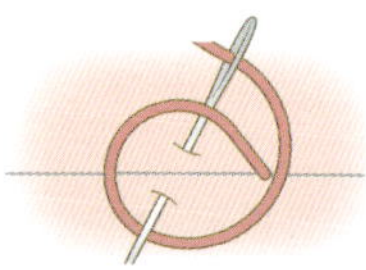

Waagerecht und von rechts nach links arbeiten. Den Faden am Anfang der Quiltlinie zur Oberfläche bringen. Den Faden nach vorn und im Bogen nach rechts unten zur Schlaufe legen. Einen knappen, schrägen Quiltstich durch alle Lagen unter der bereitgelegten Schlaufe und der Linie hindurchstechen. Die Nadelspitze unterhalb der Linie und innerhalb der bereitgelegten Schlaufe herauskommen lassen.

SCHRITT 2

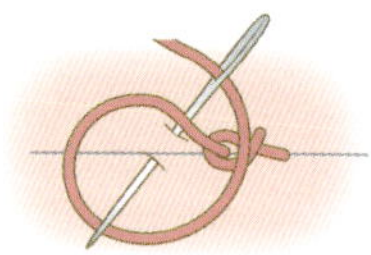

Den Faden wieder nach vorn legen. Einen zweiten Quiltstich machen, dafür unter dem Faden und unter der Quiltlinie hindurch schräg nach links unten stechen und unterhalb der Linie in der bereitgelegten Schlaufe auftauchen.

SCHRITT 3

So weiterarbeiten und außerhalb eines Knotens oder einer Schlaufe enden.

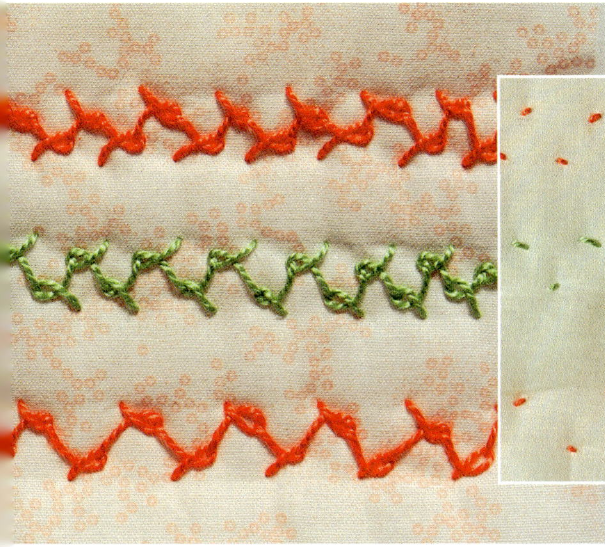

RÜCKSEITE

TIPP

Wenn der Stich für Sie in der vorgeschlagenen Richtung schwierig zu arbeiten ist, versuchen Sie es senkrecht oder waagerecht.

Zickzack-Korallenstich

Dies ist ein weiterer Stich, der sich gut für Musterelemente eignet, die flächig gefüllt werden sollen. Es braucht eine Weile, bis man sich an die verschiedenen Stichrichtungen gewöhnt hat.

SCHRITT 1

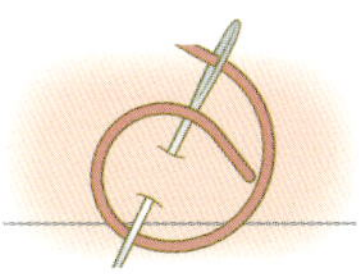

Die Nadel oberhalb der Quiltlinie zur Oberfläche bringen. Von rechts nach links arbeiten. Den Faden nach vorn entlang der Linie, dann im Bogen nach rechts unten legen. Einen schrägen Quiltstich durch alle Lagen arbeiten. Dafür unter dem Faden hindurchstechen und knapp oberhalb der Quiltlinie auftauchen, dabei in der bereitgelegten Fadenschlinge zur Oberfläche kommen.

SCHRITT 2

Jetzt den Faden nach vorn und im Bogen nach rechts oben legen. Einen schrägen Quiltstich arbeiten, dafür die Nadel rechts des Fadens einstechen, nach oben in Richtung Linie stechen und die Nadel dort, links des Fadens und in der bereitliegenden Schlinge, auf die Oberfläche führen.

SCHRITT 3

So weiterarbeiten. An einer der Korallenstichschlaufen, der oberen oder der unteren, mit einem Stich außerhalb der Schlaufe enden.

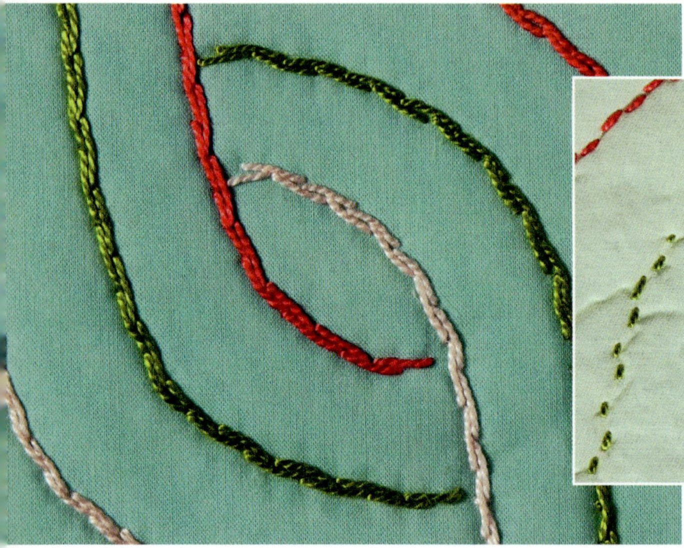

RÜCKSEITE

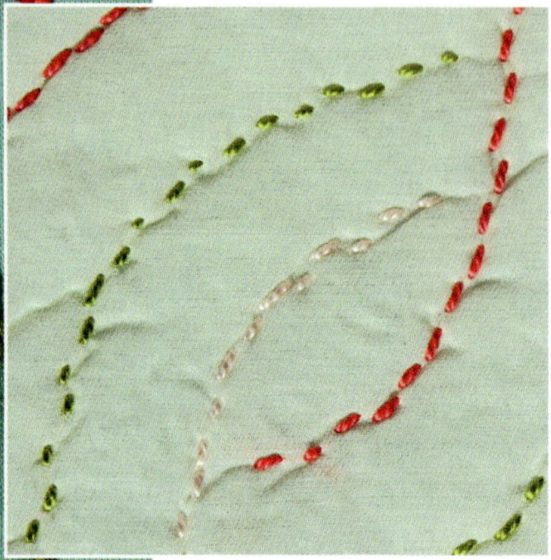

Doppelter Kabelstich

Dieser schmale, dichte Stich ist sehr vielseitig und ideal geeignet für fortlaufende Quiltlinien und zur Betonung der Umrisse von Quiltmotiven.

TIPPS

- Achten Sie darauf, dass die Stiche dicht beieinander sind und sehr nahe der Quiltlinie liegen oder direkt auf der Linie.
- Verändern Sie das Aussehen der Reihe durch Verlängern oder Verkürzen der Quiltstiche.

SCHRITT 1

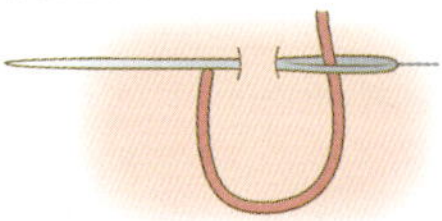

Den Faden am Anfang der Quiltlinie zur Oberfläche bringen. Waagerecht arbeiten. Den Faden unter die Linie legen. Entlang der Linie einen kleinen Rückstich arbeiten, entweder auf der Linie oder knapp darunter.

SCHRITT 2

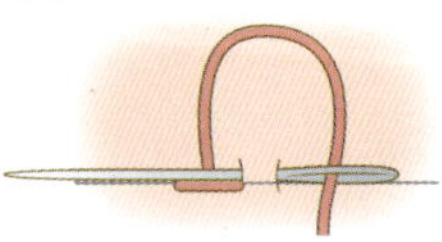

Den Faden über die Linie legen. Entlang der Linie einen kleinen Rückstich arbeiten, auf der Linie oder knapp darüber. Der Stich soll den vorangegangenen berühren.

SCHRITT 3

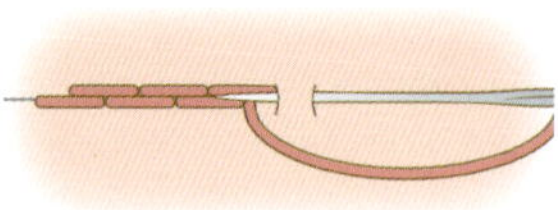

Schritte 1 und 2 wiederholen und entlang der ganzen Linie arbeiten.

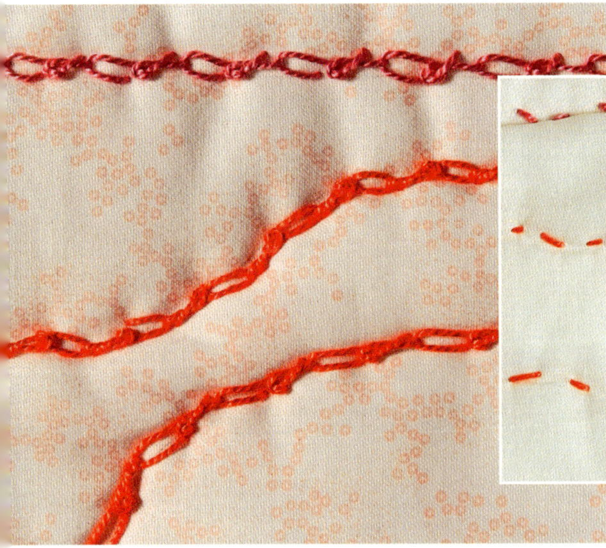

RÜCKSEITE

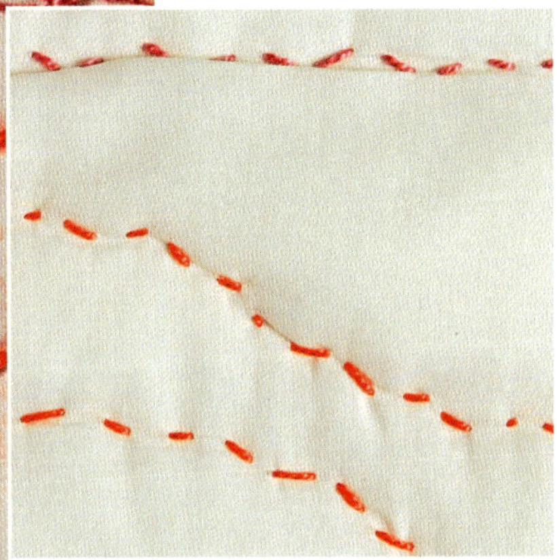

Geknotet

Diese Kombination von Kettenstich und Korallenstich weist in jedem Kettenglied einen Knoten auf. Er ist einfach zu nähen – die kleinen Knoten halten die Glieder der Kette an ihrem Platz.

SCHRITT 1

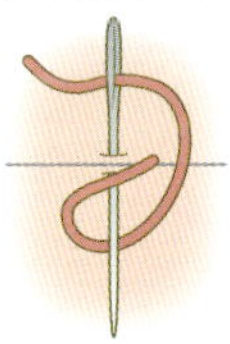

Den Faden am Anfang der Quiltlinie zur Oberfläche bringen. Waagerecht arbeiten. Einen kleinen, senkrechten Quiltstich machen. Dafür oberhalb der Linie einstechen und unterhalb davon hervorkommen. Dann den Faden wie folgt um die Nadelspitze wickeln: nach vorn darüber und unter der Spitze wieder zurück. Den Faden durchziehen.

SCHRITT 2

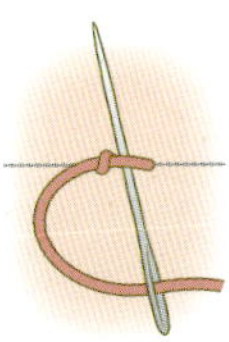

Die Nadel nach oben unter dem soeben entstandenen Stich hindurchschieben (nicht durch das Gewebe stechen).

SCHRITT 3

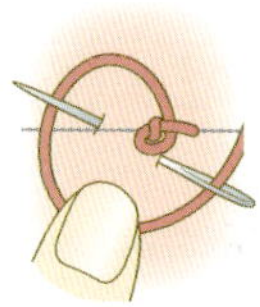

Den Faden nach vorn zu einer Schlinge legen und mit dem Daumen der nicht nähenden Hand festhalten. Die Nadel unterhalb des Knotens und auf der Linie entlang einstechen, durch alle Lagen, und einen Kettenstich nähen.

SCHRITT 4

Den nächsten senkrechten Quiltstich arbeiten und den Faden um die Nadelspitze wickeln. Die Schritte 2 und 3 wiederholen.

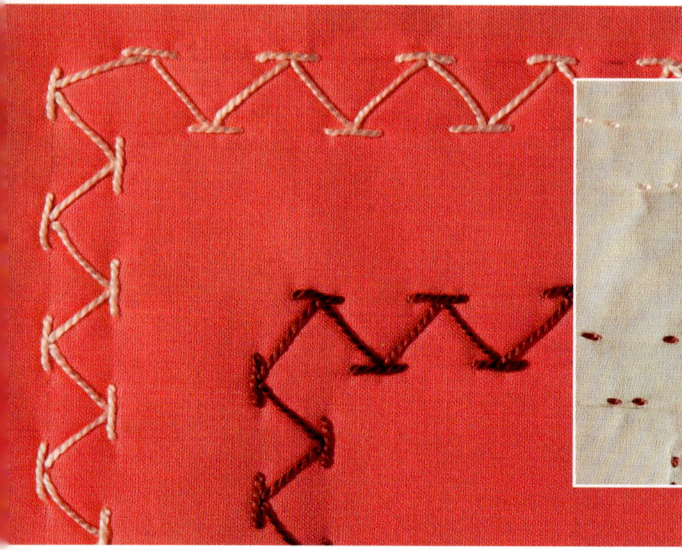

RÜCKSEITE

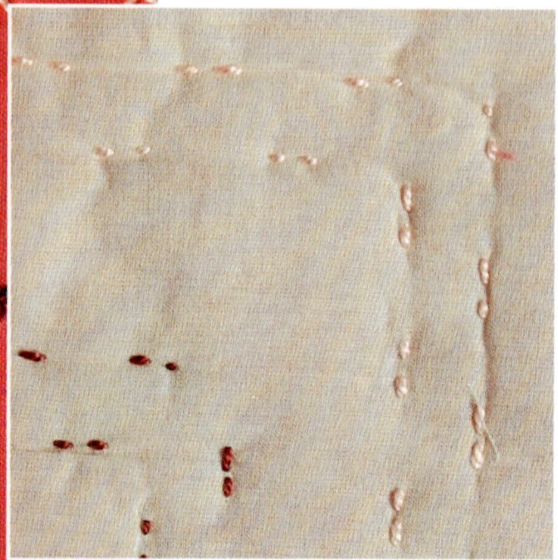

Zackenstich

Diesen Stich können Sie verlängern, verbreitern und enger nähen. Er lässt sich gut um sanfte Kurven und um Ecken führen.

SCHRITT 1

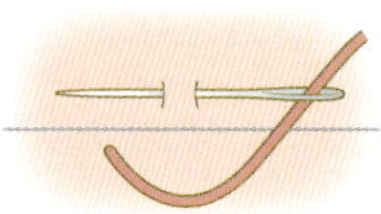

Faden am Anfang unterhalb der Quiltlinie zur Oberfläche bringen. Entlang der Linie nach vorn gehen und oberhalb einen rückwärts gerichteten Quiltstich arbeiten.

SCHRITT 2

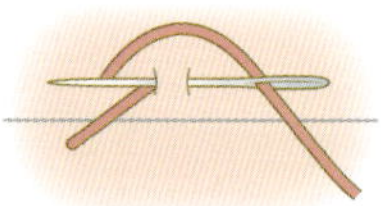

Faden über der Quiltlinie legen und einen weiteren rückwärts gerichteten Quiltstich arbeiten, der vor dem soeben genähten waagerechten Stich liegt. Beide Stiche bilden den waagerechten Riegel oberhalb der Linie.

SCHRITT 3

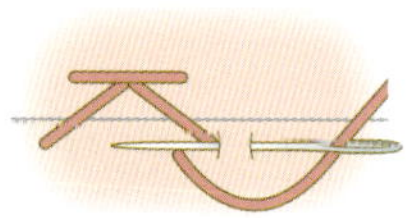

Auf der Linie nach vorn gehen und einen rückwärts gerichteten, waagerechten Quiltstich unterhalb der Linie arbeiten. Den Faden nach unten legen und einen weiteren waagerechten, rückwärts gerichteten Stich unterhalb der Quiltlinie nähen, der vor dem soeben genähten waagerechten Stich liegt. Beide Stiche bilden den Querriegel unterhalb der Quiltlinie.

SCHRITT 4

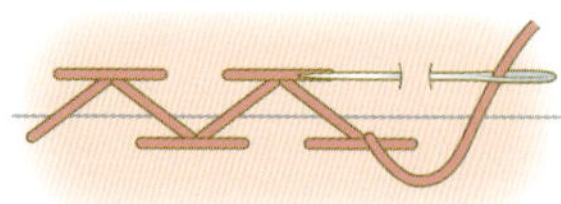

Schritte 1, 2 und 3 entlang der Quiltlinie wiederholen. Nach einem kompletten Riegel über oder unter der Linie enden.

RÜCKSEITE

Doppelknoten

Der doppelte Knotenstich ist ideal für fortlaufende Quiltmuster und für Konturen. Er wirkt leicht erhaben und ist durch Knoten unterbrochen.

SCHRITT 1

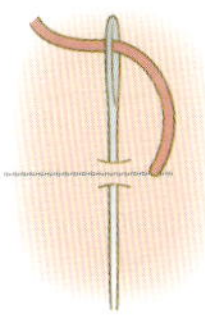

Den Faden am Anfang der Quiltlinie zur Oberfläche bringen. Entlang der Linie nach vorn gehen und einen senkrechten Stich durch alle Lagen arbeiten. Dabei die Nadel oberhalb der Linie ein- und unterhalb davon ausstechen. Den Faden durchziehen.

SCHRITT 2

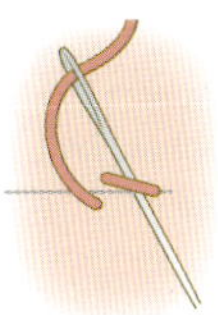

Den Faden nach vorn und nach oben legen. Die Nadel von oben her unter dem soeben genähten Stich hindurchschieben (nicht in das Gewebe stechen). Den Faden durchziehen.

SCHRITT 3

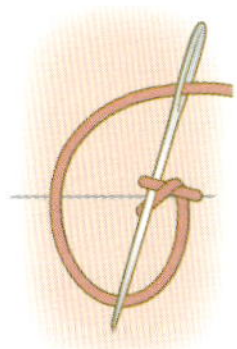

Den Faden auf der Linie mit dem Daumen der nicht nähenden Hand festhalten. Die Nadel unter dem oberen Riegel des vorangegangenen Stichs hindurch nach unten schieben. Dabei die Nadel über den unteren Riegel und in die bereitgelegte Schlinge führen. Den Faden durchziehen und den Doppelknoten bilden.

SCHRITT 4

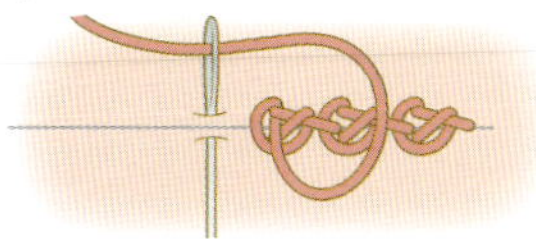

Entlang der Quiltlinie nach vorn gehen und den nächsten Quiltstich arbeiten. Schritte 1, 2 und 3 wiederholen und den Doppelknotenstich entlang der Linie arbeiten. Den Faden außerhalb des letzten Doppelknotens vernähen.

RÜCKSEITE

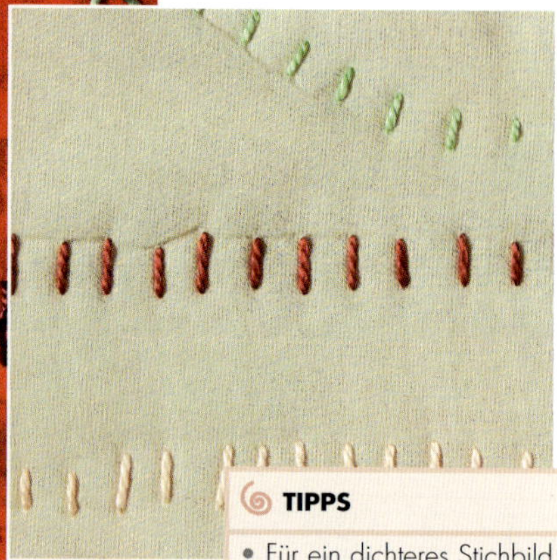

> **TIPPS**
>
> - Für ein dichteres Stichbild setzen Sie die Stiche enger, nach Wunsch aber auch weiter auseinander.
> - Schieben Sie die Nadel mit dem Öhr voran unter den vorangegangenen Stichen hindurch, damit Sie das Garn nicht versehentlich spalten.

Schlingenstich

Der Schlingenstich ist ein lockerer Stich aus jeweils einem Quiltstich und einem Schlingstich und hat eine etwas erhabene Mitte. Er ist einfach, fließend und schnell zu nähen.

SCHRITT 1

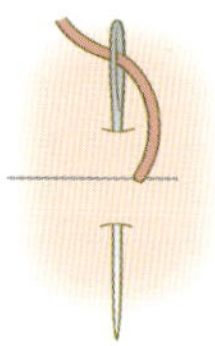

Den Faden am Anfang der Quiltlinie zur Oberfläche bringen. Entlang der Quiltlinie nach vorn gehen und einen senkrechten Quiltstich durch alle Lagen arbeiten. Dabei oberhalb der Linie ein- und unterhalb ausstechen. Den Faden durchziehen.

SCHRITT 2

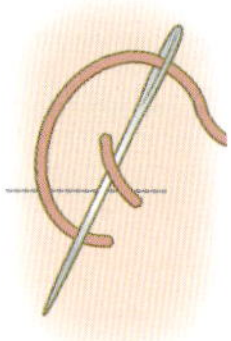

Den Faden mit dem Daumen der nicht nähenden Hand nach vorn festhalten. Die Nadel von oben nach unten unter dem soeben entstandenen Stich hindurch schieben, über den vor der Nadelspitze liegenden Faden hinweg (nicht durch das Gewebe stechen). Den Faden durchziehen.

SCHRITT 3

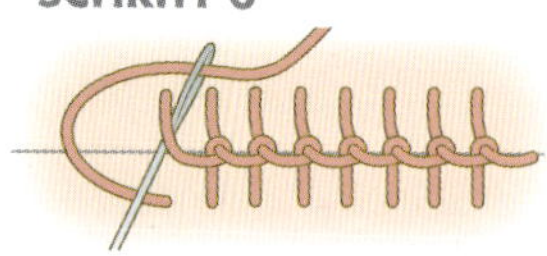

Entlang der Quiltlinie nach vorn gehen und den nächsten senkrechten Quiltstich arbeiten. Die Schritte 1 und 2 wiederholen und eine Reihe von Schlingenstichen formen. Den Faden nach einer Schlinge beenden.

RÜCKSEITE

Häubchenstich

Der Häubchenstich ist ein breiter Stich mit kompliziert verdrehtem Aussehen auf der Vorderseite, aber mit sauber verlaufenden Vorstichen auf der Rückseite.

TIPP

Ändern Sie das Stichbild, indem Sie die Abstände zwischen jedem Stich verändern oder auch die Breite der Stiche.

SCHRITT 1

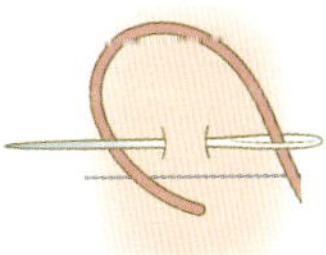

Den Faden am Anfang und unterhalb der Quiltlinie zur Oberfläche bringen. Von rechts nach links arbeiten. Den Faden entlang der Linie und im Bogen nach oben zur Schlinge legen. Einen kleinen waagerechten Quiltstich oberhalb der Linie durch alle Lagen arbeiten und die Nadelspitze in der bereitgelegten Schlinge zur Oberfläche bringen.

SCHRITT 2

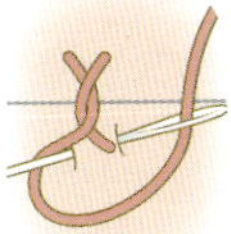

Nun den Faden nach vorn und unten halten. Einen kleinen schrägen Quiltstich unterhalb der Linie machen, dafür vor dem zuletzt gearbeiteten Stich einstechen und in der bereitgelegten Schlinge auftauchen. Die Mitte des Stichs wird dadurch gedreht.

SCHRITT 3

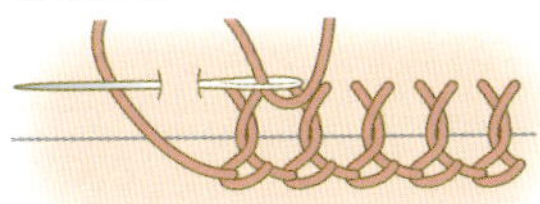

Den Faden wieder nach vorn und im Bogen oben legen und den nächsten waagerechten Stich oberhalb der Linie nähen. Schritte 2 und 3 entlang der Linie wiederholen. Den Faden nach einem schrägen Stich unterhalb der Quiltlinie vernähen.

RÜCKSEITE

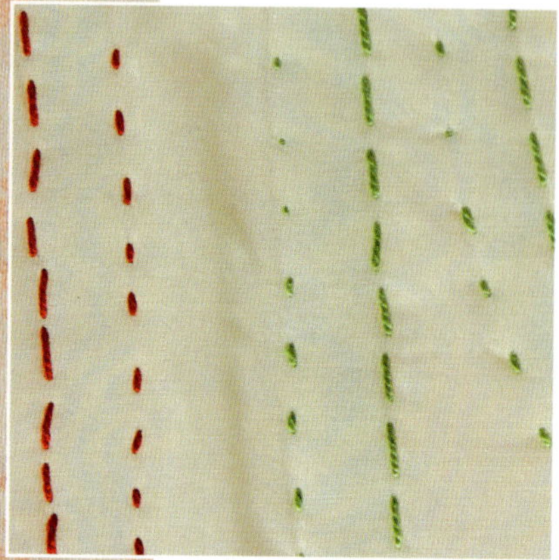

Rautenstich

Der Rautenstich ist einer der breiteren Stiche, die sich für das Quilten eignen.

SCHRITT 1

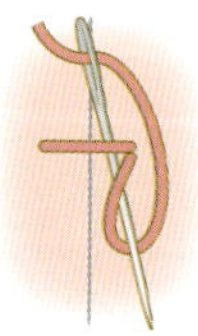

Den Faden am Anfang und links der Quiltlinie zur Oberfläche bringen. Einen kurzen, waagerechten Stich rechts der Quiltlinie machen. Die Nadel hinter dem soeben genähten Stich hindurchschieben und den Faden über die Nadel nach links, dann darunter hindurch nach rechts legen. Den Faden durchziehen und einen Knoten bilden.

SCHRITT 2

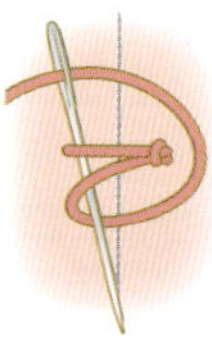

Die Nadel zur linken Seite der Quiltlinie bringen. Dort hinter dem gleichen, soeben genähten Stich hindurchschieben und dabei den Faden über die Nadel nach links, dann darunter hindurch nach rechts legen und durchziehen, um einen Knoten zu bilden.

SCHRITT 3

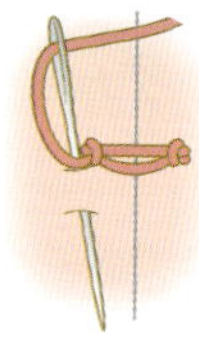

Die Nadel direkt unterhalb des linken Knotens in den Stoff stechen und einen längeren senkrechten Stich nach unten machen.

SCHRITT 4

Die Nadel hinter dem quer über die Quiltlinie führenden Faden hindurchschieben. Den Faden über die Nadel nach rechts, dann darunter hindurch nach links legen, durchziehen und einen Knoten bilden.

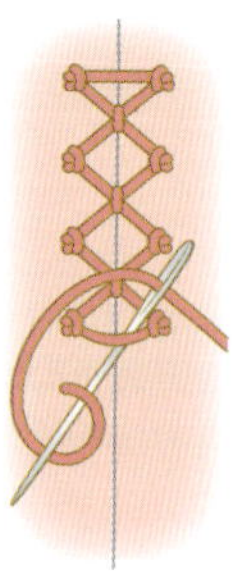

Handgequiltete Füllstiche

Füllstiche können eine Fläche innerhalb eines Quiltmusters, die andernfalls vielleicht ungequiltet bliebe, sehr interessant machen.

Die Stiche dienen auch als Ersatz für Quiltmotive. Bedecken Sie große Flächen in freier, kreativer Weise.

Wenn das Aussehen der Stiche auf der Quiltrückseite sehr wichtig ist, sollten Sie einen bedruckten Rückseitenstoff wählen und nicht einen Unistoff. So können Sie beim Sticken ganz entspannt bleiben.

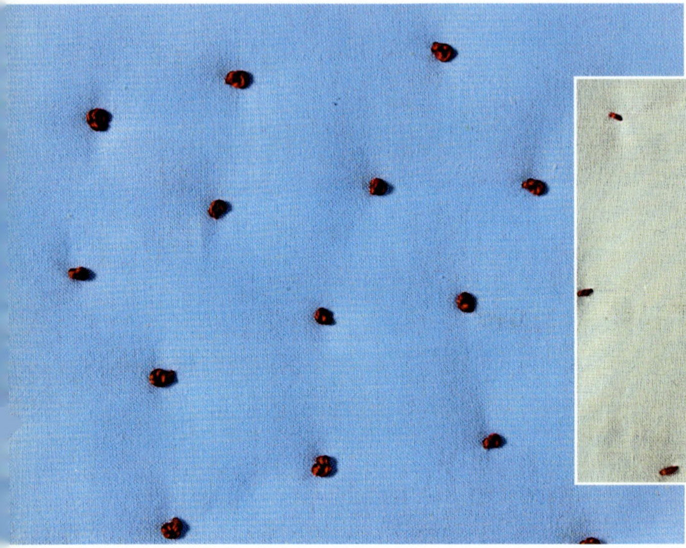

RÜCKSEITE

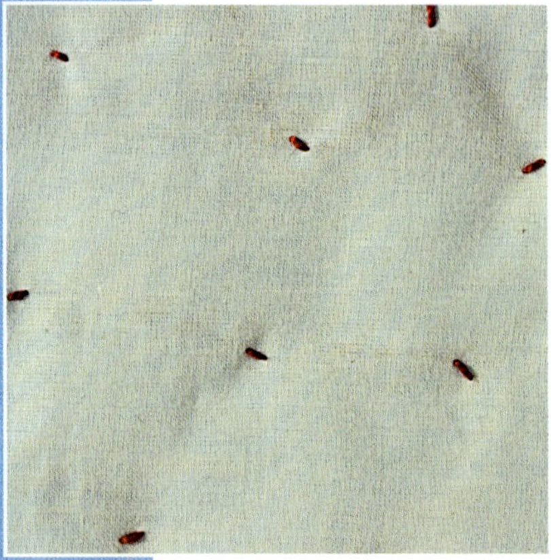

Knötchenstich

Der koloniale Knoten ist auch als Dochtknötchen bekannt. Er ähnelt sehr dem Französischen Knötchenstich (s. Seite 140), ist aber größer und plastischer.

TIPP

Diese Knötchen werden normalerweise dicht aneinander zu einer Linie gestickt. Sie sind jedoch eine vielseitige Alternative für einen handgestickten Füllstich auf einem Quilt.

SCHRITT 1

Den Faden zur Oberfläche bringen. Den Faden über die Nadel nach rechts und im Bogen darunter hindurch nach links legen. Dann nach oben hinter der Nadelspitze nach rechts und wieder nach links unter der Nadelspitze hindurch.

SCHRITT 2

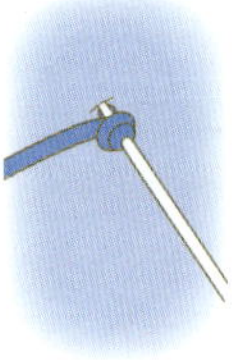

Den Faden stramm anziehen, um den Knoten zu befestigen, während die Nadel durch alle Lagen in den Stoff gestochen wird. Dies geschieht genau neben der Stelle, an der der Faden aus dem Stoff auftaucht.

SCHRITT 3

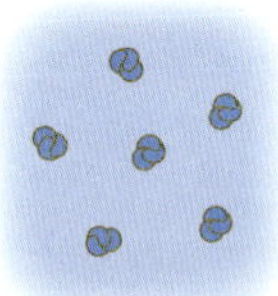

Werden mehrere Knötchen dicht zueinander gesetzt, kann der Faden innerhalb der Quiltlagen zum nächsten Knötchen geführt werden. Zuerst einen kleinen Quiltstich auf der Rückseite der Arbeit machen, dann die Nadelspitze durch das Vlies zum Platz des nächsten Knötchens stechen.

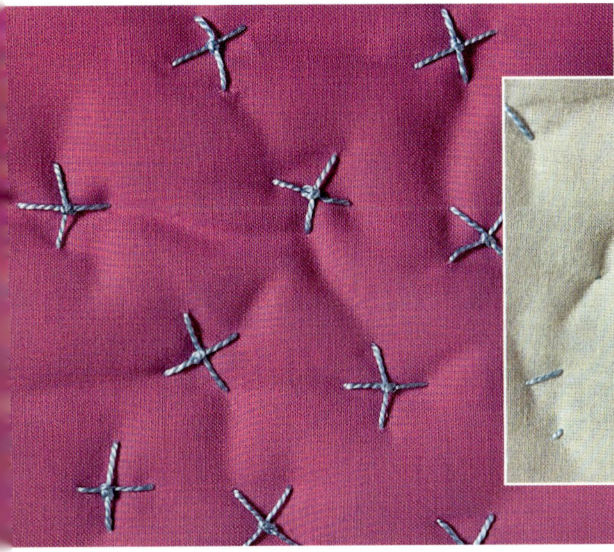

RÜCKSEITE

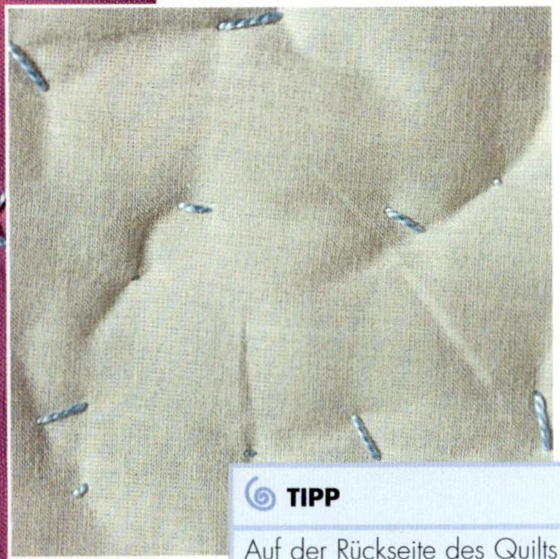

TIPP

Auf der Rückseite des Quilts erscheinen nur die schrägen Stiche, die zu Beginn des Knotens gearbeitet werden und auch die kleinen Stiche, die das Kreuz fixieren und zur nächsten Ausstichstelle leiten.

Vierarmig

Der vierarmige Knötchenstich ist ein attraktiver Knoten, der einem aufrecht stehenden Kreuz mit einem zentralen Knötchen gleicht.

SCHRITT 1

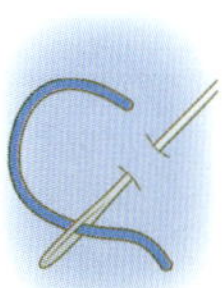

Den Faden zur Oberfläche bringen. Den Faden senkrecht nach unten halten und einen schrägen Stich von links unten nach rechts oben machen.

SCHRITT 2

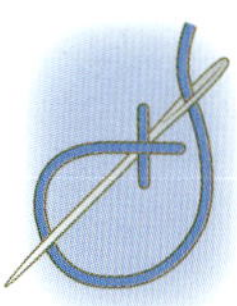

Den Faden quer über den senkrechten Stich halten und eine Schlaufe nach unten legen. Die Nadel hinter beiden gekreuzten Fäden schräg nach unten und durch die bereitgelegte Schlinge hindurchschieben. Faden anziehen und einen Knoten bilden.

SCHRITT 3

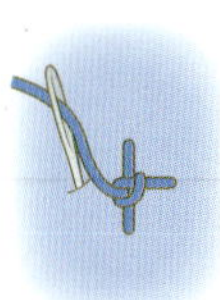

Die Nadel auf der linken Seite des vierarmigen Knotens einstechen, um ihn zu vervollständigen. Werden mehrere Knötchen dicht zueinander gesetzt, wird der letzte Stich innerhalb der Quiltlagen zum nächsten Knötchenstich geführt. Dafür zuerst einen kleinen Quiltstich bis zur Rückseite der Arbeit machen, dann die Nadelspitze durch das Vlies zum Platz des nächsten Knötchens stechen.

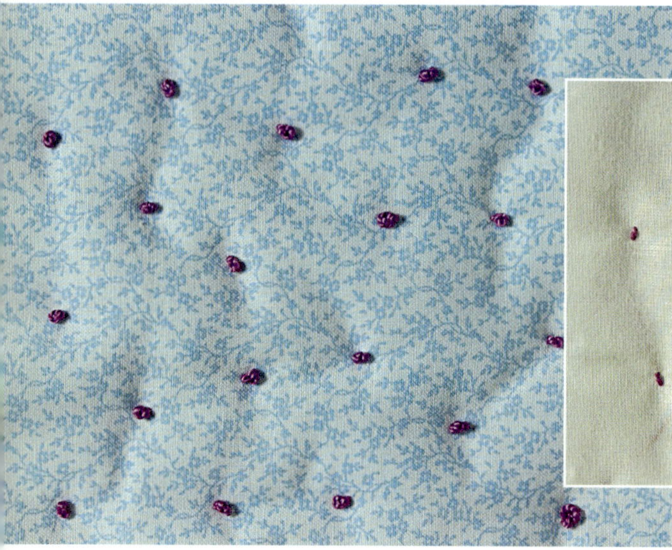

RÜCKSEITE

Französisch

Beim Französischen Knötchenstich wird der Faden zuerst um die Nadelspitze gewickelt und dann erst in den Stoff gestochen. Legen Sie eine oder zwei Umwickelungen um die Nadel, je nach Stärke des Knötchens.

TIPP

Für einen kräftigeren Knoten verwenden Sie einen stärkeren Faden. Das Knötchen wird dadurch auffälliger.

SCHRITT 1

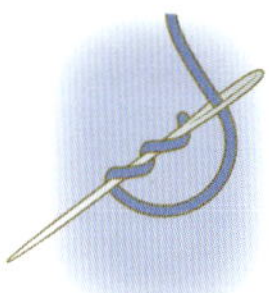

Den Faden zur Oberfläche bringen. Die Nadel in der nähenden Hand halten und den Faden zuerst nach vorn über die Nadel wickeln und dann unter der Nadel hindurch wieder zurück (für einen dickeren Knoten eine Umwickelung mehr machen).

SCHRITT 2

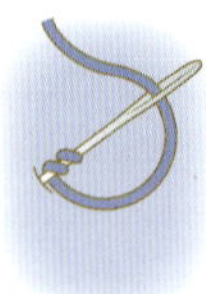

Den Faden straff halten, sodass die Wickelung hält, dabei den nächsten Stich zurück in den Stoff führen, dicht bei der vorigen Ausstichstelle.

SCHRITT 3

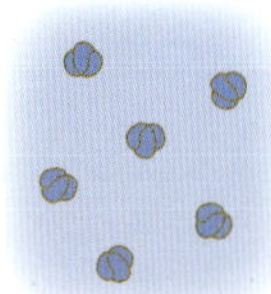

Werden mehrere Knötchen dicht zueinander gesetzt, wird dieser letzte Stich innerhalb der Quiltlagen zum nächsten Knötchenstich geführt. Dafür einen kleinen Quiltstich bis zur Rückseite der Arbeit machen, dann die Nadelspitze durch das Vlies zum Platz des nächsten Knötchens stechen.

RÜCKSEITE

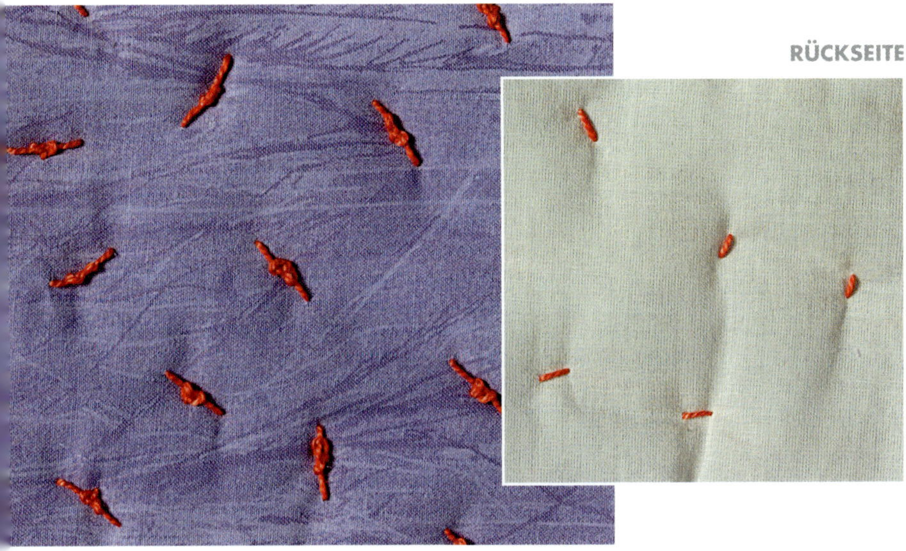

Dänisch

Hier wird ein kräftiger Knoten auf einen Fadenriegel gesetzt. Der Knoten wird um den Faden geschlungen, ohne dass in den Stoff gestochen wird.

SCHRITT 1

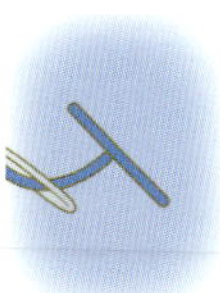

Den Faden zur Oberseite bringen. Die Nadel in beliebiger Richtung einstechen und einen Quiltstich bis auf die halbe Strecke zurückführen. Die Nadel links des Fadens auftauchen lassen.

SCHRITT 2

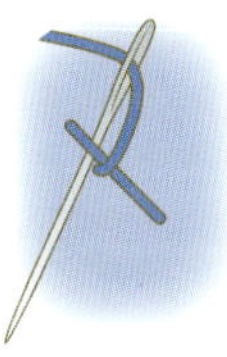

Den Faden nach unten und nach rechts legen. Die Nadel unter dem Riegel hindurchschieben, ohne das Gewebe zu fassen. Den Faden durchziehen.

SCHRITT 3

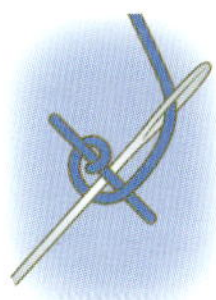

Den Faden nach unten und wieder nach rechts legen. Die Nadel unter dem langen Riegel und unter der vorhergehenden Wickelung hindurchschieben. Die Nadelspitze in der bereitgelegten Schlinge auftauchen lassen. Den Faden durchziehen und ein Knötchen bilden.

SCHRITT 4

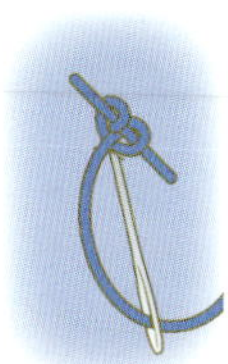

Zum Festnähen den Faden dicht neben dem Knoten einstechen. Werden mehrere Knötchen dicht zueinander gesetzt, wird der letzte Stich innerhalb der Quiltlagen zum nächsten Knötchenstich geführt. Dafür zuerst einen kleinen Quiltstich bis zur Rückseite der Arbeit machen, dann die Nadelspitze durch das Vlies zum Platz des nächsten Knötchens stechen.

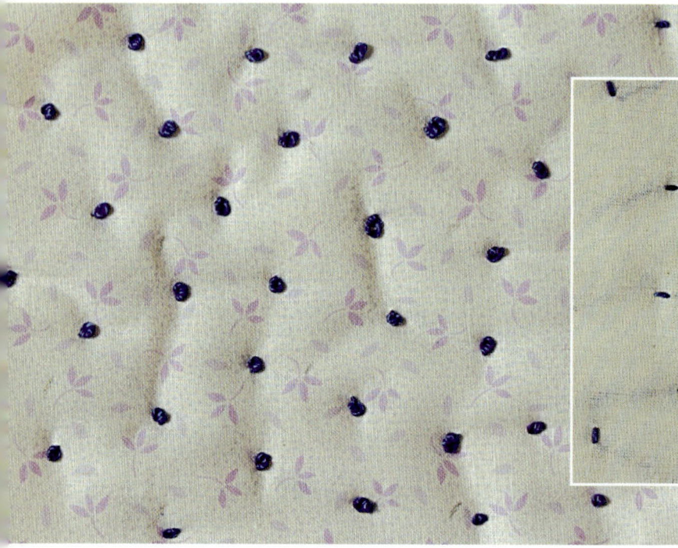

RÜCKSEITE

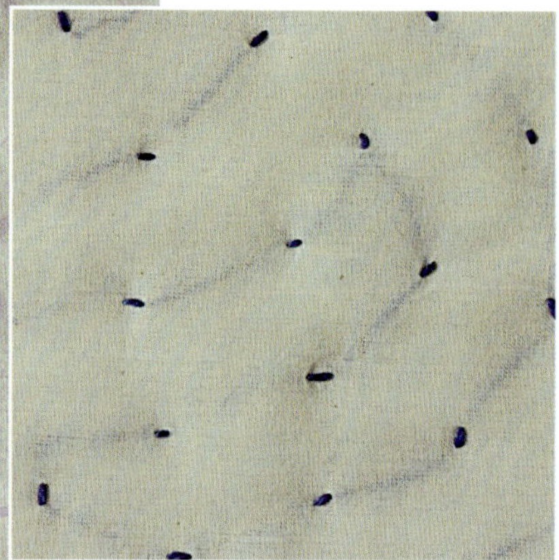

Chinesisch ...

Der Chinesische Knötchenstich ist auch als Peking-Knötchen oder Verbotenes Knötchen bekannt. Man findet ihn auf antiken Stickereien in ganz China.

TIPP

Dieses Knötchen sieht wie der Französische Knötchenstich aus, hat jedoch eine etwas andere Form. Auch sitzt er flacher auf der Stoffoberfläche.

SCHRITT 1

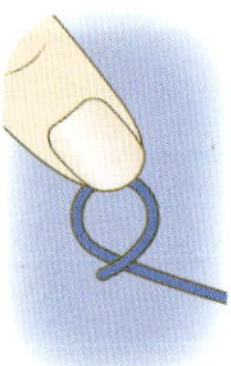

Den Faden zur Oberfläche bringen. Den Faden nach unten und nach links zu einem Kreis im Uhrzeigersinn legen. Mit der nicht nähenden Hand diese Schleife aufnehmen und um sich selbst drehen, sodass sich ein Kreis gegen den Uhrzeigersinn ergibt.

SCHRITT 2

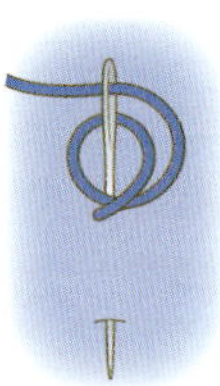

Den Fadenkreis mit dem Daumen der nicht nähenden Hand festhalten. Die Nadel innerhalb der Schlinge einstechen und mit einem Stich fixieren.

SCHRITT 3

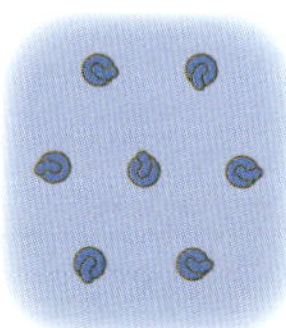

Werden mehrere Knötchen dicht zueinander gesetzt, wird dieser Stich bis zur Quiltrückseite hindurchgestochen. Dafür einen kleinen Quiltstich durch alle Lagen machen, dann die Nadelspitze durch das Vlies zum Platz des nächsten Knötchens stechen.

RÜCKSEITE

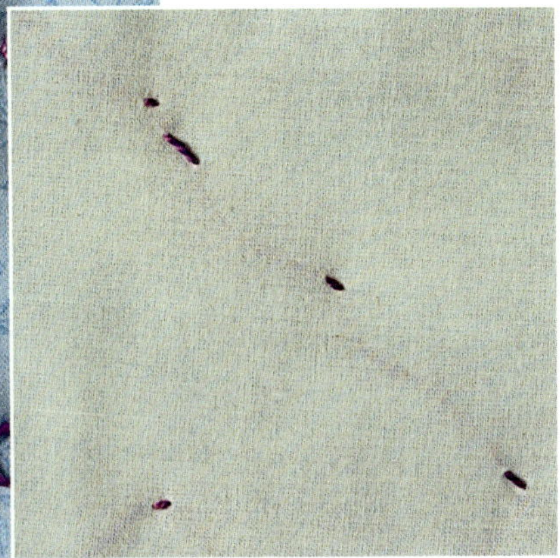

... mit Schlinge

Üben Sie zuerst den Chinesischen Knötchenstich (s. Seite 142), bevor Sie diese Variante mit der dekorativen Schlinge arbeiten.

SCHRITT 1

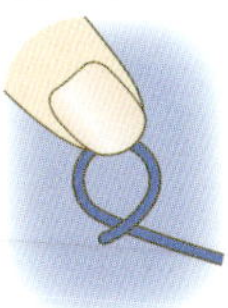

Faden zur Oberfläche bringen. Faden nach unten und nach links zu einem Kreis im Uhrzeigersinn legen. Mit anderer Hand Schleife aufnehmen und um sich selbst drehen, sodass sich ein Kreis entgegen dem Uhrzeigersinn ergibt.

SCHRITT 2

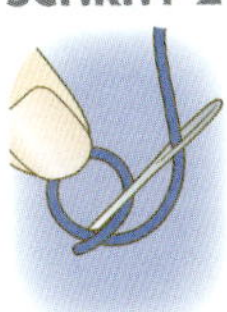

Den Fadenkreis mit dem Daumen der nicht nähenden Hand festhalten. Die Nadel innerhalb der Schlinge einstechen und mit einem Stich fixieren.

SCHRITT 3

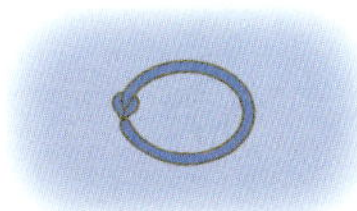

Die Schlinge festhalten, sodass sie nicht gezogen wird, wenn die Nadel in den Stoff sticht. Sobald der Faden festgezogen ist, bleibt die Schlinge auf der Stoffoberseite bestehen.

SCHRITT 4

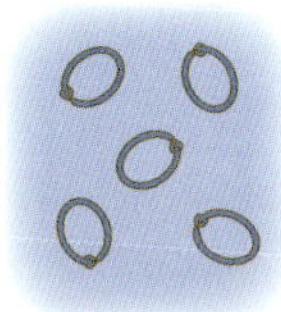

Werden mehrere Knötchen dicht zueinander gesetzt, wird der letzte Stich als Quiltstich bis zur Rückseite hindurchgestochen. Dafür einen kleinen Quiltstich durch alle Lagen machen, dann die Nadelspitze durch das Vlies zum Platz des nächsten Knötchens stechen.

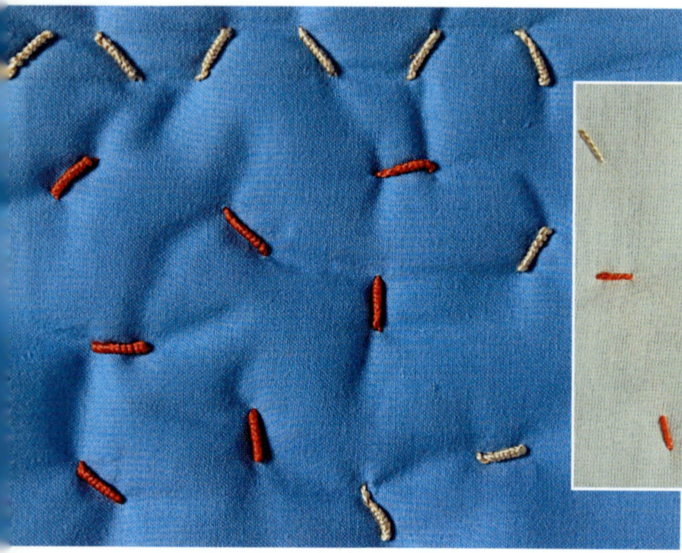

RÜCKSEITE

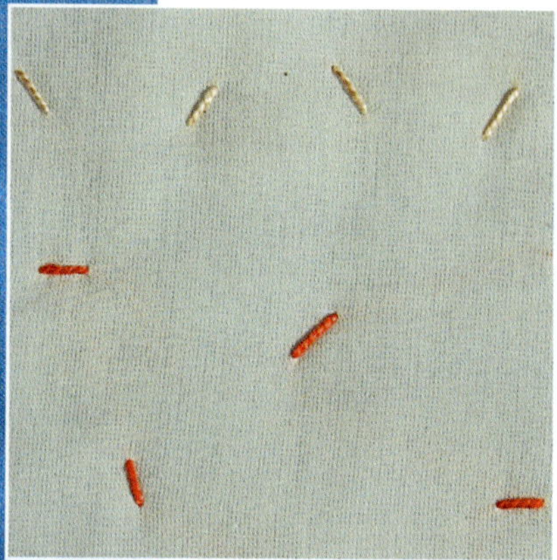

Boullionstich

Hier wird der Faden mehrere Male um einen zentralen Faden gewickelt. Der Stich kann in beliebiger Länge gearbeitet werden.

SCHRITT 1

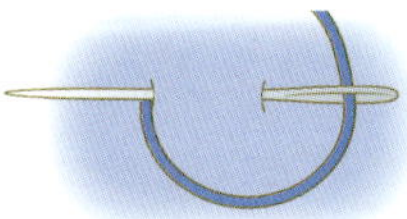

Den Faden zur Oberfläche bringen. Die Nadel in den Stoff stechen und in Richtung Anfangspunkt einen Quiltstich durch alle Lagen machen. Die Nadel nahe der Einstichstelle zur Oberseite führen, aber jetzt noch nicht durchziehen.

SCHRITT 2

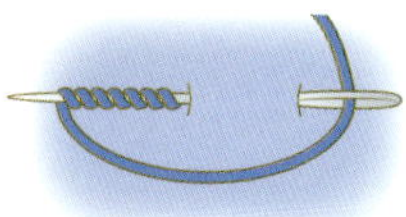

Die Nadel festhalten und mit der anderen Hand den Faden mehrmals fest um den Schaft wickeln – so oft, wie zum Füllen der gewünschten Stichlänge nötig ist.

SCHRITT 3

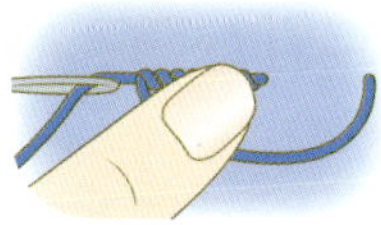

Die gewickelten Fäden sehr fest halten und dabei die Nadel durchziehen.

SCHRITT 4

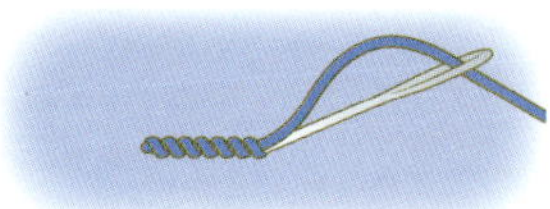

Zum Sichern des Knotens die Nadel in die erste Einstichstelle stechen. Werden mehrere Knötchen dicht zueinander gesetzt, mit dem letzten Stich durch das Vlies zum Platz des nächsten Knötchens stechen.

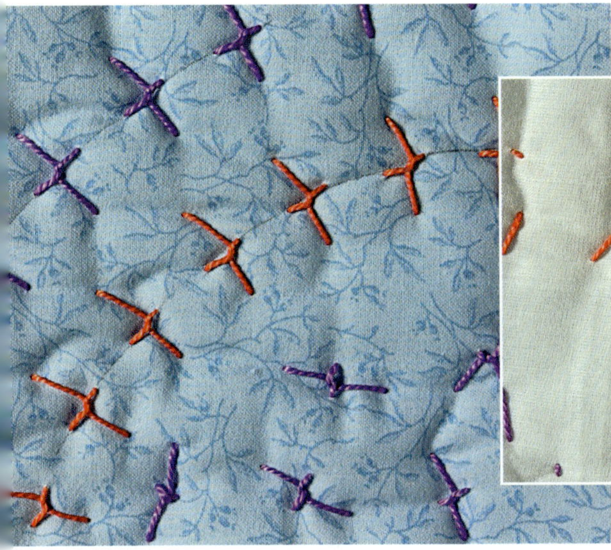

RÜCKSEITE

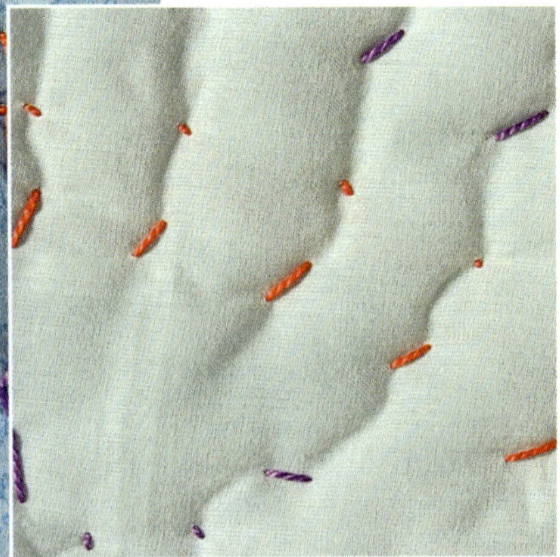

Schwertstich

Dieser Stich kann sowohl für Quiltmuster mit fortlaufender Linie als auch als Füllstich über eine Fläche verstreut genäht werden. Die Länge und Breite ist variabel.

SCHRITT 1

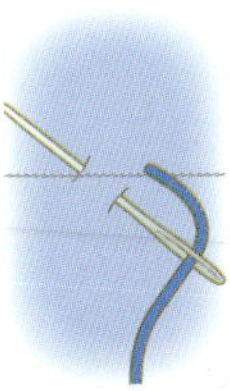

Den Faden zur Oberfläche bringen. Die Nadel unterhalb der Quiltlinie und etwas links des Startpunkts einstechen. Einen schrägen Quiltstich nach oben links durch alle Lagen machen und den Faden durchziehen.

SCHRITT 2

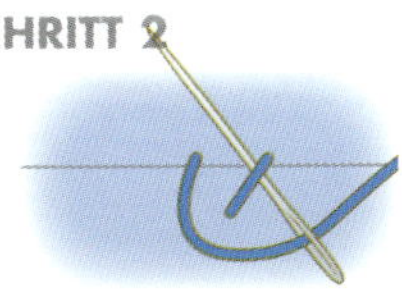

Die Nadel nach oben oder von links nach rechts unter dem Stich hindurchschieben.

SCHRITT 3

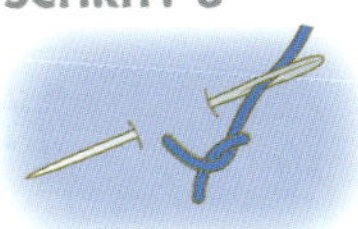

Die Nadel direkt oberhalb des unteren „Arms" des Schwertgriffs einstechen und fixieren.

SCHRITT 4

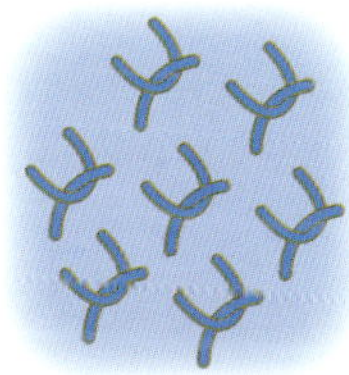

Werden mehrere Schwertstiche in geringen Abständen über eine Fläche verstreut, wird dieser letzte Stich als Quiltstich bis zur Rückseite hindurchgestochen. Dafür einen kleinen Quiltstich durch alle Lagen machen, dann die Nadelspitze durch das Vlies zum Platz des nächsten Schwertstichs stechen.

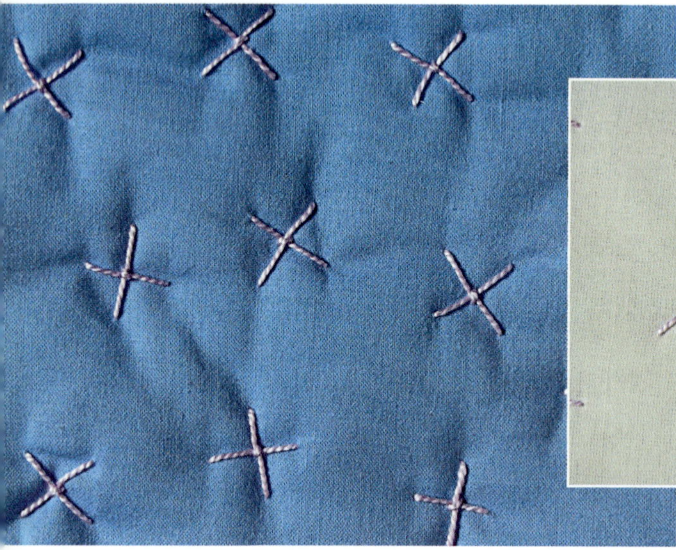

RÜCKSEITE

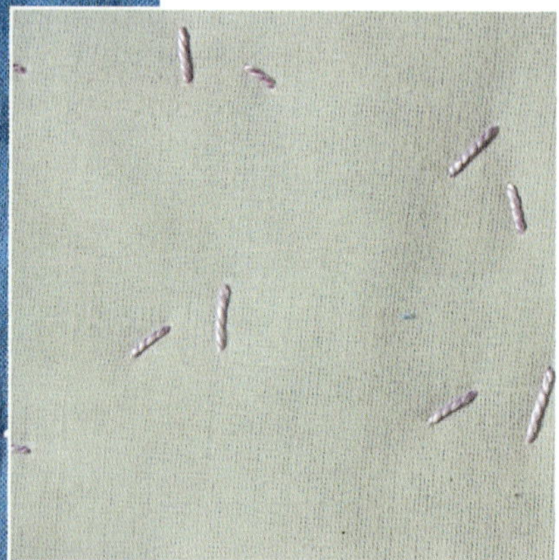

Geknotetes Kreuz

Der geknotete Kreuzstich ist ein interessanter Füllstich, wenn er auf einen Quilt verstreut gearbeitet wird.

SCHRITT 1

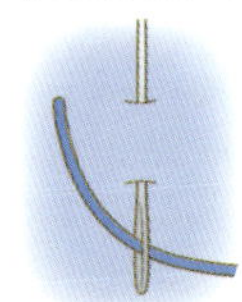

Die Nadel etwas entfernt vom Startpunkt in den Stoff stechen. Durch alle Lagen einen senkrechten Quiltstich nach oben machen und die Nadel auf gleicher Höhe wie die erste Ausstichstelle auftauchen lassen.

SCHRITT 2

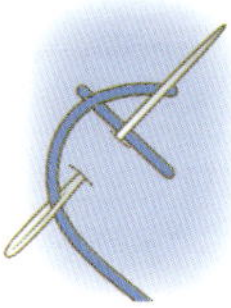

Den Faden über den soeben entstandenen Stich legen. Die Nadel auf gleicher Höhe wie der obere Arm des Stichs in den Stoff stechen, schräg in Richtung der Kreuzmitte führen und seitlich der Mitte auftauchen.

SCHRITT 3

Zum Befestigen des Knotens die Nadel an der anderen Seite des Fadenkreuzes einstechen, dicht neben den Fäden.

SCHRITT 4

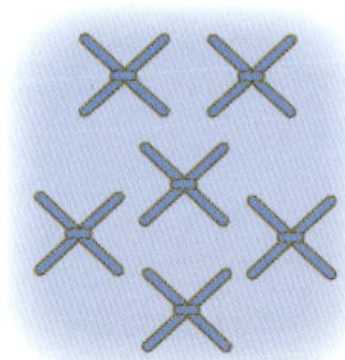

Werden viele Kreuze in kurzen Abständen über eine Fläche verstreut gearbeitet, wird dieser letzte Stich als Quiltstich bis zur Rückseite hindurchgestochen. Dafür einen kleinen Quiltstich durch alle Lagen machen, dann die Nadelspitze durch das Vlies zum Platz des nächsten Kreuzes stechen.

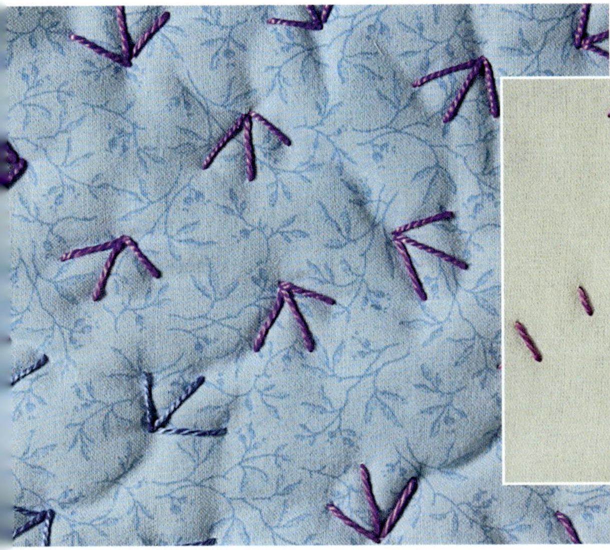

RÜCKSEITE

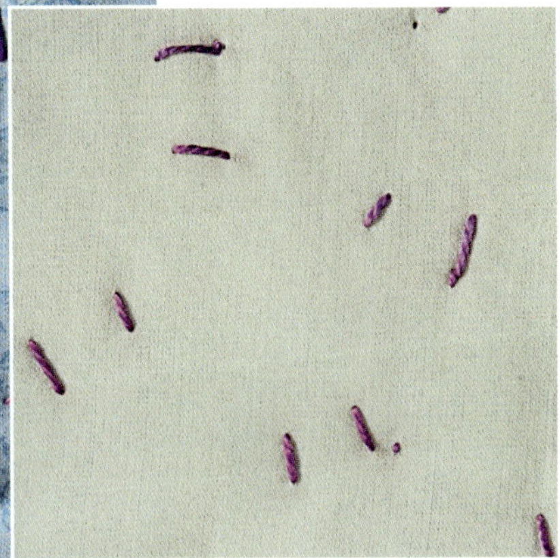

Einzelner Farnkrautstich

Farnkrautstiche können wie zufällig und in verschiedene Richtungen weisend auf ein Quiltprojekt gestickt werden und wirken hübsch wie kleine Blätter.

SCHRITT 1

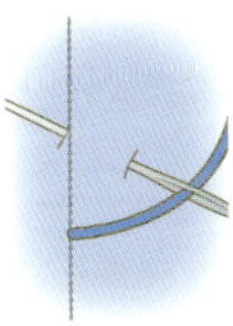

Den Faden zur Quiltoberfläche bringen. Die Nadel von rechts her schräg durch alle Lagen nach links oben stechen. Den Faden durchziehen.

SCHRITT 2

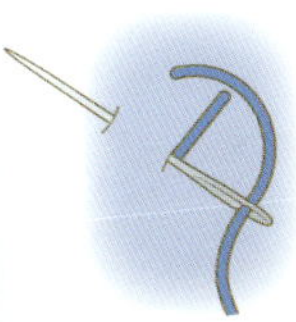

Die Nadel an der Ausstichstelle des ersten Stichs wieder einstechen und einen diagonalen Quiltstich nach links oben machen.

SCHRITT 3

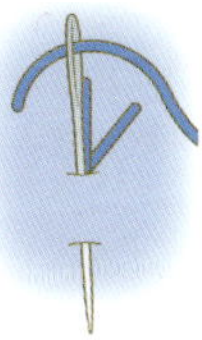

Die Nadel wieder am ersten Startpunkt einstechen, um den Faden zu befestigen.

SCHRITT 4

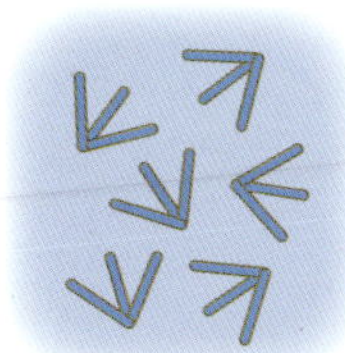

Werden mehrere Stiche in geringem Abstand über eine Fläche verstreut, wird dieser letzte Stich als Quiltstich bis zur Rückseite hindurchgestochen. Dafür einen kleinen Quiltstich durch alle Lagen machen, dann die Nadelspitze durch das Vlies zum Platz des nächsten Knötchens stechen.

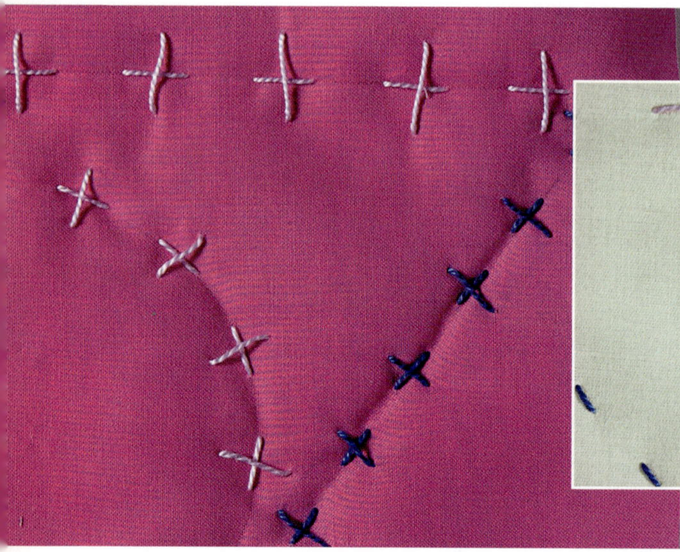

RÜCKSEITE

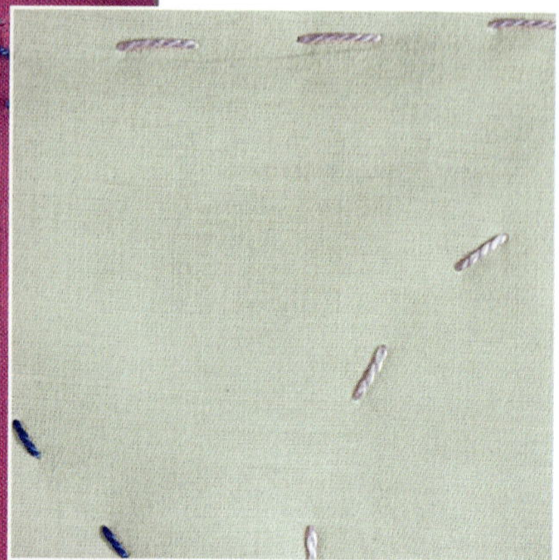

Aufrechter Kreuzstich

Dieser Kreuzstich ist eine Variation des normalen Kreuzstichs (s. Seite 122) und einer lockerer Version des geknoteten Kreuzstichs (s. Seite 146). Die beiden Stiche sind nicht miteinander verbunden oder verknotet.

SCHRITT 1

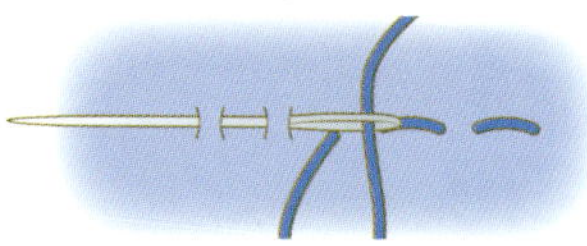

Den Faden auf die Quiltoberfläche bringen und eine Reihe von Vorstichen arbeiten (s. Seite 67).

SCHRITT 2

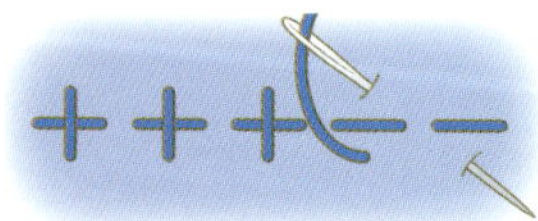

Die Arbeit drehen und wieder am Startpunkt der Reihe beginnen. Die Nadel mittig oberhalb des ersten Stichs einstechen und mittig unterhalb des nächsten Stichs ausstechen. Diese Stiche nicht durch alle Lagen arbeiten – nur durch die oberste Stofflage und Vlies.

SCHRITT 3

Werden die Stiche einzeln in kleinen Abständen verstreut, dann einen waagerechten Riegel nähen und mit einem zweiten Stich im rechten Winkel überkreuzen. Den letzten Stich als Quiltstich bis zur Rückseite hindurchstechen, dann die Nadelspitze durch das Vlies zum Platz des nächsten Kreuzes stechen.

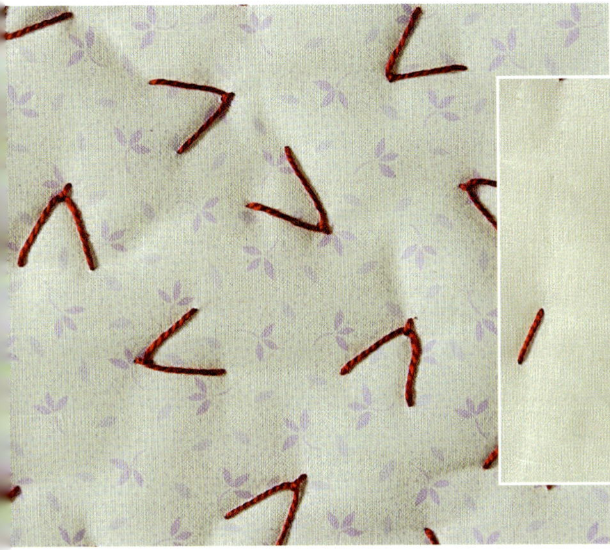

RÜCKSEITE

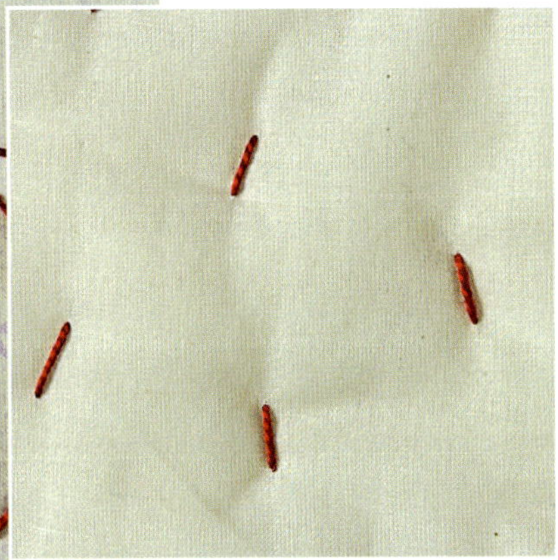

Einzelner Fliegenstich

Der einzelne Fliegenstich ist ein wunderbar schneller und einfacher Füllstich, der Ihrer Quiltarbeit optische Bewegung verleiht.

SCHRITT 1

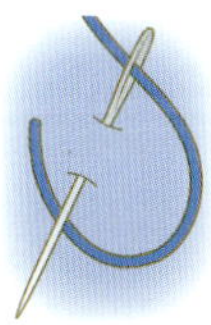

Den Faden zur Quiltoberseite bringen. Den Faden nach unten und im Bogen nach rechts legen. Einen Quiltstich schräg nach unten links durch alle Lagen machen und die Nadelspitze in der bereitgelegten Schlinge auftauchen lassen.

SCHRITT 2

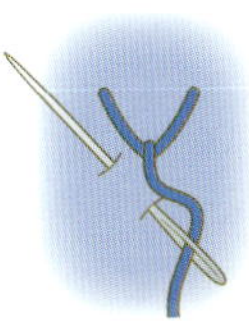

Den Fliegenstich mit einem kleinen Quiltstich befestigen.

SCHRITT 3

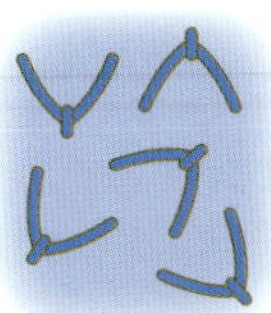

Werden mehrere verstreute Stiche nahe beieinander gestickt, wird dieser letzte Stich bis zur Rückseite hindurch gestochen. Dafür einen kleinen Quiltstich durch alle Lagen machen, dann die Nadelspitze durch das Vlies zum Platz des nächsten Fliegenstichs stechen.

TIPPS

- Machen Sie beim Festnähen des V einen Quiltstich durch alle Lagen.
- Der Befestigungsstich am Fußpunkt des V kann auch nur durch Oberstoff und Vlies gearbeitet werden.

RÜCKSEITE

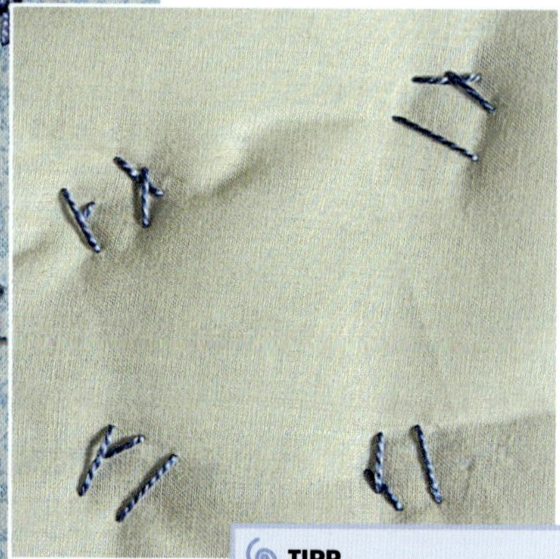

TIPP

Da die Stiche durch alle Lagen des Quilts gearbeitet werden, sollten Sie darauf achten, alle Stiche eines Sterns in der gleichen Ausrichtung auszuführen.

Sternstich

Der Sternstich ist ein dekorativer Füllstich. Die sich kreuzenden Stiche können in verschiedenen Farben gestickt werden.

SCHRITT 1

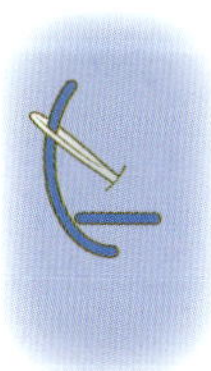

Den Faden zur Quiltoberfläche bringen. Einen großen, aufrecht stehenden Kreuzstich durch alle Lagen sticken. Dafür zwei diagonale Stiche machen, einer quer über den anderen.

SCHRITT 2

Einen ebenso großen Kreuzstich auf den ersten setzen, dabei müssen die Balken des zweiten Kreuzes gleichmäßig zwischen den Balken des ersten sitzen.

SCHRITT 3

Zum Schluss einen winzigen Kreuzstich über alle bisherigen Stiche arbeiten, um sie zu befestigen. Werden mehrere Sternchen in kurzen Abständen verstreut gesetzt, wird dieser letzte Stich als Quiltstich bis zur Rückseite hindurchgestochen. Dafür einen kleinen Quiltstich durch alle Lagen machen, dann die Nadelspitze durch das Vlies zum Platz des nächsten Sternchens stechen.

RÜCKSEITE

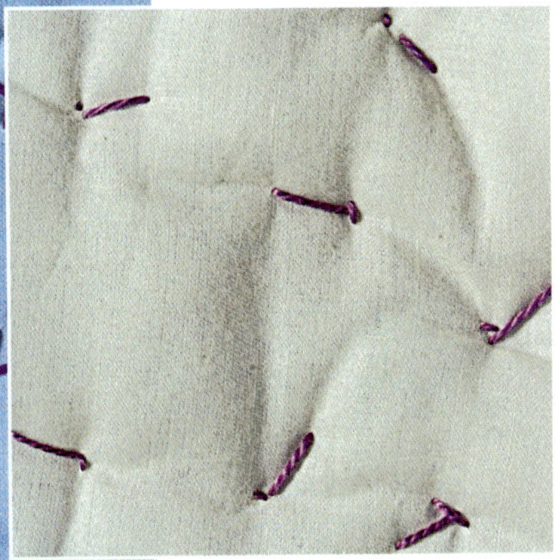

Hermelinstich

Der Hermelinstich ist sehr vielseitig und wird oft in strengen Reihen und Linien gearbeitet, doch verleiht er auch Flächen Textur und Abwechslung.

SCHRITT 1

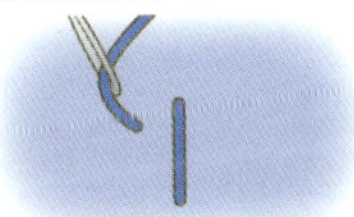

Den Faden zur Quiltoberseite bringen. Die Nadel unterhalb des Startpunkts senkrecht in den Stoff stechen und einen Quiltstich durch alle Lagen schräg nach oben arbeiten, bis links des vorhergehenden Stichs. Den Faden durchziehen.

SCHRITT 2

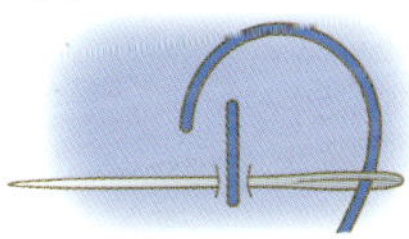

Die Nadel rechts des ersten senkrechten Stichs und knapp oberhalb des unteren Einstichs einstechen. Einen kurzen waagerechten Quiltstich arbeiten und die Nadel links des ersten senkrechten Stichs auftauchen lassen.

SCHRITT 3

Den Faden über die beiden fertigen Stiche legen, die Nadel rechts, auf gleicher Höhe wie der erste senkrechte Stich, einstechen, um ihn zu befestigen. Werden mehrere Hermelinstiche verstreut und in kurzen Abständen gesetzt, wird dieser letzte Stich als Quiltstich bis zur Rückseite hindurchgestochen. Dafür einen kleinen Quiltstich durch alle Lagen machen, dann die Nadelspitze durch das Vlies zum Platz des nächsten Stichs führen.

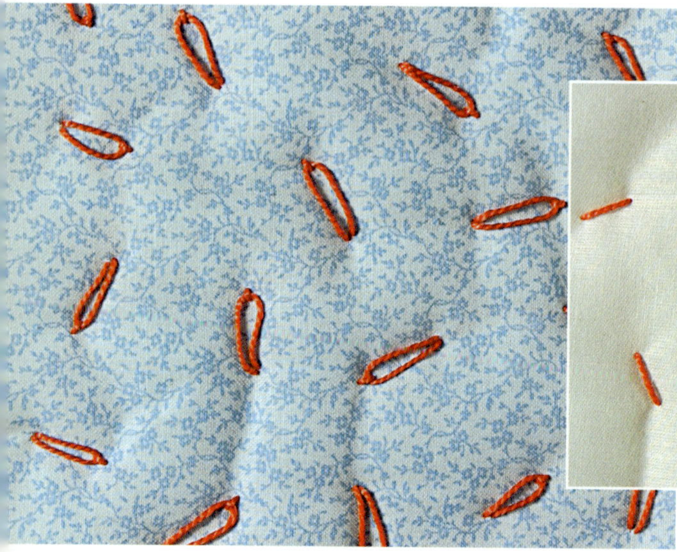

RÜCKSEITE

TIPPS

- Dieser Stich wirkt sehr gut, wenn Sie ihn wie zufällig über den Quilt verstreuen, wo er für Aufmerksamkeit und Abwechslung sorgt.
- Je nach gewünschtem Ergebnis kann die Länge der Schlaufe variiert werden.

Einzelner Kettenstich

Dies ist einer der gebräuchlichsten Füllstiche. Der einzelne Kettenstich heißt auch Margeritenstich. Er wird gern zum Sticken von Blumen und Blättern benutzt.

SCHRITT 1

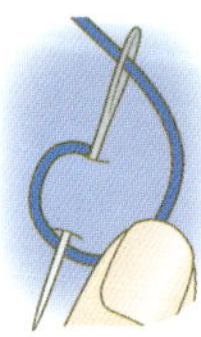

Den Faden zur Quiltoberfläche bringen. Den Faden nach vorn zur Schlaufe legen. Die Nadel an derselben Stelle einstechen, an der er zuvor aus dem Stoff kam (oder sehr nahe daneben). Einen Quiltstich durch alle Lagen arbeiten und die Nadelspitze in der bereitliegenden Schlaufe auftauchen lassen. Den Faden durchziehen.

SCHRITT 2

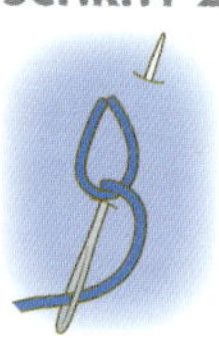

Einen Quiltstich machen, um die Schlaufe zu befestigen.

SCHRITT 3

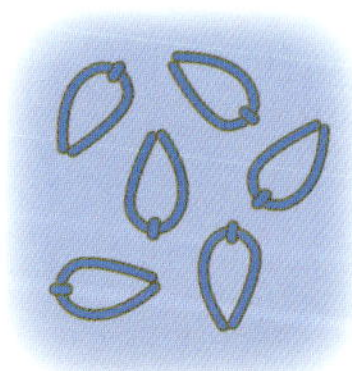

Werden mehrere Stiche verstreut und in geringem Abstand gesetzt, wird dieser letzte Stich als Quiltstich bis zur Rückseite hindurchgestochen. Dafür einen kleinen Quiltstich durch alle Lagen machen, dann die Nadelspitze durch das Vlies zum Platz des nächsten Kettenstichs führen.

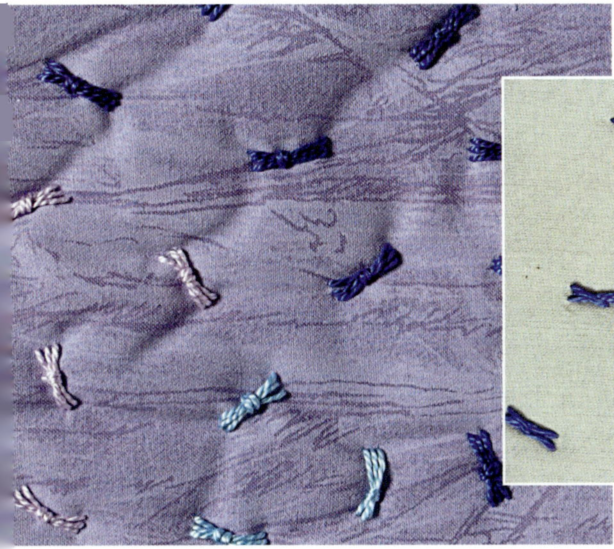

RÜCKSEITE

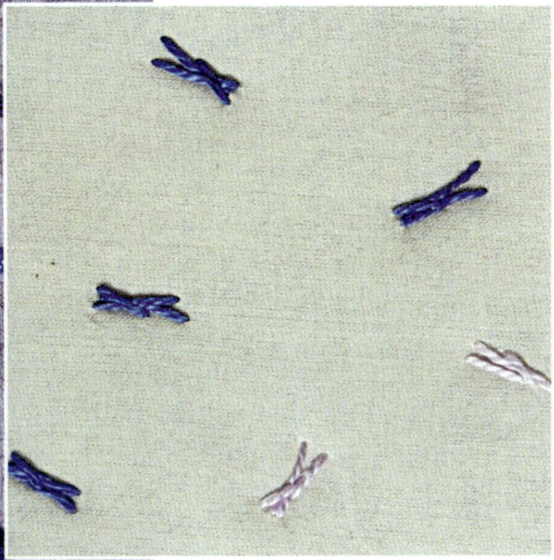

Garbenstich

Der Garbenstich ist eine Gruppe von drei Parallelstichen, die in der Mitte mit einer Fadenschlinge zusammengefasst werden und einer Korngarbe ähneln.

SCHRITT 1

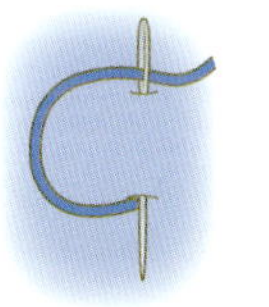

Den Faden zur Quiltoberseite bringen und einen senkrechten Quiltstich durch alle Lagen arbeiten. Die Nadel knapp rechts, dicht neben dem Startpunkt auftauchen lassen.

SCHRITT 2

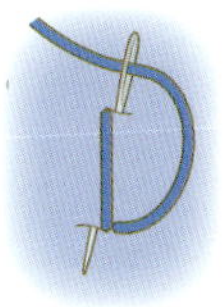

Einen zweiten senkrechten Stich arbeiten, dabei die Nadel dicht neben dem Startpunkt einstechen, diesmal aber auf der gegenüberliegenden Seite.

SCHRITT 3

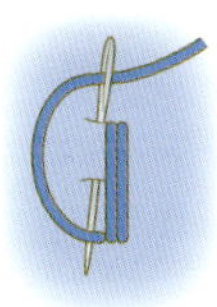

Um die drei senkrechten Stiche abzuschließen, die Nadel in den Stoff stechen und auf halber Höhe links von den Stichen wieder zur Oberfläche führen.

SCHRITT 4

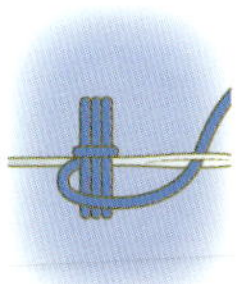

Die Nadel zweimal um die drei Stiche führen, ohne das Gewebe zu fassen. Den Faden fest anziehen, um die drei Fäden mittig zu bündeln und dann mit einem Quiltstich befestigen. Werden mehrere Garben verstreut und in geringem Abstand zueinander gesetzt, wird dieser letzte Stich als Quiltstich bis zur Rückseite hindurchgestochen. Dafür einen kleinen Quiltstich durch alle Lagen machen, dann die Nadelspitze durch das Vlies zum Platz der nächsten Garbe stechen.

RÜCKSEITE

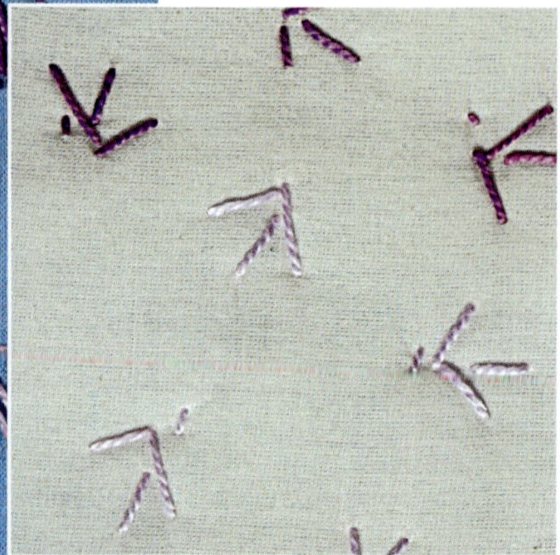

Tête de boeuf

Der Tête-de-Boeuf-Stich ist ein sehr attraktiver Füllstich. Der Name bedeutet „Stierkopf" – Sie erkennen die Stierhörner an jeder Seite des „Kopfs".

SCHRITT 1

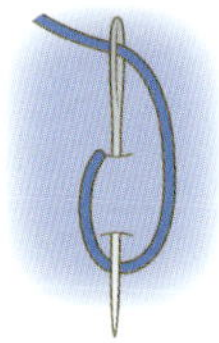

Den Faden zur Quiltoberfläche bringen; nach vorn und im Bogen nach rechts legen. Die Nadel nahe des Startpunkts einstechen und einen Quiltstich arbeiten. Die Nadelspitze durch die bereitgelegte Schlinge führen.

SCHRITT 2

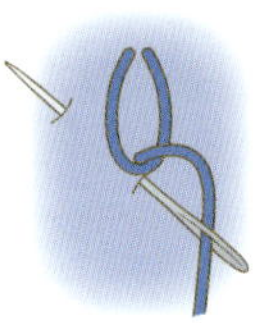

Die Nadel unterhalb der Schlinge in den Stoff stechen und einen Quiltstich schräg nach oben, links der Schlinge führen.

SCHRITT 3

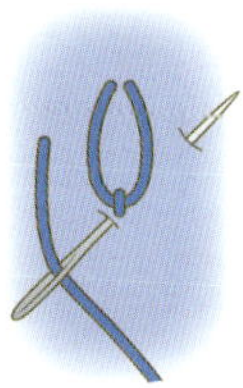

Die Nadel genau unterhalb und etwas links der Schlingenmitte einstechen und wieder schräg nach oben, rechts der Schlinge auftauchen lassen.

SCHRITT 4

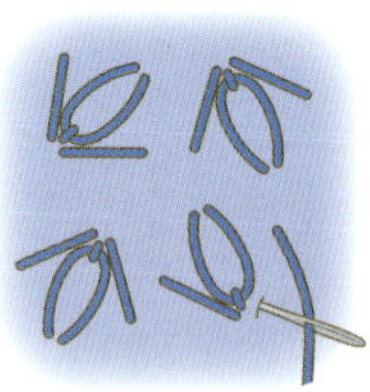

Den Faden wieder unterhalb und etwas rechts der Schlingenmitte in den Stoff führen und befestigen. Werden mehrere Stiche in geringen Abständen verstreut gesetzt, wird dieser letzte Stich als Quiltstich bis zur Rückseite hindurchgestochen. Dafür einen kleinen Quiltstich durch alle Lagen machen, dann die Nadelspitze durch das Vlies zum Platz des nächsten „Tête" stechen.

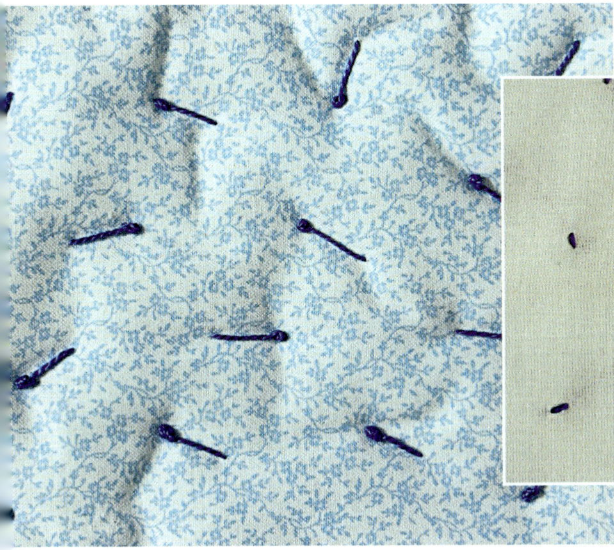

RÜCKSEITE

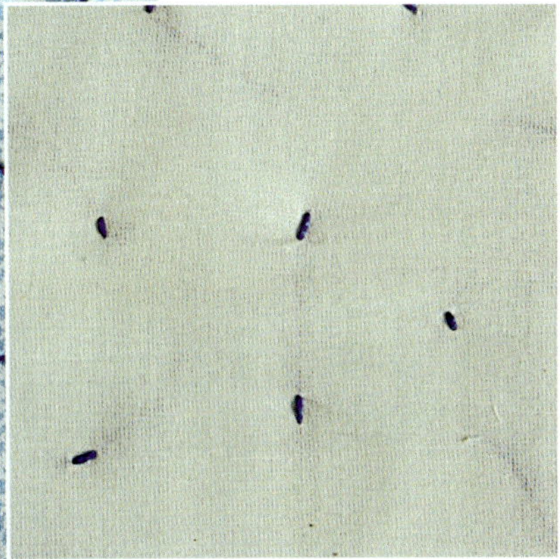

Pistillstich

Der Pistillstich ist ein sehr schmaler und zarter Füllstich. Er besteht aus einem langen Riegel mit einem Französischen Knötchen am Ende.

SCHRITT 1

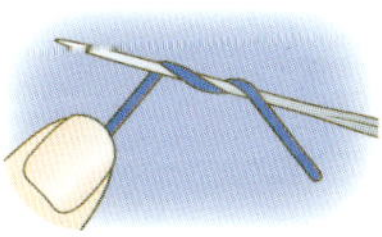

Den Faden zur Quiltoberfläche bringen. Den Faden mit der nicht nähenden Hand fest fassen und die Nadel ein wenig vom Stoff weg halten. Den Faden um die Nadelspitze wickeln, zuerst nach rechts, unter der Nadel hindurch und dann nach links. Dies mindestens zweimal machen, jedoch öfter, wenn der Knoten größer werden soll.

SCHRITT 2

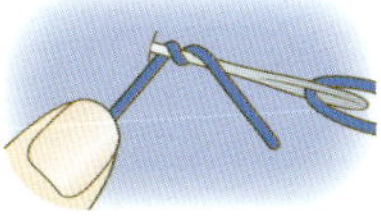

Faden weiter straff halten. Nadelspitze durch alle Lagen in den Stoff stechen. Den gewickelten Faden an der Nadel entlang nach unten bis zur Stoffoberfläche schieben.

SCHRITT 3

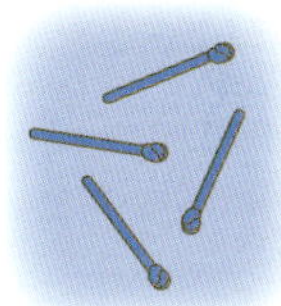

Die Fäden mit dem Daumen der nicht nähenden Hand festhalten und gleichzeitig die Nadel durch alle Stofflagen ziehen. Werden mehrere Pistillstiche verstreut und dicht zueinander gesetzt, wird der letzte Stich als Quiltstich bis zur Rückseite hindurchgestochen. Dafür einen kleinen Quiltstich durch alle Lagen machen, dann die Nadelspitze durch das Vlies zum Platz des nächsten Stichs führen.

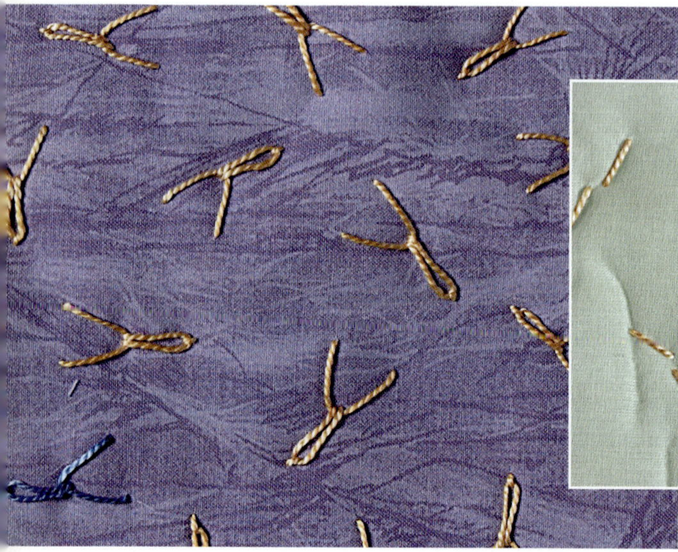

RÜCKSEITE

Einzelner Ährenstich

Dieser Stich wird aus zwei miteinander verbundenen Schlaufen gebildet. Er wirkt dekorativ und interessant, wenn er wie zufällig über eine Fläche verstreut wird.

SCHRITT 1

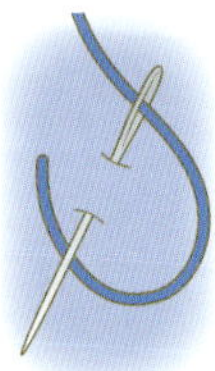

Den Faden nach vorn und unten legen. Die Nadel rechts des Startpunkts und auf gleicher Höhe einstechen. Einen Quiltstich schräg nach links unten durch alle Lagen arbeiten und die Nadel in der bereitliegenden Schlinge auftauchen lassen, in der Mitte der beiden „Arme" des Stichs.

SCHRITT 2

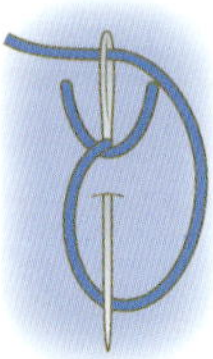

Den Faden nach unten und im Bogen nach rechts legen. Die Nadel in den vorhergehenden V-förmigen Stich führen, nahe der dortigen Ausstichstelle. Einen senkrechten Stich nach unten machen und die Nadelspitze in der bereitliegenden Schlinge auftauchen lassen.

SCHRITT 3

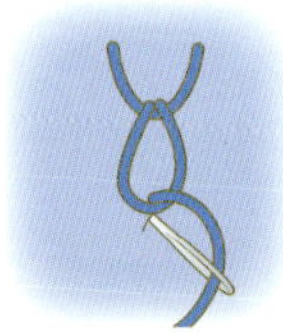

Die Schlinge durch einen kurzen Quiltstich außerhalb befestigen. Werden mehrere Ährenstiche verstreut gesetzt, einen kleinen Quiltstich durch alle Lagen machen, dann die Nadelspitze durch das Vlies zum Platz der nächsten Ähre stechen.

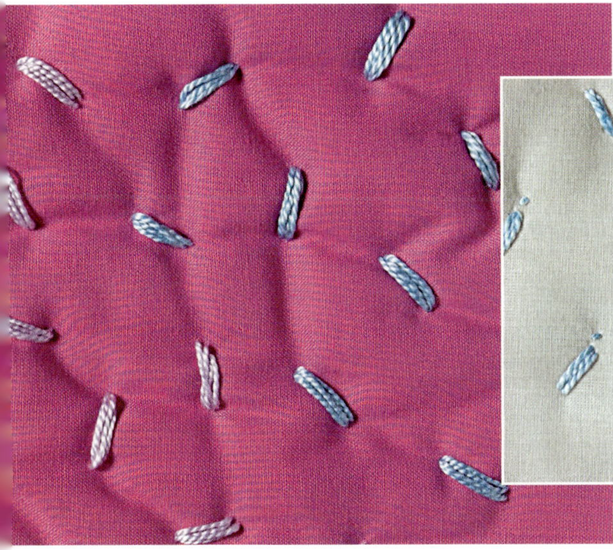

RÜCKSEITE

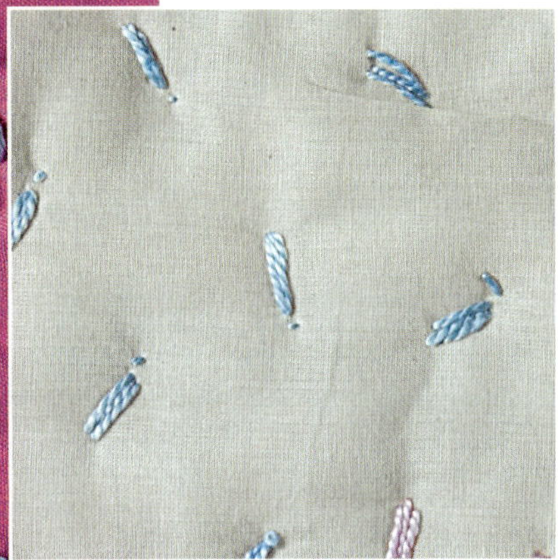

Granitstich

Jeder Granitstich wird nur durch zwei Löcher im Stoff gearbeitet, wodurch die Stiche sehr plastisch wirken.

SCHRITT 1

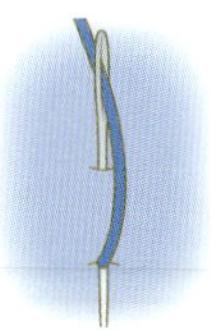

Die Nadel oberhalb des Startpunkts einstechen und einen senkrechten Stich nach unten zu sich her arbeiten. Die Nadel im gleichen Stichloch wie der Startpunkt auftauchen lassen. Faden durchziehen

SCHRITT 2

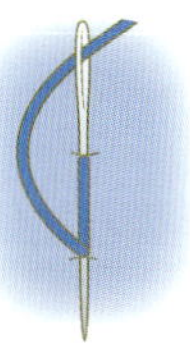

Den Faden nach links legen und einen zweiten Quiltstich senkrecht nach unten zu sich her machen. Wieder die gleichen Stichlöcher wie zuvor benutzen.

SCHRITT 3

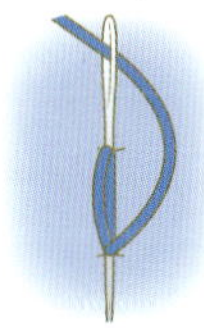

Den Faden nach rechts legen und einen dritten senkrechten Quiltstich arbeiten, dabei wieder die gleichen Stichlöcher benutzen. Der Faden soll direkt neben den beiden ersten Stichen liegen.

SCHRITT 4

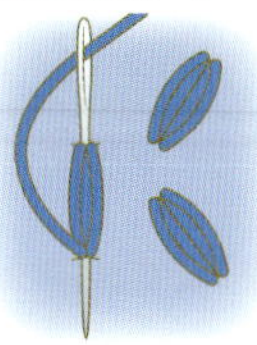

Einen vierten Stich links der drei vorangegangenen Stiche setzen. Werden mehrere Granitkörnchen verstreut gestickt, einen Quiltstich durch alle Lagen machen, dann die Nadelspitze durch das Vlies zum Platz des nächsten Knötchens stechen.

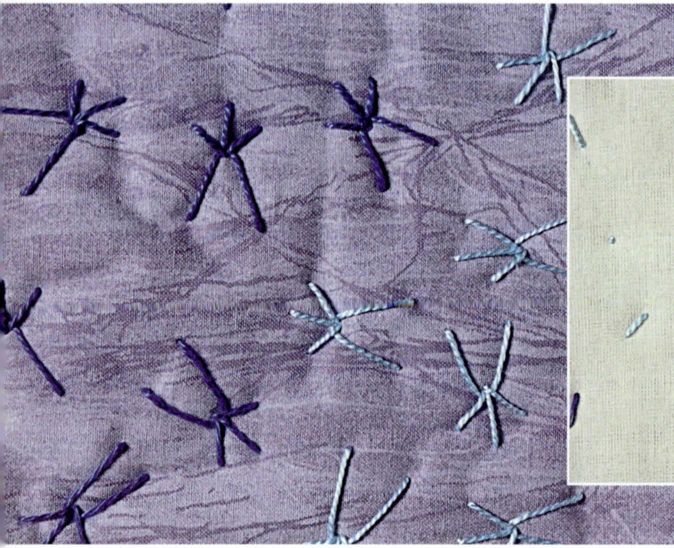

RÜCKSEITE

Gipfelstich

Wenn der Gipfelstich zufällig verstreut gearbeitet wird, ist es gleichgültig, in welche Richtung er weist – die Abbildungen zeigen die einfachste Technik.

SCHRITT 1

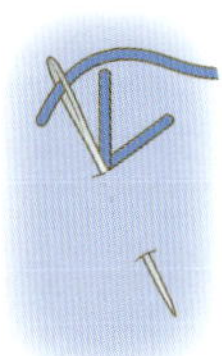

Den Faden zur Quiltoberseite bringen und einen einzelnen Farnkrautstich (s. Seite 103) durch alle Lagen sticken. Die seitlichen Zweige des Farnkrauts müssen etwas kürzer sein als der mittlere. Den Farnkrautstich mit einem Stich in die Ausstichstellen der vorherigen Stiche beenden und die Nadel schräg rechts unterhalb des Farnkrauts wieder zur Oberfläche führen.

SCHRITT 2

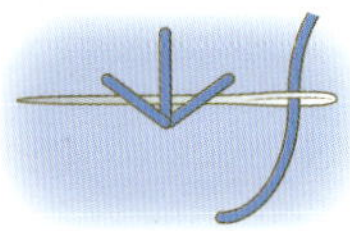

Die Nadel hinter allen drei Stichen hindurchschieben, ohne das Gewebe zu fassen. Dann links unterhalb des Bündels in den Stoff stechen, auf gleicher Höhe wie der Stich rechts. Hier mit einem Quiltstich den Faden befestigen.

SCHRITT 3

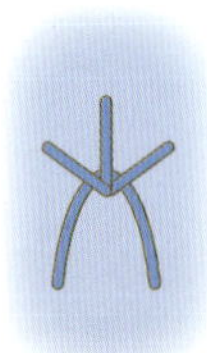

Werden mehrere Stiche verstreut und in geringem Abstand zueinander gesetzt, wird dieser letzte Stich als Quiltstich bis zur Rückseite hindurchgestochen. Dafür einen kleinen Quiltstich durch alle Lagen machen, dann die Nadelspitze durch das Vlies zum Platz des nächsten Stichs führen.

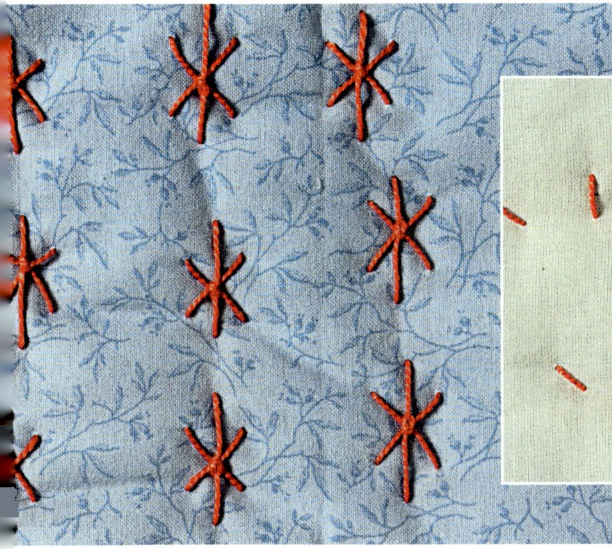

RÜCKSEITE

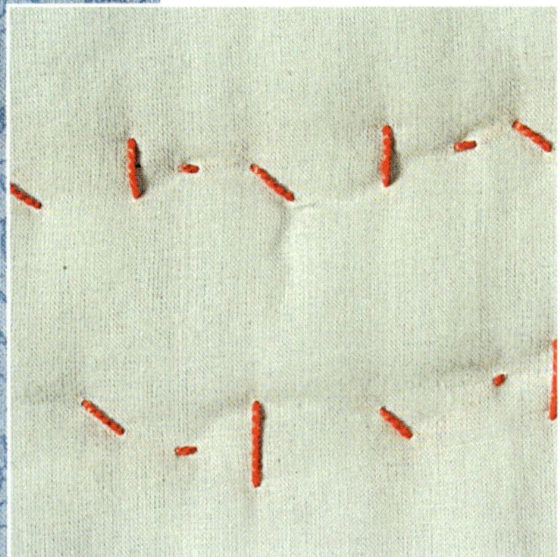

Gedrehter Kreuzstich

Der gedrehte Kreuzstich ist ein breiter Stich, der wie ein Stern aussieht. Eine Fadenschlaufe wird um die Mitte geschlungen und hebt den Stich plastisch hervor.

SCHRITT 1

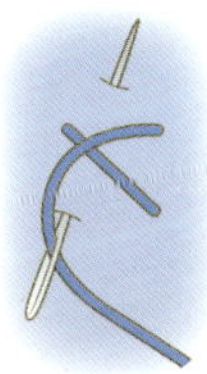

Einen einzelnen Kreuzstich durch alle Lagen arbeiten (s. Seite 121). Am Ende die Nadel nach oben stechen und in der Mitte über dem Kreuzstich wieder auftauchen.

SCHRITT 2

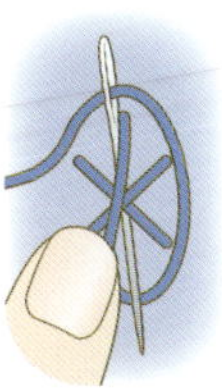

Den Faden über das Zentrum des Kreuzstichs nach unten legen und mit dem Daumen der nicht nähenden Hand festhalten. Die Nadel links dieses Fadens hinter den Armen des Kreuzstichs hindurchschieben (ohne das Gewebe zu fassen) und rechts des liegenden Fadens herauskommen. Der liegende Faden soll sich von selbst von links nach rechts um die Nadelspitze legen.

SCHRITT 3

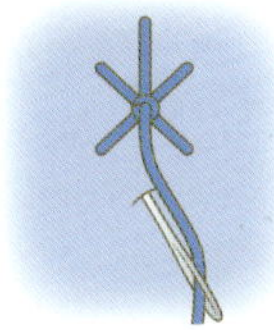

Das fertige Kreuz mit einem Quiltstich mittig unter (und tiefer als) den unteren Armen des Basiskreuzstichs befestigen.

SCHRITT 4

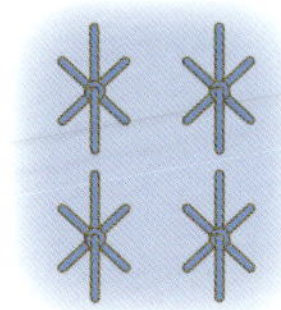

Werden mehrere Sternchen verstreut gestickt, diesen letzten Stich als Quiltstich durch alle Lagen machen, dann die Nadelspitze durch das Vlies zum Platz des nächsten Kreuzstichs führen.

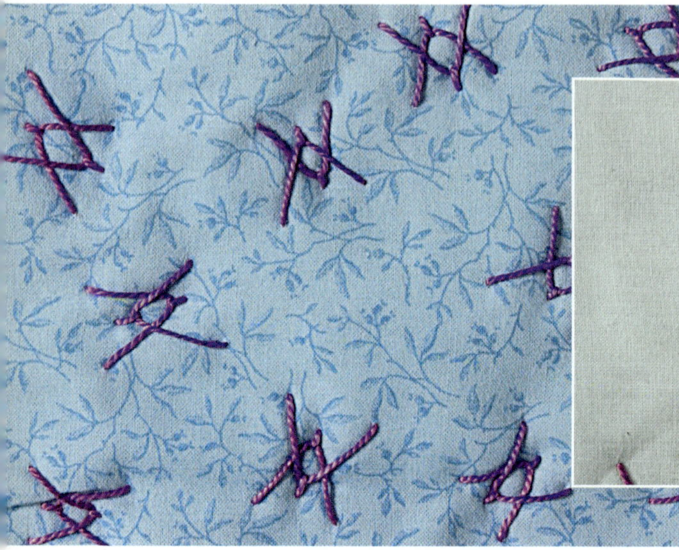

RÜCKSEITE

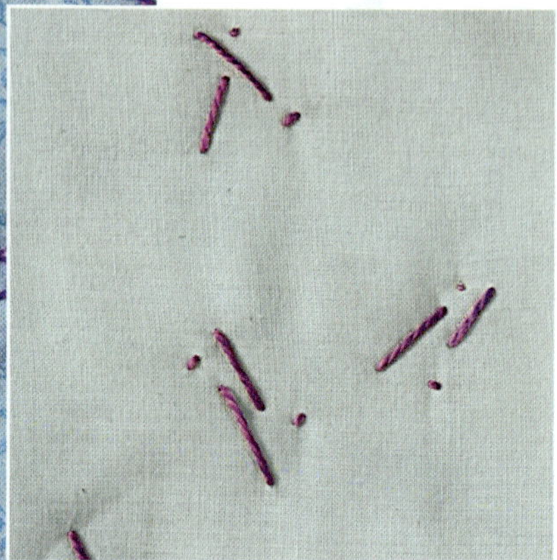

TIPP

Achten Sie darauf, dass die beiden Fliegenstiche gleich lang und gleich breit sind.

Umgedrehte Fliege

Diese faszinierende Kombination von zwei Fliegenstichen ist einfach zu arbeiten. Sie nähen zuerst einen Fliegenstich und darauf kopfüber einen zweiten.

SCHRITT 1

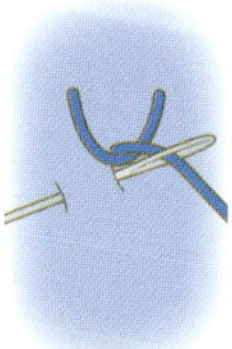

Einen einzelnen Fliegenstich durch alle Lagen arbeiten (s. Seite 99). Nach dem kleinen Befestigungsstich am Ende dieses ersten Fliegenstichs die Nadel unten links, etwas tiefer als der erste Fliegenstich, zur Oberseite bringen.

SCHRITT 2

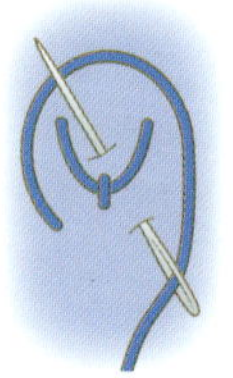

Den Faden nach vorn und nach rechts legen. Die Nadel links des Fliegenstichs einstechen, schräg nach oben innen führen und in der Mitte innerhalb des ersten Fliegenstichs und in der bereitgelegten Schlinge auftauchen lassen.

SCHRITT 3

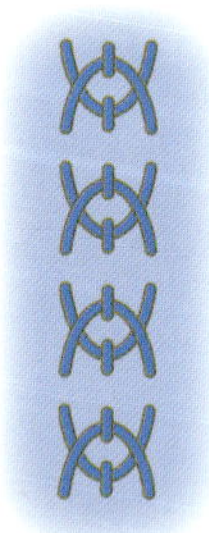

Werden mehrere Stiche verstreut gearbeitet, den letzten Stich als Quiltstich durch alle Lagen machen, dann die Nadelspitze durch das Vlies zum Platz des nächsten Knötchens stechen.

RÜCKSEITE

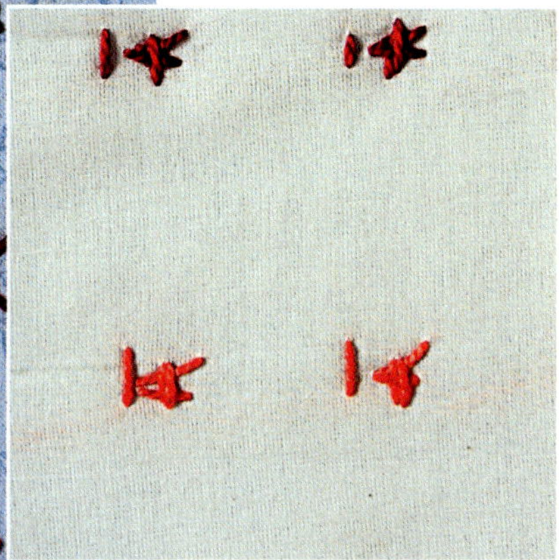

TIPP

Wenn Sie in Reihen arbeiten, können Sie durch zufällig angeordnete, unterschiedliche Winkel etwas Bewegung in die Stiche bringen.

Quadratische Radnabe

Der Nabenstich ist etwas strenger als viele andere Füllstiche. Vielleicht möchten Sie die geometrische Form benutzen und die Stiche in Reihen anordnen.

SCHRITT 1

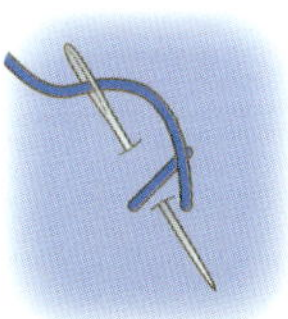

Einen einzelnen Kreuzstich durch alle Lagen arbeiten (s. Seite 122). Die Nadel an der Unterkante des Kreuzstichs und etwas höher als die beiden unteren Arme des Stichs zur Oberfläche bringen.

SCHRITT 2

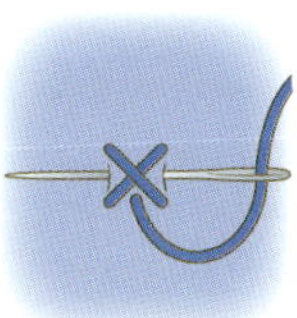

Die Nadel rechts des Stichs und zwischen den beiden rechten Armen einstechen und links, zwischen den beiden linken Armen, ausstechen.

SCHRITT 3

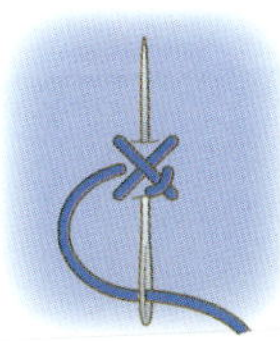

Die Nadel wieder an der Unterkante einstechen und senkrecht nach oben führen, um zwischen den beiden oberen Armen auszustechen. Danach einen Stich von rechts nach links machen und am Schluss wieder in die Oberkante stechen, um den Stich zu vollenden und zu befestigen. Werden mehrere Nabenstiche in geringem Abstand zueinander gesetzt, wird dieser letzte Stich als Quiltstich bis zur Rückseite hindurchgestochen. Dafür einen kleinen Quiltstich durch alle Lagen machen, dann die Nadelspitze durch das Vlies zum Platz des nächsten Nabenstichs stechen.

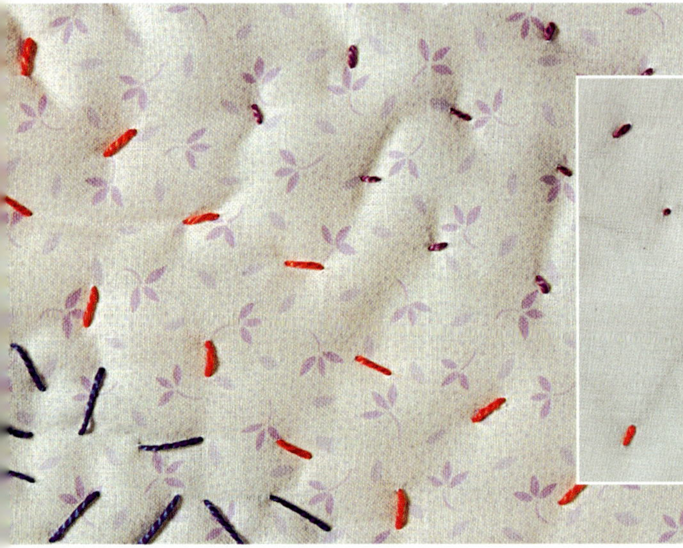

RÜCKSEITE

TIPPS

- Streuen Sie die Stiche breit oder arbeiten Sie sie in kleinen Abständen für eine kompaktere Wirkung.
- Quilten Sie die Stiche alle gleichmäßig lang oder wechseln Sie auch hier die Größen für einen interessanten Effekt.

Reiskornstich

Er ist auch als Quiltstich gebräuchlich, da er schnell zu nähen und sehr vielseitig ist. Sticken Sie ihn in beliebiger Länge.

SCHRITT 1

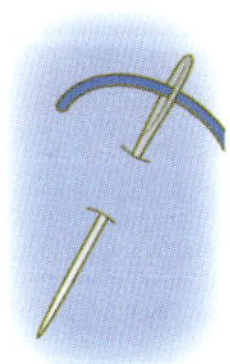

Einen Quiltstich durch alle Lagen machen, in beliebiger Ausrichtung und Länge. Der Abstand zwischen Ausstichpunkt und Einstichstelle bestimmt die Länge des Körnerstichs.

SCHRITT 2

Einen zweiten Quiltstich in einem anderen Winkel zum ersten arbeiten. Reiskornstiche sollen unregelmäßig verstreut wirken. Sobald die Stiche beginnen, gleichmäßig auszusehen, die Arbeit drehen.

SCHRITT 3

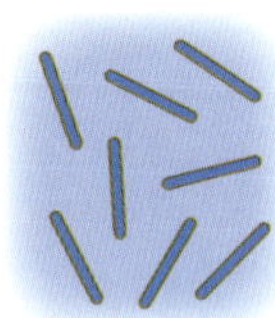

Werden viele Reiskornstiche verstreut und in kurzen Abständen zueinander gesetzt, wird dieser letzte Stich als Quiltstich bis zur Rückseite hindurchgestochen. Dafür einen kleinen Quiltstich durch alle Lagen machen, dann die Nadelspitze durch das Vlies zum Platz des nächsten Körnerstichs stechen. Dies bedeutet, dass auch auf der Quiltrückseite kleine Reiskornstiche zu sehen sind.

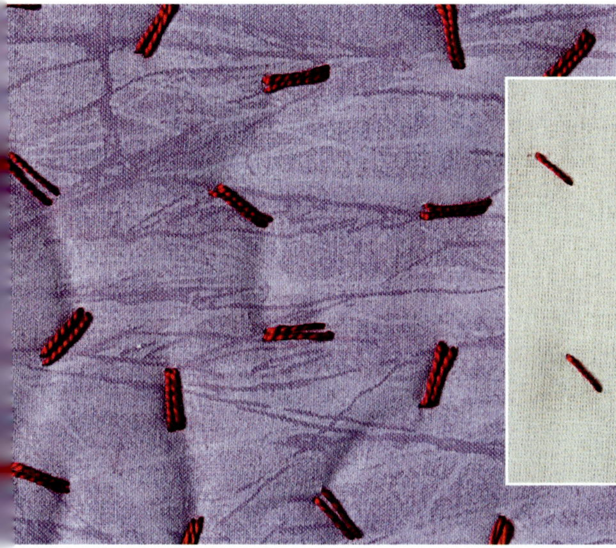

RÜCKSEITE

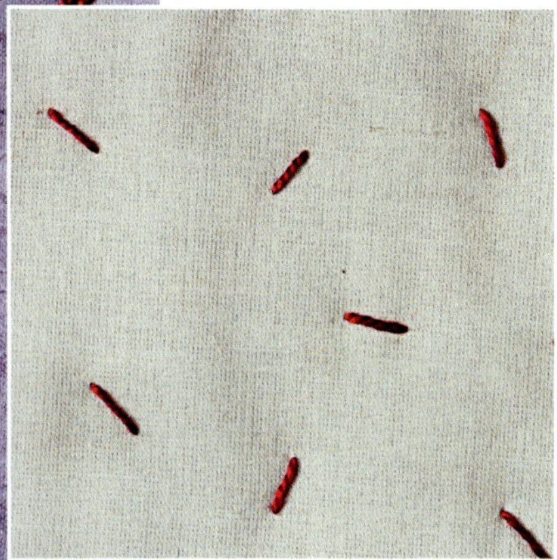

Doppelt

Diese Doppelstiche können in jeglicher Länge gearbeitet werden, breit gestreut oder dichter zusammen und in verschiedener Größe.

SCHRITT 1

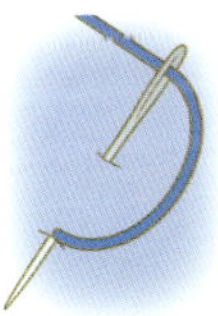

Einen Quiltstich durch alle Lagen machen, in beliebiger Ausrichtung und Länge. Der Abstand zwischen Ausstichpunkt und Einstichstelle bestimmt die Länge des Körnerstichs.

SCHRITT 2

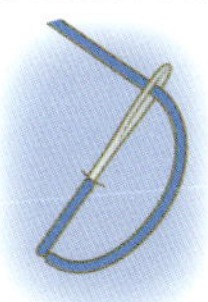

Einen zweiten Quiltstich entlang des ersten machen. Die beiden Fäden sollen eng beieinander liegen.

SCHRITT 3

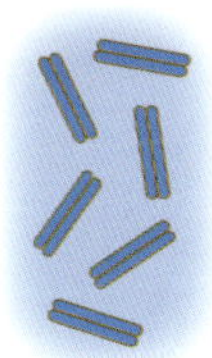

Ein zweites Stichpaar in einem anderen Winkel zum ersten setzen. So weiter arbeiten und die Stichpaare unregelmäßig verstreut anordnen. Die Arbeit immer wieder drehen, um Gleichförmigkeit zu vermeiden.

SCHRITT 4

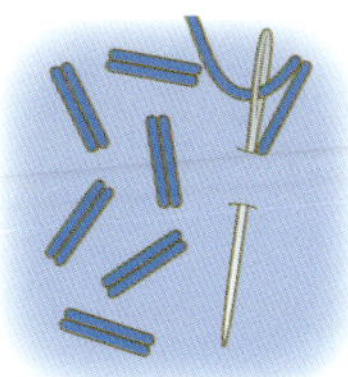

Werden viele doppelte Reiskornstiche verstreut und in kurzen Abständen zueinander gesetzt, wird dieser letzte Stich als Quiltstich bis zur Rückseite hindurchgestochen. Dafür einen kleinen Quiltstich durch alle Lagen machen, dann die Nadelspitze durch das Vlies zum Platz des nächsten Körnerstichs stechen. Dies bedeutet, dass auf der Quiltrückseite kleine Reiskornstiche zu sehen sind.

Handgenähte Oberflächen-verzierung

Die hier gezeigten Techniken des Verzierens sind für zusätzlichen Schmuck auf Ihrem Quilt gedacht. Sie eignen sich für dekorative Quiltprojekte (z.B. Wandquilts) und wann immer eine besondere Oberflächengestaltung gewünscht ist.

Beachten Sie, dass Sie keine Gegenstände auf Quilts nähen dürfen, die für Babys und Kleinkinder gedacht sind.

Knöpfe, Andenken und Perlen

Es gibt vielerlei Knöpfe, Kleinigkeiten und Perlen zu kaufen, die, auf einen Quilt genäht, wirklich Spaß und Vergnügen machen. Verteilen Sie die Kleinigkeiten einzeln oder fassen Sie sie in Grüppchen zusammen.

KNÖPFE UND ANDENKEN

SCHRITT 1

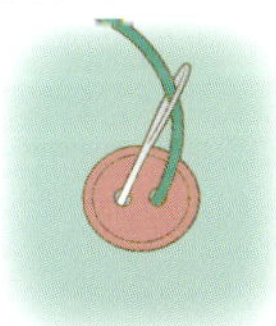

Den Faden zur Quiltoberfläche bringen, dabei die Nadel durch den Knopf oder das Andenken führen. Nun entweder die Nadel wieder in den Stoff zurückstechen oder durch ein zweites Loch des Gegenstands führen oder den Faden über die Kante des Gegenstands hinweg wieder in den Stoff lenken. Dekorativer Faden kann durch die Löcher gezogen und auf der Oberfläche verknotet werden. So erhält die Arbeit einen zusätzlichen Schmuck.

TIPPS

- Die Garne, mit denen Knöpfe und kleine Andenken angenäht werden, sollten durch alle Lagen eines Quilts gezogen werden, damit sie gut befestigt sind.
- Achten Sie auf die Rückseite der Arbeit. Der auf der Rückseite sichtbare Stich sollte klein und ordentlich aussehen.

SCHRITT 2

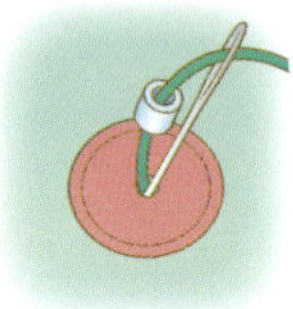

Eine andere Befestigungsmöglichkeit ist, den Faden durch eine Perle zu ziehen, bevor durch dasselbe Loch zurückgestochen wird. Die Perle befestigt den Faden auf der Oberfläche des Knopfs oder des kleinen Gegenstands.

SCHRITT 3

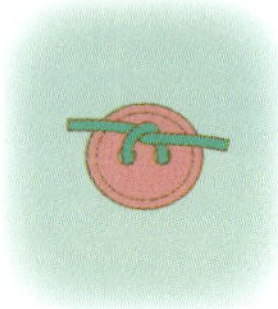

Einen Stich durch alle Lagen des Quilts arbeiten, um den Gegenstand zu befestigen. Den Stich mit einem Quiltstich beenden oder den Faden verknoten und als dekoratives Element auf der Quiltoberseite stehen lassen. Schmuckgarne oder Metallicgarne eignen sich in diesem Fall besonders gut.

PERLEN

SCHRITT 1

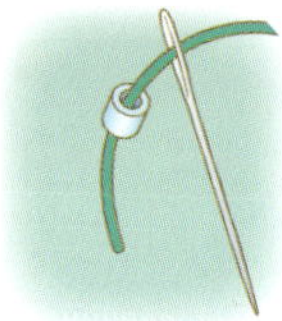

Eine Nadel wählen, die durch das Loch der Perle passt. Den Faden zur Quiltoberseite bringen. Die Nadel durch das Loch der Perle führen.

SCHRITT 2

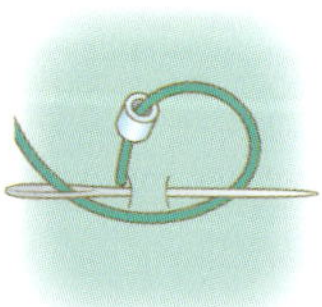

Die Nadel nahe des Startpunkts wieder in den Stoff stechen. Einen kleinen Quiltstich durch alle Lagen nach vorn machen, doch bevor der Faden nachgezogen wird, den Faden zur Schlaufe formen und unter die Nadelspitze legen. Den Faden anziehen und dann erst die Nadel durch den Stoff ziehen. Mit einem Quiltstich befestigen. Die Nadel durch das Vlies zum Platz der nächsten Perle stechen, dabei immer auf eine schöne Quiltrückseite achten.

Pailletten

Pailletten sind in allen Formen, Größen und Farben erhältlich. Sie können einzeln ein schöner Blickfang sein oder in Gruppen schimmern und funkeln.

SCHRITT 1

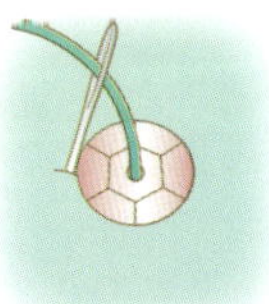

Den Faden zur Quiltoberfläche bringen. Die Nadel durch das Loch der Paillette führen. Den Faden über die Kante der Paillette legen und die Nadel wieder in den Stoff stechen.

SCHRITT 2

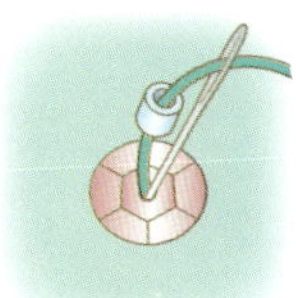

Eine alternative Befestigungstechnik ist, den Faden zuerst durch eine Perle zu ziehen, bevor in das Loch der Paillette zurückgestochen wird – die Perle hält den Faden auf der Paillette.

SCHRITT 3

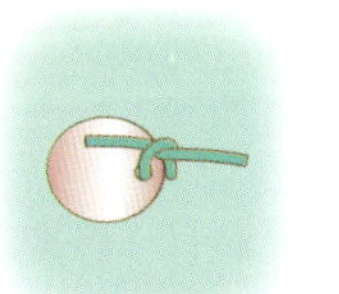

Einen Stich durch alle Lagen machen, um die Paillette zu befestigen. Mit einem Quiltstich enden oder die Fadenenden verknoten und als dekoratives Element auf der Oberfläche der Arbeit stehen lassen. Schmuckgarne oder Metallicgarne eignen sich in diesem Fall besonders gut.

Shisha-Spiegelchen

Das Wort „Shisha“ bedeutet „kleiner Spiegel“. Shisha-Stickerei ist eine traditionelle indische Technik, die auf Kleidung und Heimtextilien angewendet wird und bei der kleine Spiegelchen aufgesetzt und festgenäht werden. Diese kleinen Spiegel verleihen Ihren Quilts ein entzückendes Funkeln. Traditionell bestehen Shishas aus echtem Spiegelglas, doch können Sie nach Belieben auch eine große Paillette verwenden. Unregelmäßige Kanten eines Shishas sind ohne Bedeutung, denn sie werden durch Stickstiche bedeckt.

Als Erstes wird der Spiegel mit einem Basisgitter aus Spannstichen befestigt. Der Faden muss bei diesem Arbeitsschritt immer sehr fest gespannt sein. Halten Sie die Stiche in beiden Richtungen parallel und so dicht auf dem Spiegel wie nur möglich (später, sobald die Schmuckstiche auf das Basisgitter gestickt werden, zieht man die Fäden der Spannstiche nach außen zum Rand hin). Wenn die Stiche des Basisgitters zu locker oder zu nahe der Kante sind, rutschen die Fäden ab und können den Spiegel nicht halten.

Nun wird der Spiegel mit zusätzlichen Stickstichen umnäht und verziert. Diese Stiche können sehr dicht gearbeitet werden und dadurch kompakt wirken. Oder sie werden etwas weiter auseinandergesetzt und sehen wie zarte Rankgitter aus, durch die der Spiegel bruchstückhaft hindurchblitzt.

GESCHLOSSENES SHISHA

SCHRITT 1

Den Spiegel mit dem Daumen der nicht nähenden Hand auf der Stoffoberfläche festhalten (oder Textilkleber oder zweiseitig haftendes Klebeband verwenden). Den Faden an der Kante des Spiegels zur Quiltoberseite bringen. Zwei waagerechte und zwei senkrechte Spannstiche über den Spiegel ziehen, so nahe der Mitte wie möglich. An der gegenüberliegenden Kante des Spiegels jeweils einen kleinen Stich machen, und dann wieder zurück zur ersten Spiegelkante stechen.

Die Nadel in den Stoff stechen und an einer anderen Seite des Spiegels zur Oberfläche bringen. Zwei waagerechte und zwei senkrechte Stiche im rechten Winkel zu den ersten Stichen arbeiten. Dafür nach oben und von sich weg arbeitend, die Nadel schräg nach außen hinter jedem der ersten Stiche hindurchschlingen. So ist das Basisgitter komplett.

SCHRITT 2

Nun die Nadel in den Stoff stechen und an einer beliebigen Seite des Spiegels auftauchen lassen. Den Faden nach vorn und im Bogen nach oben legen. Im Uhrzeigersinn Schlingstiche um das Basisgitter arbeiten.

Geschlossenes Shisha

SCHRITT 3

Den Faden nach vorn und nach unten halten. Entlang der Spiegelkante einen Kettenstich arbeiten. Schritte 2 und 3 wiederholen, um den ganzen Spiegel herum. Den letzten Kettenstich mit einem Überfangstich außerhalb des Kettenglieds sichern.

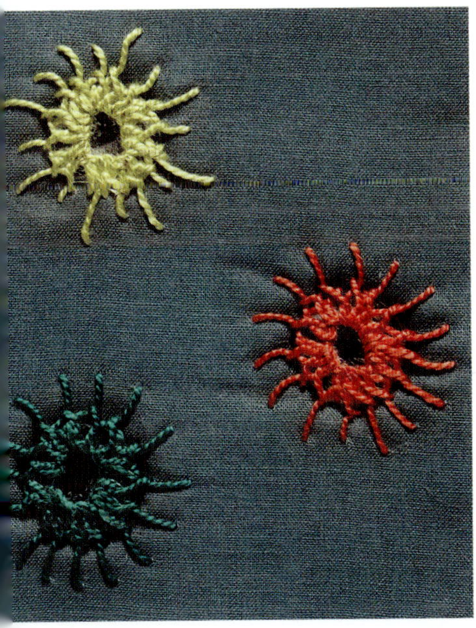

Offenes Shisha

OFFENES SHISHA

SCHRITT 1

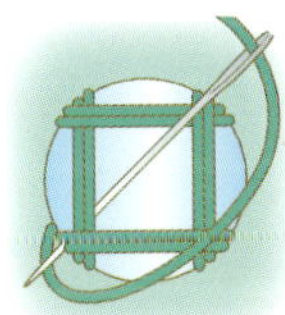

Den Spiegel festhalten. Den Faden an der Spiegelkante zur Oberfläche bringen und doppelte Spannstiche über die Mitte des Spiegels ziehen. Die Nadel in den Stoff stechen, an einer anderen Seite des Spiegels nach oben kommen und eine zweite Gruppe von Doppelspannstichen im rechten Winkel über die ersten arbeiten. Dabei die Nadel über und unter den bestehenden Stichen „hindurchweben". So ist das Basisgitter komplett.

Die Nadel in den Stoff stechen und an beliebiger Stelle an der Spiegelkante wieder auftauchen. Gegen den Uhrzeigersinn arbeiten. Den Faden nach unten und im Bogen nach rechts legen. Einen Schlingstich in das Basisgitter machen und den Faden durchziehen.

> **TIPP**
>
> Die zusätzlichen Stickstiche, die den Spiegel umgeben, basieren auf dem Kettenstich (s. Seite 77) und dem Schlingstich (s. Seite 104).

SCHRITT 2

Den Faden nach unten und nach rechts legen. Einen Schlingstich in den Stoff machen und die Nadelspitze in der bereitgelegten Schlaufe nach oben stechen. Beim Durchziehen den Arbeitsfaden quer über die Mitte des Spiegels halten. So schmiegt sich der Spannstich dicht an die Spiegelkante. So um den Spiegel herum arbeiten und die Schritte 1 und 2 wiederholen. Den letzten Schlingstich mit einem Quiltstich außerhalb befestigen.

Modernes Shisha

MODERNES SHISHA

SCHRITT 1

Den Spiegel festhalten und mit einer Gruppe von drei Spannstichen in ebenmäßigen Abständen befestigen, die über die Mitte des Spiegels führen. Die Nadel in den Stoff stechen und an einer freien Kante des Spiegels wieder auf die Oberfläche kommen. Eine zweite Gruppe von Spannstichen im rechten Winkel zu den ersten nähen. So ist das Basisgitter komplett.

SCHRITT 2

Den Faden nach vorn und nach unten legen. An der Oberkante des Spiegels beginnen und gegen den Uhrzeigersinn nähen. Eine Reihe von Kettenstichen entlang der Spiegelkante sticken. Den letzten Kettenstich mit einem Stich außerhalb des Kettenglieds befestigen.

Kordonieren/„Couching"

Das Wort „couching" kommt von dem französischen Wort „coucher" und bedeutet „etwas flach hinlegen". Manche Garne sind zu dick, zu unregelmäßig oder zu schwach, um zum Quilten benutzt zu werden. Trotzdem können diese Garne zur Verzierung benutzt werden, wenn sie auf die Stoffoberfläche gelegt und mit einem Kordonierstich übernäht werden. Das Kordonieren wird mit einem zweiten Faden (oder mit mehreren) gearbeitet, entweder in derselben Farbe oder in einem starken oder schwachen Farbkontrast. Übernähte Fäden können eine deutlich erhabene Oberfläche bilden und bringen Textur und ein dekoratives Element auf die Quiltarbeit.

KORDONIERTE GARNE

Übernähte einzelne Garnfäden können einer fortlaufenden Quiltlinie folgen oder zum Umrissquilten von Motiven benutzt werden. Sie können um geometrische Formen führen, um Kurven und um Kreise. Der aufgelegte Faden kann dick und noppig sein, aus unterschiedlichen Garnen oder aus mehreren Fasern hergestellt sein, Bändchengarn, Stickgarn und so weiter. Sie haben zwei Möglichkeiten, Anfang und Ende der aufgelegten Fäden zu versäubern. Wenn der Faden durch das Öhr einer Nadel passt, kann er zu Beginn einer Linie zur Stoffoberseite geführt werden und am Ende der Linie nach unten. Vielleicht können Sie sogar an Anfang und Ende einen traditionellen Quiltknoten machen. Hierfür ist eine kräftige Sticknadel mit großem Öhr nützlich.

Wenn dies nicht möglich ist, gibt es andere Techniken. Sie können die offenen Enden des Garns unter einem Bündel von Befestigungsstichen verbergen oder das Ende verknoten und als zusätzliche Verzierung offen auf der Quiltoberfläche liegen lassen. Alternativ dazu können Sie die offenen Enden in einer Naht verschwinden lassen, was aber Planung beim Muster voraussetzt und vielleicht nicht die einfachste Lösung ist.

KORDONIERSTICHE

Die Stiche für das Kordonieren, also für das Festhalten des eigentlichen Schmuckfadens, können einzeln oder in Gruppen, gerade oder schräg gearbeitet werden. Auch dekorative breite Stiche sind geeignet. Lassen Sie Platz zwischen den einzelnen Kordonierstichen, damit der Schmuckfaden sichtbar bleibt.

Vielleicht möchten Sie gleichzeitig kordonieren und quilten. Dafür müssen die Kordonierstiche durch alle Lagen gearbeitet werden. Hierbei sind die etwas breiteren Stiche zu empfehlen.

TIPP

Beim Kordonieren von langen Garnstücken ist es ratsam, das Garn mit quer darüber befestigten Stecknadeln in regelmäßigen Abständen festzuhalten.

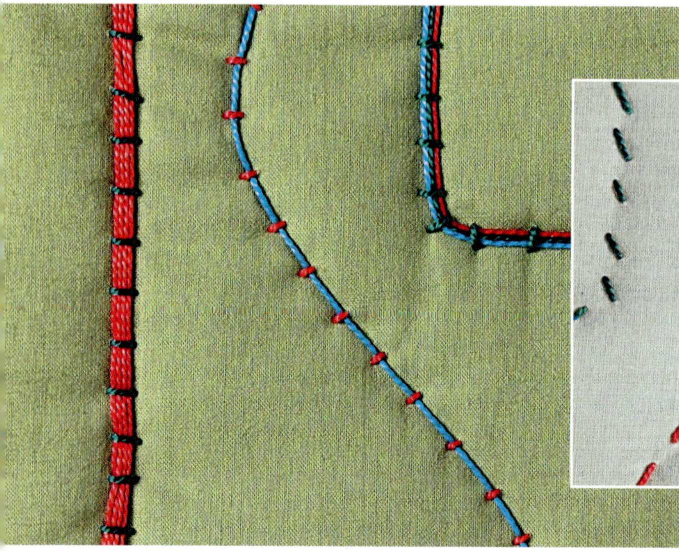

RÜCKSEITE

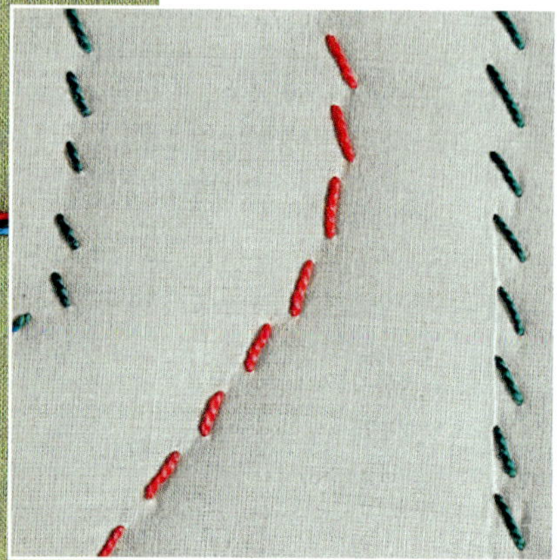

EINZELNE STICHE *Kordonieren mit einzelnen geraden Überfangstichen über einfach und mehrfach gelegte Garne.*

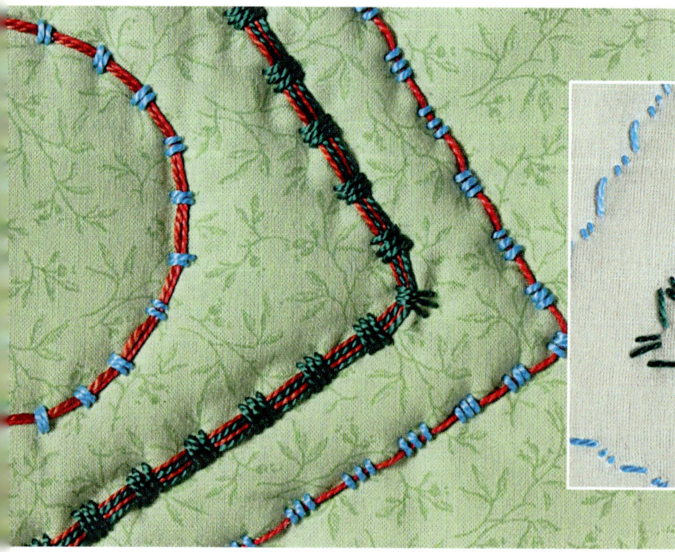

RÜCKSEITE

GEBÜNDELTE STICHE *Kordonieren mit gebündelten Geradstichen über einfach und mehrfach gelegte Garne.*

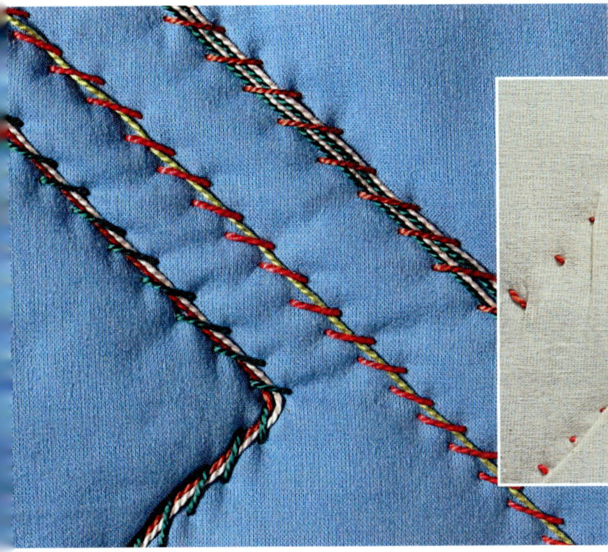

RÜCKSEITE

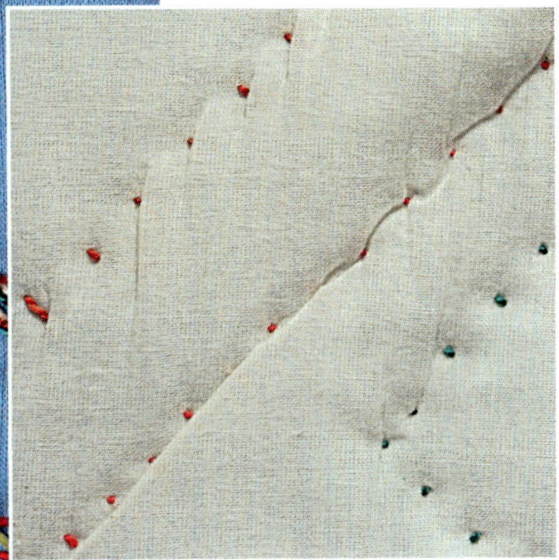

EINZELNE SCHRÄGSTICHE *Kordonieren mit einzelnen schrägen Überfangstichen über einfach und mehrfach gelegte Garne.*

RÜCKSEITE

GEBÜNDELTE STICHE *Kordonieren mit gebündelten schrägen Stichen über einfach und mehrfach gelegte Garne.*

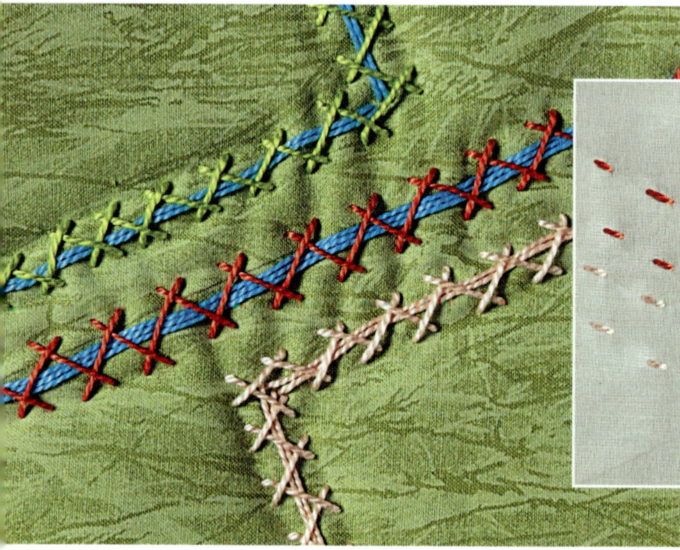

RÜCKSEITE

HEXENSTICH *Kordonieren mit einfachem Hexenstich (s. Seite 114) über mehrfach gelegte Garne.*

RÜCKSEITE

FLIEGENSTICH *Kordonieren mit einfachem Fliegenstich (s. Seite 99) über mehrfach gelegte Garne.*

RÜCKSEITE

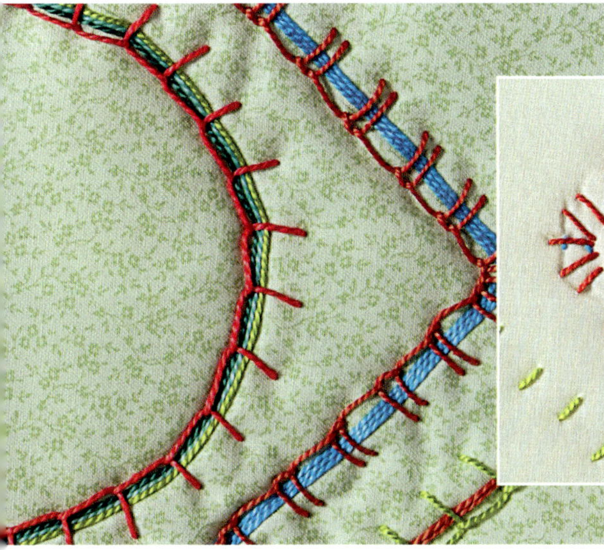

SCHLINGSTICH *Kordonieren mit einfachem oder gebündeltem Schlingstich (s. Seite 104) über mehrfach gelegte Garne.*

RÜCKSEITE

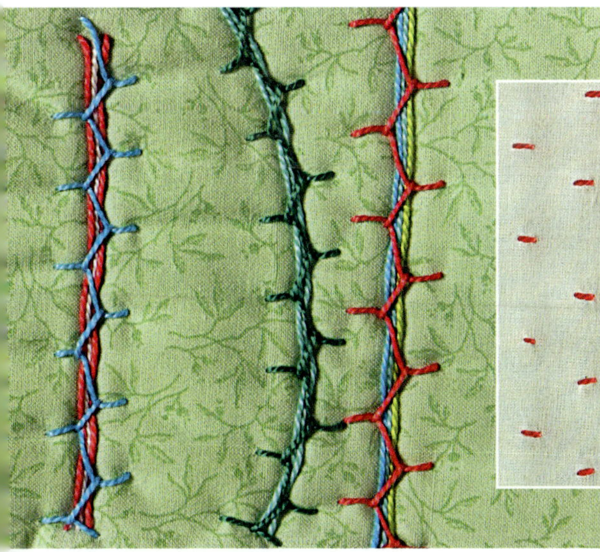

KRETISCHER STICH *Kordonieren mit Kretischem Stich (s. Seite 126) über mehrfach gelegte Garne.*

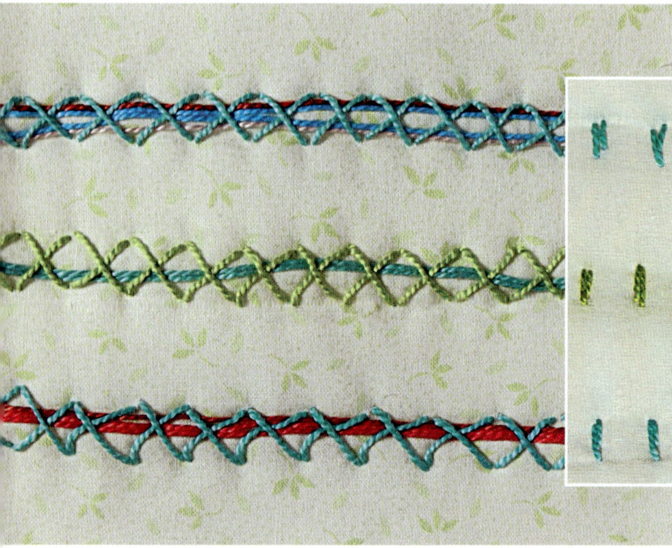

RÜCKSEITE

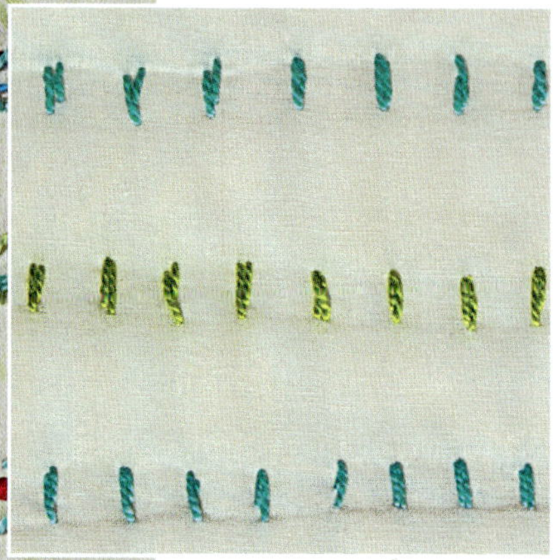

KREUZSTICH *Kordonieren mit einfachem Kreuzstich (s. Seite 122) über mehrfach gelegte Garne.*

RÜCKSEITE

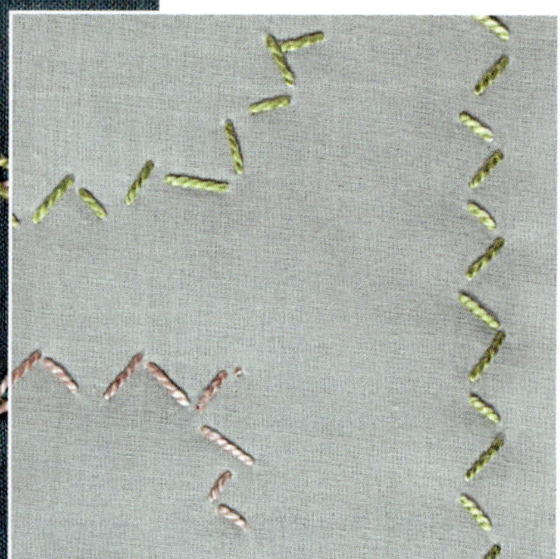

ZICKZACK-KETTENSTICH *Kordonieren mit dem Zickzack-Kettenstich (s. Seite 91) über einfach und mehrfach gelegte Garne.*

RÜCKSEITE

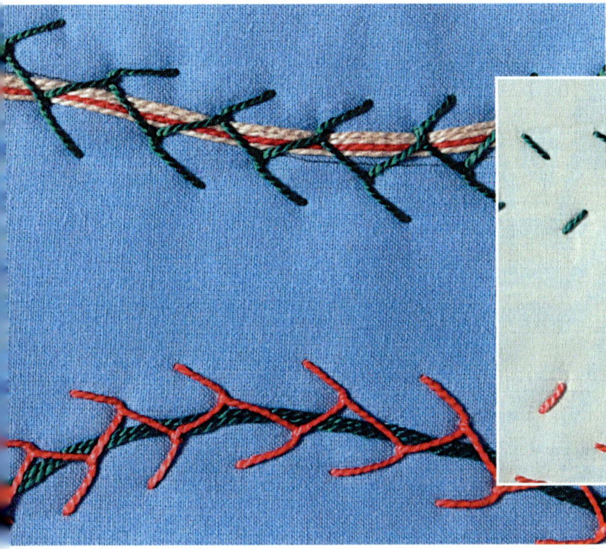

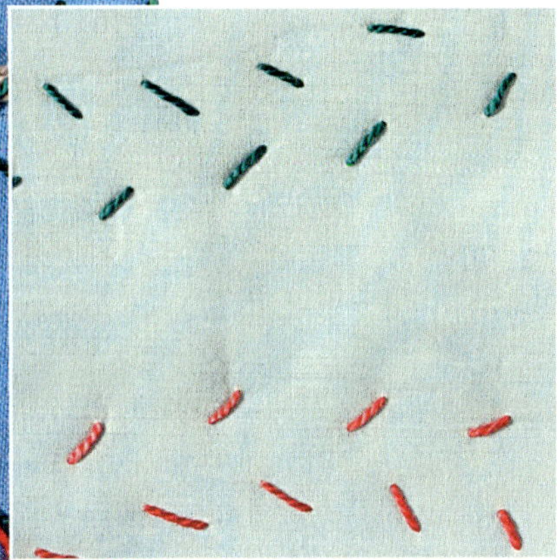

FEDERSTICH *Kordonieren mit einfachem Federstich (s. Seite 95) über mehrfach gelegte Garne.*

RÜCKSEITE

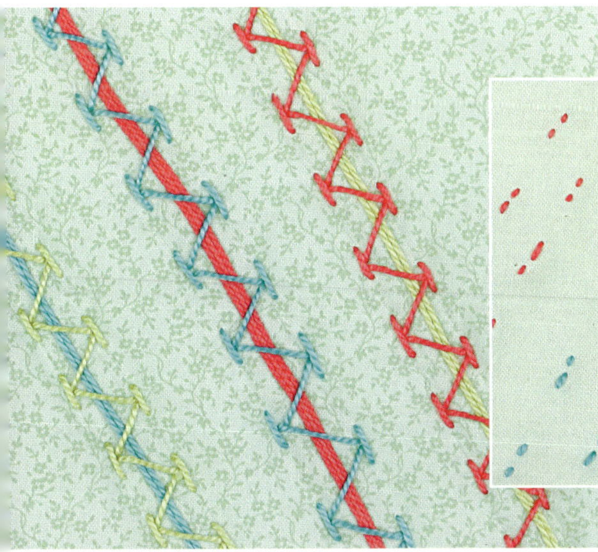

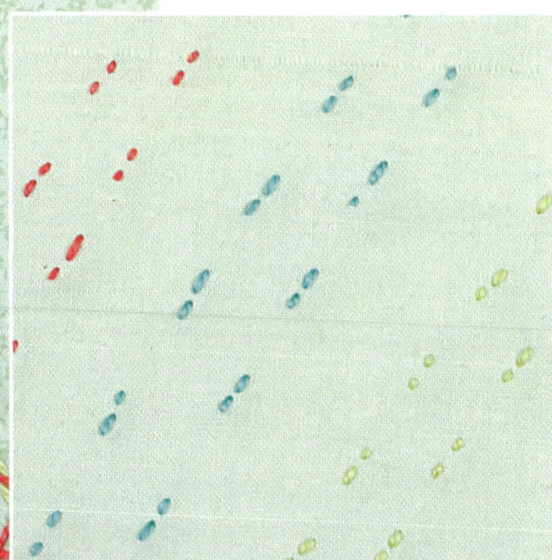

ZACKENSTICH *Kordonieren mit einfachem Zackenstich (s. Seite 132) über mehrfach gelegte Garne.*

RÜCKSEITE

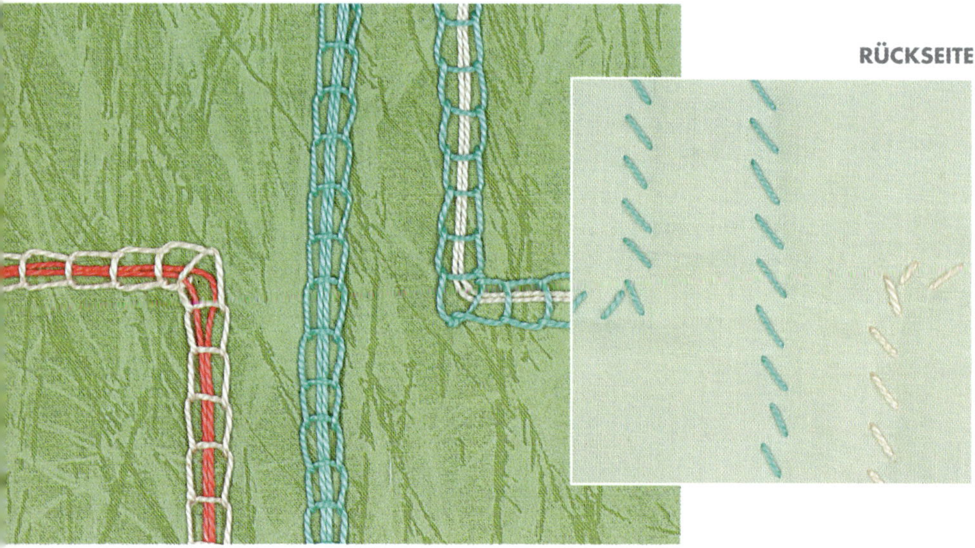

OFFENER KETTENSTICH *Kordonieren mit einfachem offenem Kettenstich/Leiterstich (s. Seite 81) über mehrfach gelegte Garne.*

RÜCKSEITE

VERZIERUNGEN *Kordonieren mit geraden oder schrägen Stichen über Zierfäden, Schmuckgarne, Wolle und Bändchen.*

Handgenähte Kantenverbindungen

Die folgenden Verbindungsstiche sind eine interessante alternative Technik zum Zusammensetzen von einzelnen Blöcken zu einem Quilt. Jeder einzelne Block muss eine versäuberte Kante haben, die dann mit der benachbarten, ebenfalls versäuberten Kante mittels Zierstich zusammengesetzt wird. Verbindungsstiche können sehr eng gearbeitet sein, sodass die Blockkanten dicht aneinanderstoßen, oder locker, was dem Ganzen ein zartes durchbrochenes Aussehen verleiht und für dekorative Projekte geeignet ist.

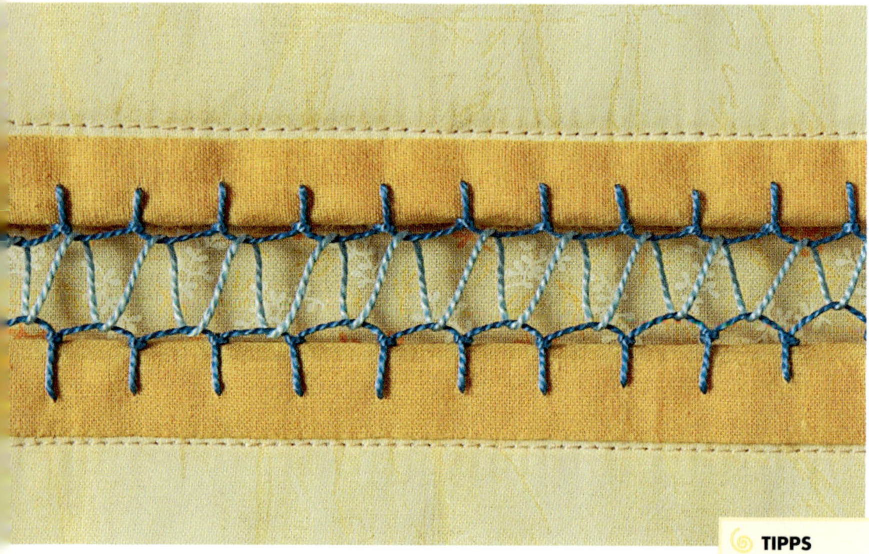

Stäbchenstich

Die durchgezogene Schlingenstichverbindung ist auch als Stäbchenstich bekannt. Zuerst wird an jede Blockkante ein geknoteter Schlingstich gearbeitet und dann ein Faden durch die Schlaufen gezogen.

TIPPS

- Sie können diesen Stich in einer Fadenfarbe oder in verschiedenen Farben arbeiten, um ihn interessanter zu machen.
- Mit einer stumpfen Nadel geht das Durchfädeln schneller.

SCHRITT 1

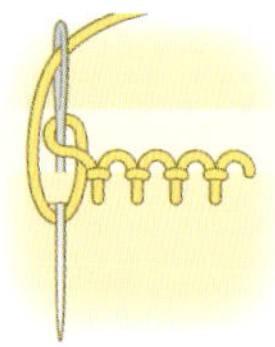

Zuerst eine Reihe von geknoteten Schlingstichen entlang der Quiltkanten nähen, die zusammengefügt werden sollen. Dafür den Faden zur Oberfläche bringen. Den Faden nach vorn und nach unten, dann von links nach rechts hinter die Nadel legen. Diesen gewickelten Faden festhalten und die Nadel in den Stoff stechen. Bevor die Nadel durchgezogen wird, den Faden ein zweites Mal hinter die Nadel legen, diesmal von rechts nach links. So entlang der Quiltkante arbeiten. Eine gleiche Reihe an der anderen Quiltkante nähen.

SCHRITT 2

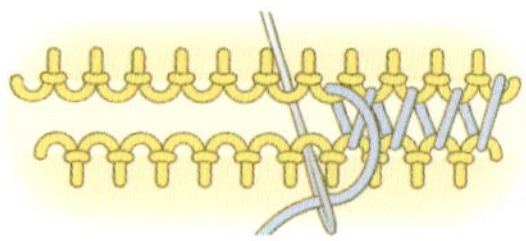

Einem zweiten Faden durch die Schlaufen der Kantenstiche fädeln. Dafür die Nadel durch die Stiche ein- und ausstechen, ohne den Stoff zu berühren. Das Fadenende sorgfältig vernähen.

Offener Kretischer Stich

Dieser Stich ist ein einfacher und attraktiver Verbindungsstich. Er ist auch als Stäbchen- oder Hexen-Verbindungsstich bekannt.

TIPPS

- Üben Sie zuerst den einfachen, offenen kretischen Stich (s. Seite 126) und Sie werden sehen, wie gut er für das Zusammensetzen von zwei Stoffkanten geeignet ist.
- Die Wickelung des Fadens hängt davon ab, wie der Faden gelegt wird, bevor die Nadel durch den Stoff gezogen wird.

SCHRITT 1

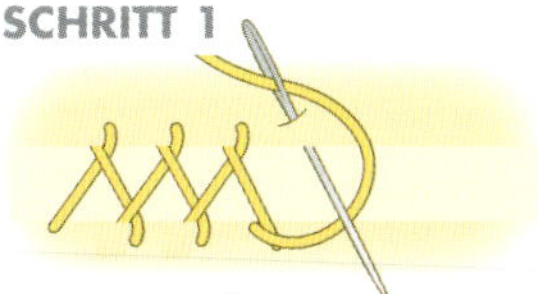

Um zwei Stoffkanten zu verbinden, zuerst den Faden zur Oberfläche bringen. Den Faden nach vorn und nach oben zur Nahtlinie legen. Einen kleinen, senkrechten Stich nach unten durch die obere Stoffkante machen und die Nadelspitze in der bereitliegenden Schlinge auftauchen lassen.

SCHRITT 2

Den Faden nach vorn und nach unten zur Nahtlinie legen. Einen kleinen, senkrechten Stich nach oben in die untere Stoffkante machen und die Nadelspitze in der bereitliegenden Schlinge auftauchen lassen. So entlang der gesamten Naht arbeiten.

> **TIPP**
>
> Die Dicke des Knotens hängt davon ab, wie der Faden vor und nach dem Stich gelegt und aufgegriffen wird.

Geknoteter Stich

Der Verbindungsstich mit Knoten ist auch als geknoteter Stäbchenstich bekannt. Er formt eine attraktive Verbindung mit hübschen Knoten.

SCHRITT 1

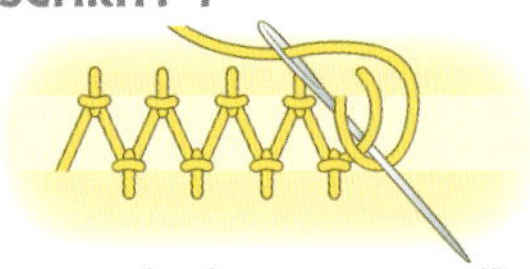

Zum Verbinden von zwei Stoffkanten den Faden an der unteren Kante zur Oberfläche bringen. Den Faden nach vorn und nach oben zur Naht legen. Einen senkrechten Stich nach unten durch die obere Stoffkante machen und die Nadelspitze in der bereitliegenden Schlinge auftauchen lassen. Den Faden wieder nach vorn legen und, hinter den Fäden des Stiches hindurch, in die bereitliegende Fadenschlaufe stechen. So wird der Knoten gebildet. Dabei keine Gewebefäden fassen.

SCHRITT 2

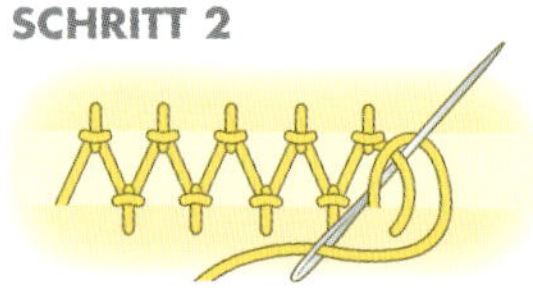

Den Faden in Nährichtung nach vorn und nach unten legen. Einen senkrechten Stich nach oben in die Unterkante des oberen Stoffstücks machen, dabei in der bereitliegenden Schlinge auftauchen. Den Faden noch einmal nach vorn und nach unten legen. Die Nadel hinter den Fäden des Stichs hindurchschieben, ohne das Gewebe zu fassen, und wieder in der bereitgelegten Schlinge auftauchen. Entlang der Nahtlinie nähen.

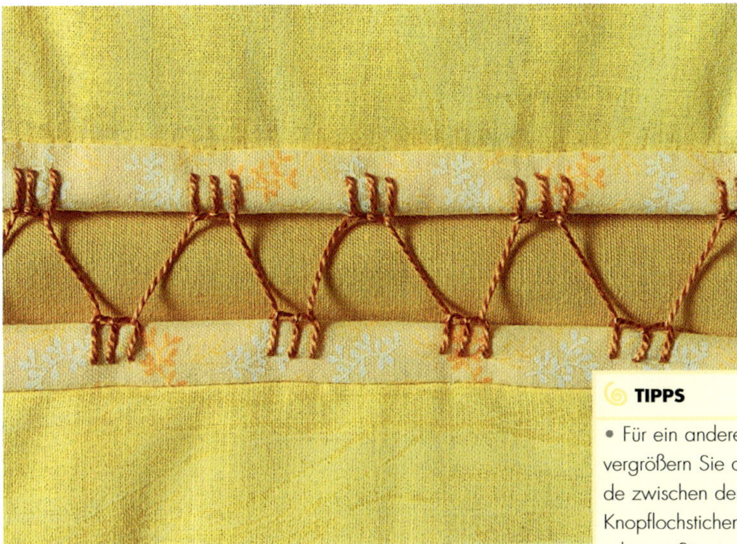

> **TIPPS**
>
> • Für ein anderes Stichbild vergrößern Sie die Abstände zwischen den einzelnen Knopflochstichen oder arbeiten Sie sie dichter.
> • Sie können die Anzahl der Knopflochstiche von zwei bis zu fünf verändern.

Knopflochstich

Der Knopflochstich ist eine ausgesprochen schöne und haltbare Verbindung von zwei Blockkanten. Üben Sie zuerst den Knopflochstich (er wird wie der Schlingstich auf Seite 104 gearbeitet).

SCHRITT 1

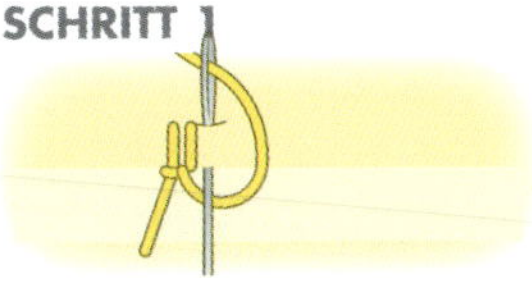

Zum Verbinden von zwei Stoffkanten den Faden an der Kante des unteren Stoffs zur Oberfläche bringen. Den Faden in Nährichtung nach vorn und nach oben legen. Einen senkrechten Stich nach unten durch die Kante des oberen Stoffs machen und die Nadelspitze in der bereitliegenden Schlinge auftauchen lassen. Dies zweimal wiederholen.

SCHRITT 2

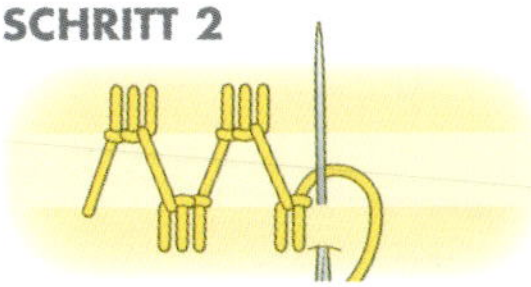

Den Faden in Nährichtung nach vorn und nach unten legen. In der unteren Stoffkante einen senkrechten Stich nach oben machen und in der bereitgelegten Schlaufe nach oben kommen. Dies zweimal wiederholen. Schritte 1 und 2 entlang der Nahtlinie wiederholen.

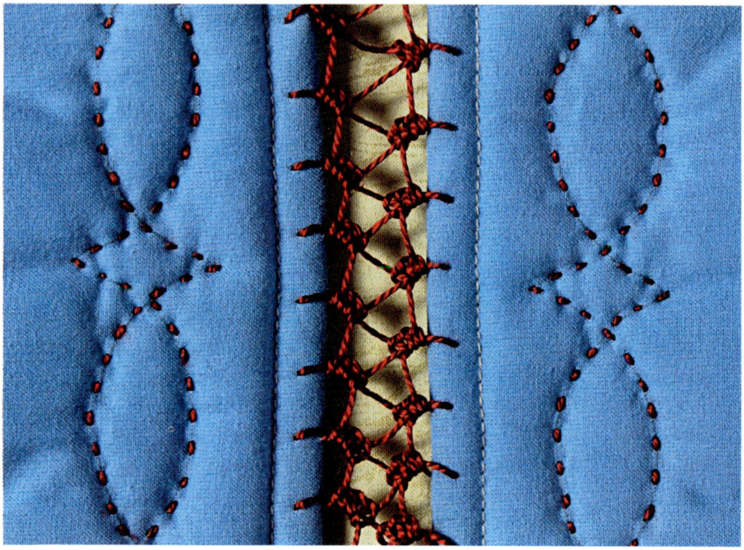

Italienischer Stich

Der italienische Verbindungsstich ist auch als Italienischer Knopflochstich bekannt. Beim Verbinden von zwei Blockkanten bilden seine Stiche ein dekoratives Gitterwerk.

SCHRITT 1

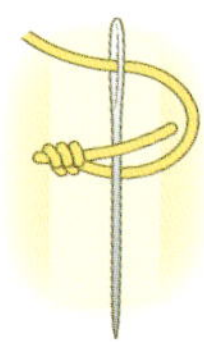

Senkrecht und zu sich her arbeiten. Die Nadel an der rechten Stoffkante zur Oberfläche bringen. Einen kleinen Stich in den Stoff der linken Kante setzen. Vier Knopflochschlingen auf dem entstandenen Querfaden arbeiten. Dabei von links nach rechts arbeiten.

SCHRITT 2

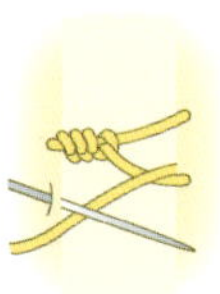

Den Faden nach unten legen und weiter unten, in Nährichtung, einen Stich von der rechten Kante her in eine Fadenschlaufe stechen. Danach folgt ein Stich von der linken Kante her, noch etwas weiter unten, ebenfalls in eine Fadenschlaufe.

SCHRITT 3

Vier Knopflochschlingen auf zwei der Fäden an der rechten Seite der Lücke setzen, dabei von der Mitte aus nach rechts arbeiten. Einen Stich durch eine Fadenschlaufe an die rechte Kante nähen. Vier Knopflochschlingen auf zwei der Fäden an der linken Seite der Lücke setzen, dabei von der Mitte aus nach links arbeiten. Einen Stich durch eine Fadenschlaufe an die linke Kante nähen. Schritte 2 und 3 wiederholen.

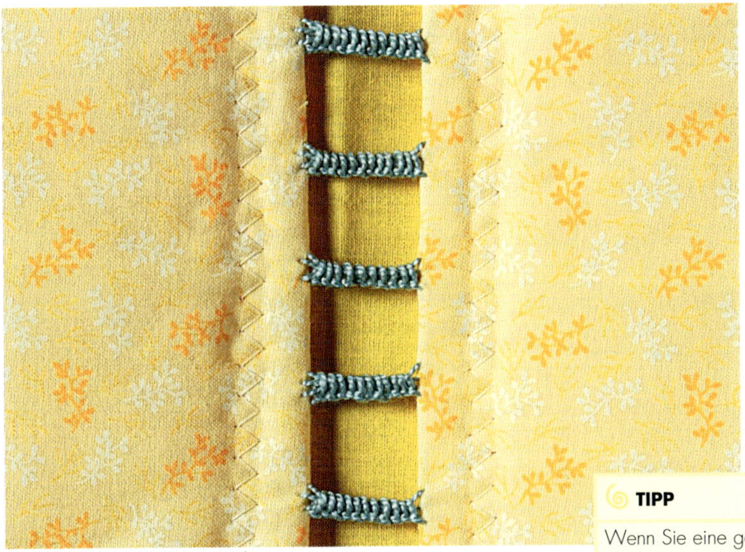

> **TIPP**
>
> Wenn Sie eine ganze Serie von Knopflochriegeln nähen, führen Sie den Faden innerhalb der beiden Quiltkante, im Vlies und/oder im Stoff, nach vorn. Dies verstärkt die Kanten.

Knopflochriegel

Dies ist ein starker, einzelner Verbindungsstich für zwei versäuberte Quiltkanten. Jeder Riegel besteht aus zwei Fäden, die mit Knopflochschlingen bedeckt sind (sie werden wie Schlingstiche genäht, s. Seite 104).

SCHRITT 1

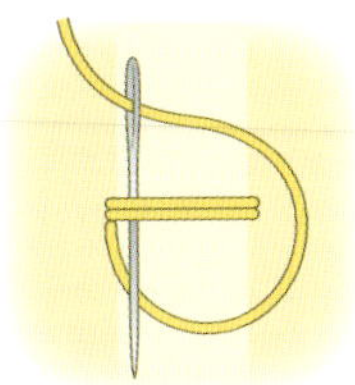

Den Faden an der linken Stoffkante zur Oberfläche bringen. Einen Riegel zwischen den beiden Kanten arbeiten. Dafür einen kleinen Stich auf der rechten Kante und einen kleinen Stich auf der linken Kante arbeiten (zwischen zwei und fünf Stiche machen, je nachdem wie stark der Riegel werden soll).

SCHRITT 2

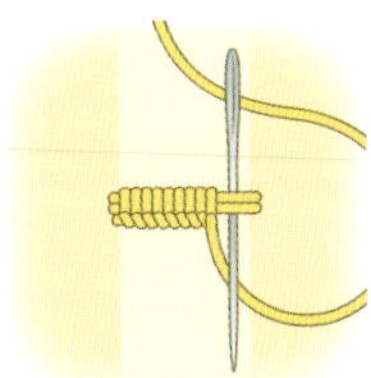

Jedes Bündel der Querstiche mit einer Reihe von dicht aneinandergesetzten Knopflochschlingen bedecken (wie den Schlingstich nähen, s. Seite 104). Wenn mehrere Riegel in einer Reihe gearbeitet werden, die Nadel durch den Stoff und/oder das Vlies in der Quiltkante entlang nach vorn bis zum nächsten Riegel schieben.

Stiche für das Maschinen-quilten

Man kann zwar einen Quilt mit einfachem Vorstich oder Zickzackstich quilten, doch die modernen Nähmaschinen bieten eine Auswahl von dekorativen Zierstichen an, die alle zum Quilten verwendet werden können.

Ob Sie nun von Hand oder mit Maschine quilten: Es ist immer wichtig zu wissen, was auf der Rückseite des Quilts passiert. Eine maschinengenähte Quiltnaht ist schwerer, steifer und dichter als handgenähte Quiltstiche.

ZU VERWENDEN FÜR

- gerade Linien
- gebogene Linien
- geometrische Muster
- Ecken

Geradstich

Der Geradstich ist der vielseitigste aller Stiche, die die Nähmaschine zu bieten hat. Die Stiche können verlängert oder verkürzt werden, ganz nach dem gewünschten Endergebnis. Eine gerade Linie zu nähen ist genauso einfach wie eine Kurve oder eine Ecke.

GERADE LINIE

GEBOGENE LINIE

RÜCKSEITE

GEOMETRISCH/ECKE

Zickzackstich

Die Breite und Länge des Zickzackstichs kann unterschiedlich eingestellt werden. Um eine Reihe sanft spitz zulaufen zu lassen, müssen Sie die Stichbreite während des Nähvorgangs enger stellen. Halten Sie die Nadel im Stoff versenkt, während Sie die Arbeit drehen, um eine Ecke zu nähen.

ZU VERWENDEN FÜR

- gerade Linien
- gebogene Linien
- geometrische Muster
- Ecken

GERADE LINIE

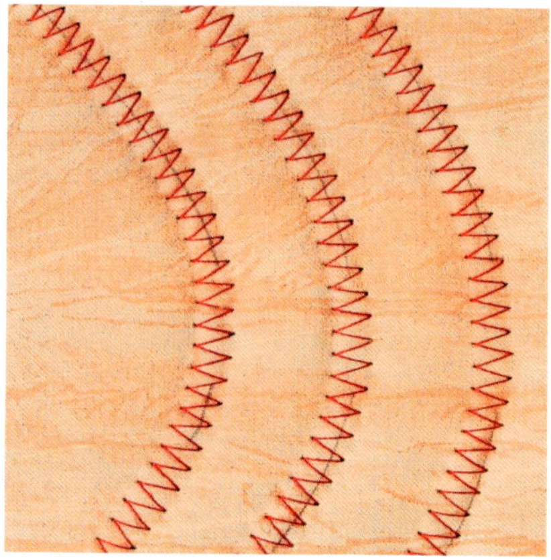

GEBOGENE LINIE

RÜCKSEITE

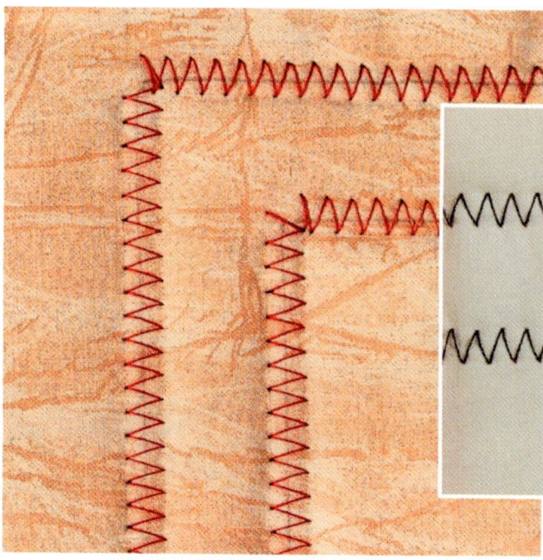

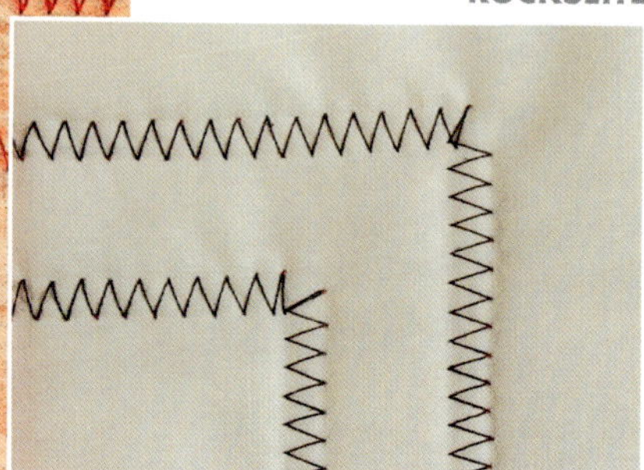

GEOMETRISCH/ECKE

ZU VERWENDEN FÜR

- gerade Linien
- gebogene Linien
- geometrische Muster
- Ecken
- dekorative Alternative zum Zickzackstich

Stretch-Stich

Dieser Stich wird im Allgemeinen beim Nähen elastischer Stoffe benutzt, doch stellt er auf gewebten Stoffen und Quiltprojekten eine dekorative Alternative zum normalen Zickzackstich dar. Wenn Sie die Länge der Stiche verkürzen, liegen die einzelnen „Gipfel" dichter beieinander.

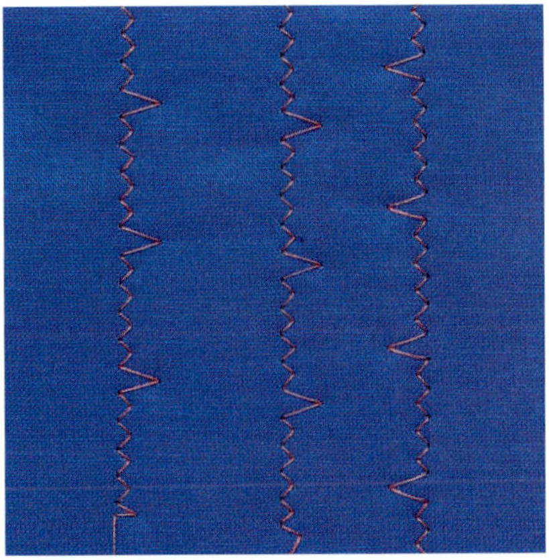

GERADE LINIE

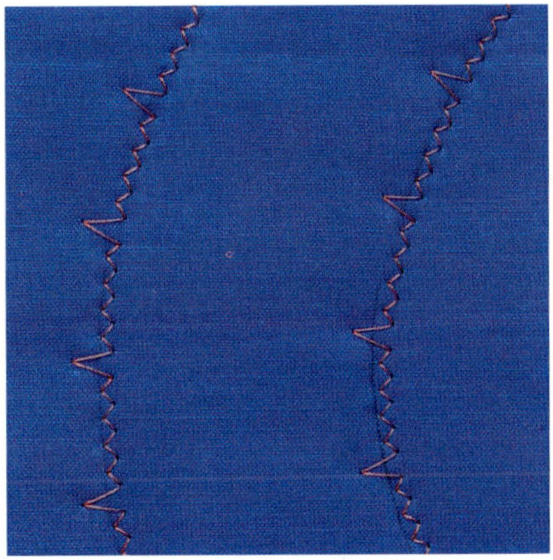

GEBOGENE LINIE

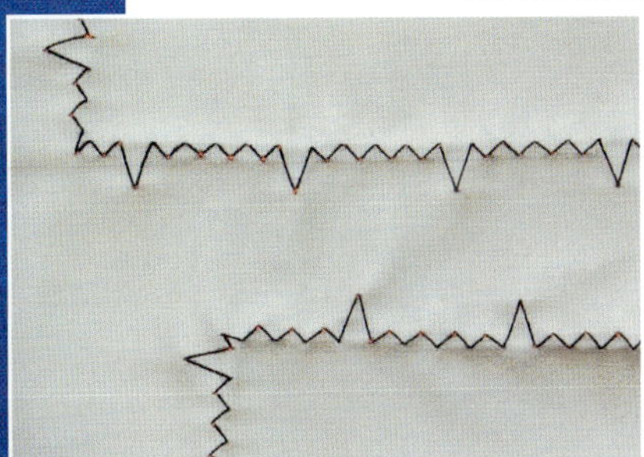

RÜCKSEITE

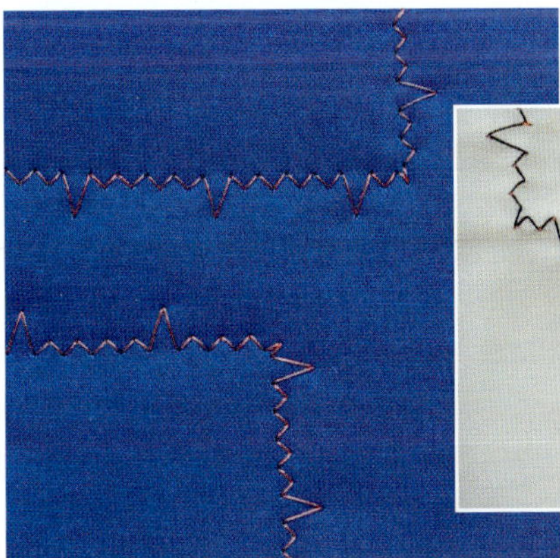

GEOMETRISCH/ECKE

Genähter Zickzackstich

Dieser Stich wird hauptsächlich beim Nähen elastischer Stoffe angewendet – der Stich dehnt sich, wenn man am Stoff zieht. Die ist eine Alternative zum normalen Zickzackstich und kann dann benutzt werden, wenn ein stabilerer Zickzackstich gewünscht ist.

ZU VERWENDEN FÜR

- gerade Linien
- gebogene Linien
- geometrische Muster
- Ecken
- eine stabilere Alternative zum Zickzackstich

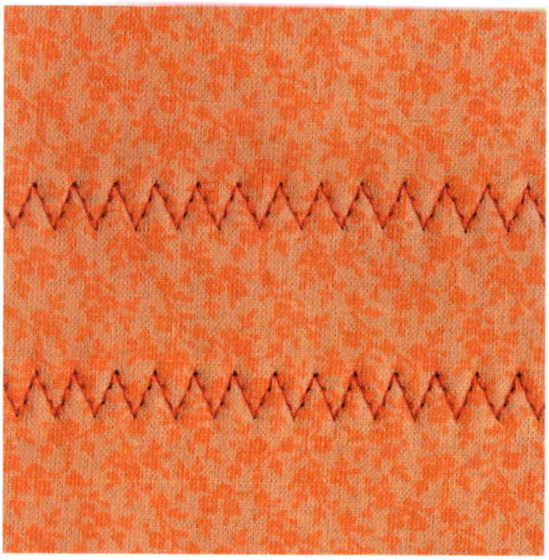

GERADE LINIE

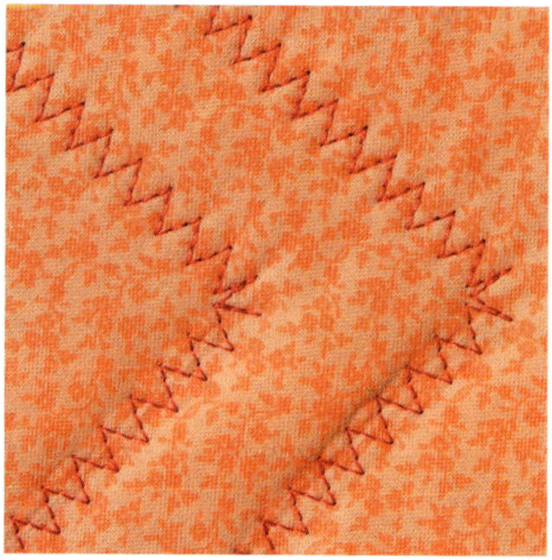

GEOMETRISCH/ECKE

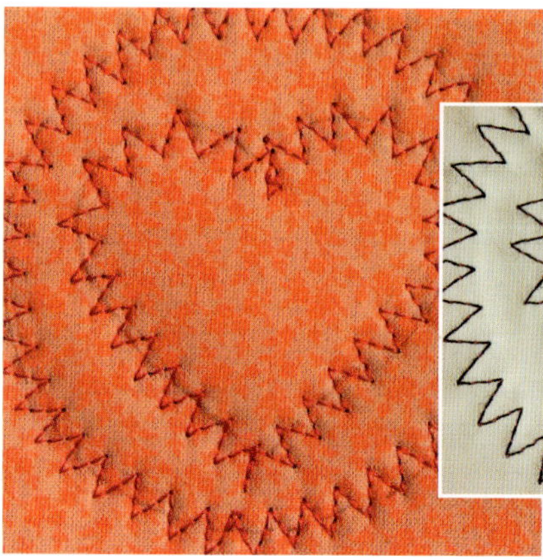

GEBOGENE LINIE

RÜCKSEITE

ZU VERWENDEN FÜR

- gerade Linien
- gebogene Linien
- geometrische Muster
- Ecken
- deutliche Quiltlinien

Doppelter Overlockstich

Dieser geschlossene Overlockstich wird in der Hauptsache als dehnbarer Stretch-Stich für elastische Jerseygewebe benutzt. Er ist ein schöner Quiltstich und verleiht der Linie ein dichtes und lebhaftes Aussehen.

GERADE LINIE

GEBOGENE LINIE

RÜCKSEITE

GEOMETRISCH/ECKE

Knopfloch-Applikationsstich

Der maschinengenähte Knopflochstich ähnelt sehr dem handgenähten Schlingstich (s. Seite 104). Er ist auf geraden Linien oder Kurven einfach zu nähen, bei scharfen Ecken müssen Sie sehr achtsam sein.

ZU VERWENDEN FÜR

- gerade Linien
- gebogene Linien
- geometrische Muster
- Ecken

GERADE LINIE

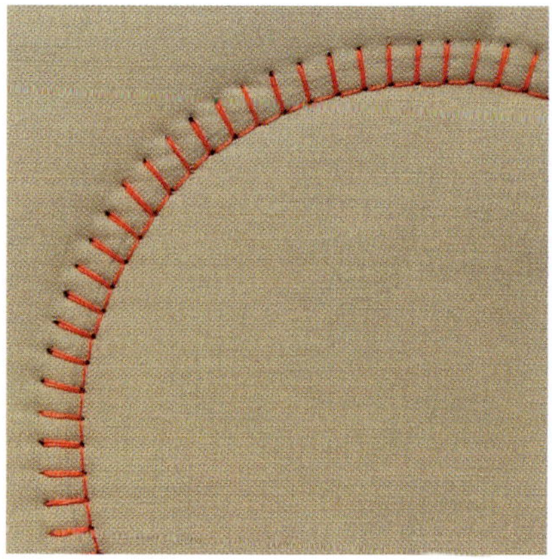

GEBOGENE LINIE

RÜCKSEITE

GEOMETRISCH/ECKE

ZU VERWENDEN FÜR

- gerade Linien
- gebogene Linien
- geometrische Muster
- Ecken
- dekorative Federmuster

Verbindungsstich

Der Verbindungsstich der Nähmaschine dient dazu, zwei Stoffstücke anstatt mit einer normalen Naht mit einem dekorativen Stich zu verbinden. Als Quiltstich sieht er aus wie der handgenähte einfache Federstich (s. Seite 95).

GERADE LINIE

GEOMETRISCH/ECKE

RÜCKSEITE

GEBOGENE LINIE

Pulloverstich

Dieser Nutzstich wird für das Nähen von Strickwaren und schwerem Trikot angeboten. Er bildet aber einen sehr schönen Quiltstich. Der Pulloverstich ist um Kurven und Ecken genauso gut zu nähen wie auf geraden Linien.

ZU VERWENDEN FÜR

- gerade Linien
- gebogene Linien
- geometrische Muster
- Ecken

GERADE LINIE

GEOMETRISCH/ECKE

RÜCKSEITE

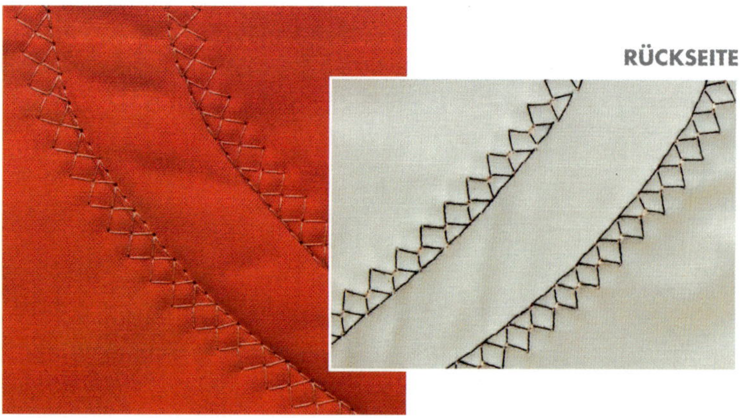

GEBOGENE LINIE

ZU VERWENDEN FÜR

- gerade Linien
- gebogene Linien
- geometrische Muster
- Ecken
- zusätzliche Bewegung des Musters

Offener Overlockstich

Dies ist ein weiterer Nutzstich, der hauptsächlich für das Zusammensetzen von Stoffkanten oder zum Einfassen von wenig fransenden Stoffen gedacht ist. Für Quilterinnen ist er eine schräg stehende Variante des Knopfloch/Schlingstichs, der schon von sich aus der Quiltnaht Bewegung verleiht.

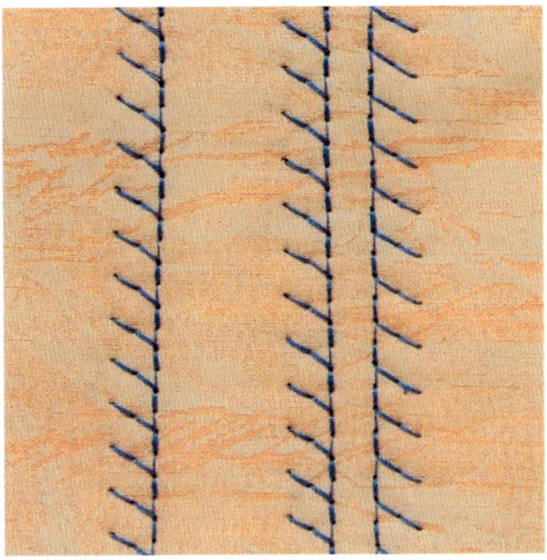

GERADE LINIE

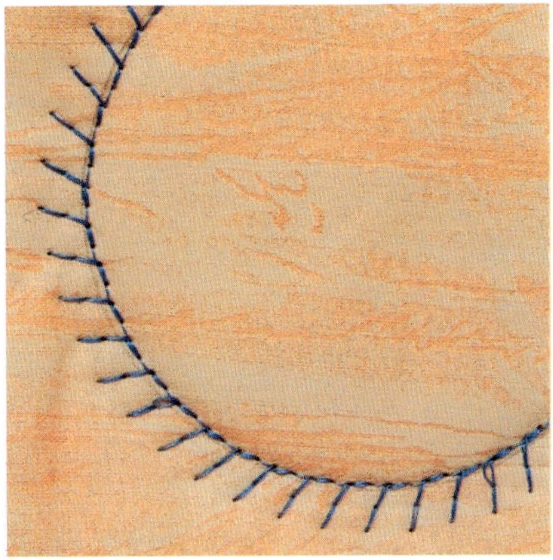

GEBOGENE LINIE

RÜCKSEITE

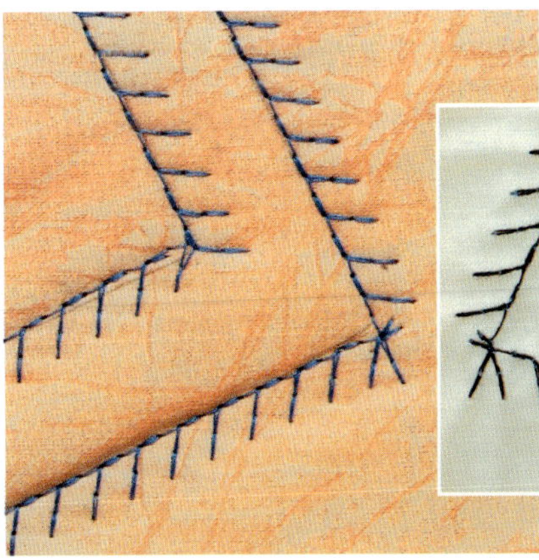

GEOMETRISCH/ECKE

Wellenstich (programmiert)

Einige der kurvenförmigen Stiche, die an den Nähmaschinen eingestellt werden können, gestalten Quiltmuster mit viel Bewegung, ob sie nun auf geraden Linien, auf Kurven oder geometrischen Mustern angewendet werden.

ZU VERWENDEN FÜR

- gerade Linien
- gebogene Linien
- geometrische Muster
- Ecken
- dekorative Effekte

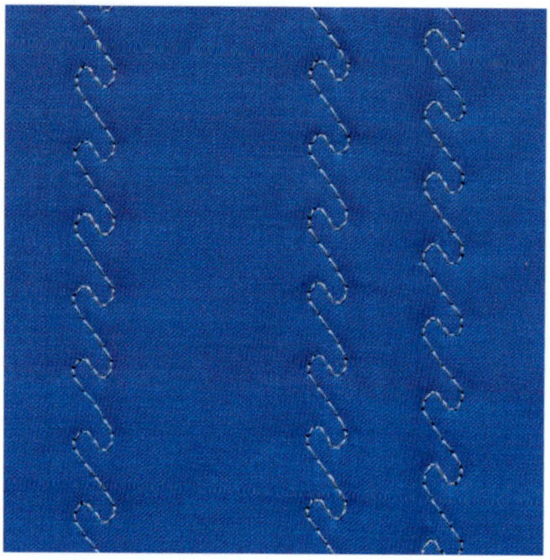

GERADE LINIE

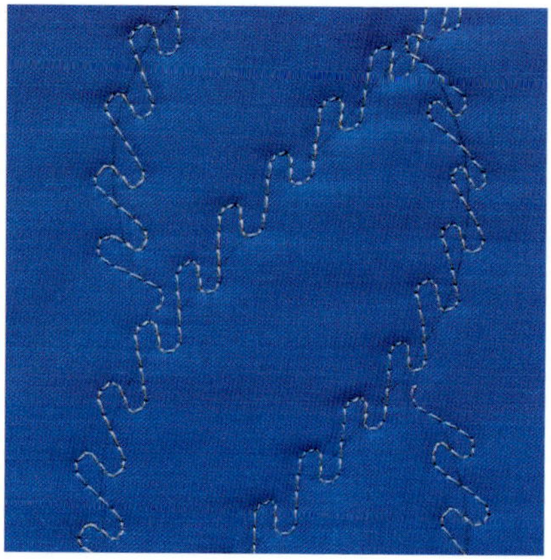

GEBOGENE LINIE

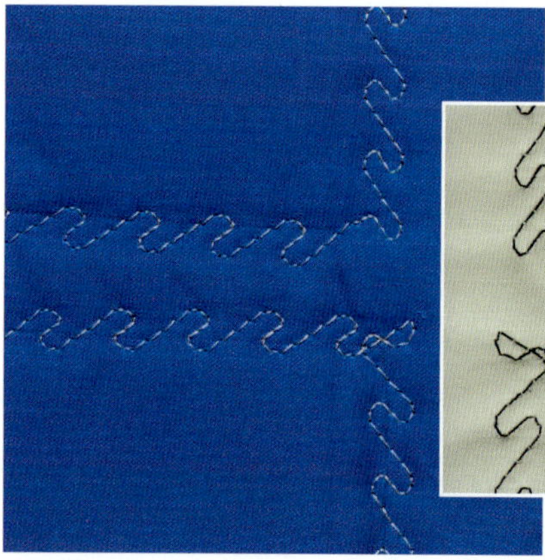

GEOMETRISCH/ECKE

RÜCKSEITE

ZU VERWENDEN FÜR

- gerade Linien
- gebogene Linien
- geometrische Muster
- Ecken
- interessante Oberflächen
- auffallendes Wiederholungsmuster

Sternenstich (programmiert)

Solche Motivstiche findet man bei den Programmierstichen an modernen Nähmaschinen. Als Quiltstich benutzt, bilden sie eine sehr interessante Oberfläche.

GERADE LINIE

GEBOGENE LINIE

RÜCKSEITE

GEOMETRISCH/ECKE

Herzchenstich (programmiert)

Die breiteren Zierstiche der Nähmaschine, wie diese Herzen, sind sehr dekorative Quiltstiche. Wenn ein Stich ein einseitiges Muster hat (z.B. die Herzen), müssen Sie überlegen, auf welcher Seite der Nählinie das Motiv sitzen soll.

ZU VERWENDEN FÜR

- gerade Linien
- gebogene Linien
- geometrische Muster
- Ecken
- Familienerbstücken

GERADE LINIE

GEBOGENE LINIE

GEOMETRISCH/ECKE

RÜCKSEITE

ZU VERWENDEN FÜR

- gerade Linien
- gebogene Linien
- geometrische Muster
- Ecken
- einfache Quiltmuster

Mäanderstich (programmiert)

Einige programmierte Zierstiche sind breit und erscheinen sehr dicht, wie das hier gezeigte geometrische Mäandermuster. Diese breiten und schweren Stiche kommen auf großen und schlichten Quiltmustern besser zur Geltung als auf kleinen, komplizierten Motiven.

GERADE LINIE

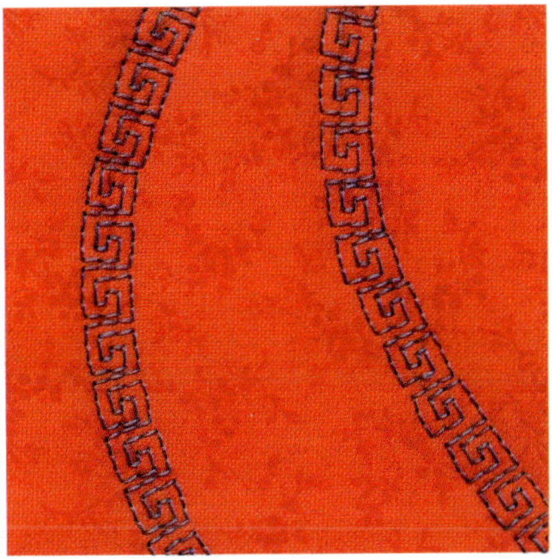

GEBOGENE LINIE

GEOMETRISCH/ECKE

RÜCKSEITE

Zickzackstich mit Zwillingsnadel

Die Verwendung einer Zwillingsnadel an der Nähmaschine bringt Farbe in die Quiltarbeit. Die Linien der gewählten Stiche werden hervorgehoben. Verwenden Sie die gleiche Fadenfarbe in den beiden Nadeln oder zweierlei Farben für eine noch auffälligere Wirkung.

ZU VERWENDEN FÜR

- gerade Linien
- gebogene Linien
- geometrische Muster
- Ecken

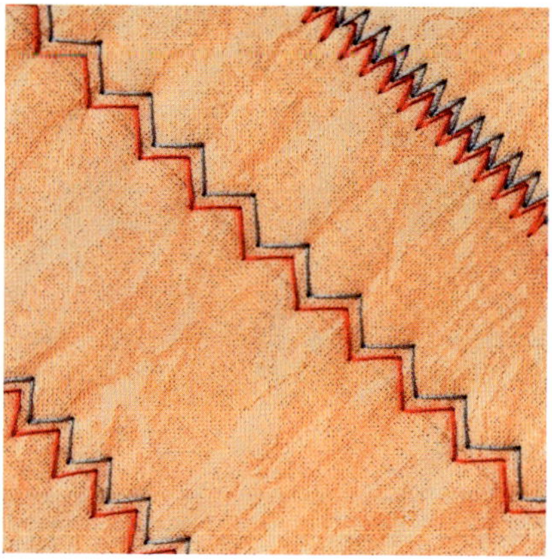

GERADE LINIE

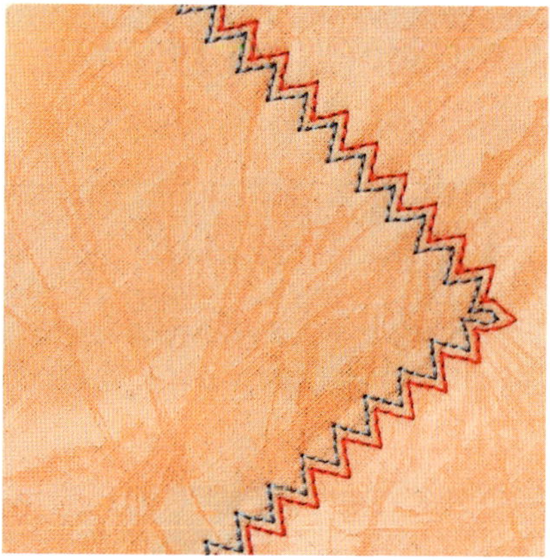

GEOMETRISCH/ECKE

RÜCKSEITE

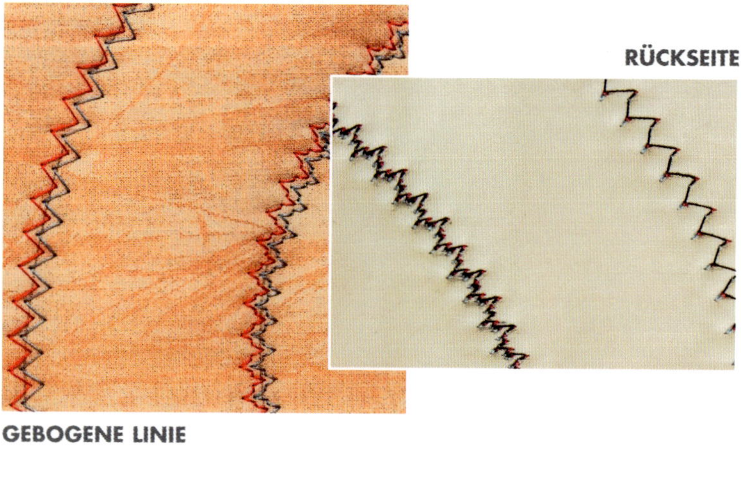

GEBOGENE LINIE

ZU VERWENDEN FÜR

- gerade Linien
- gebogene Linien
- geometrische Muster
- Ecken

Ziersticke mit Zwillingsnadel

Die Zwillingsnadelfunktion einer Nähmaschine beschränkt sich nicht nur auf die einfachen Stiche. Sie kann auch für eine Anzahl von programmierbaren Zierstichen angewendet werden. Zwei verschiedenfarbige Garne ergeben einen „Schatteneffekt".

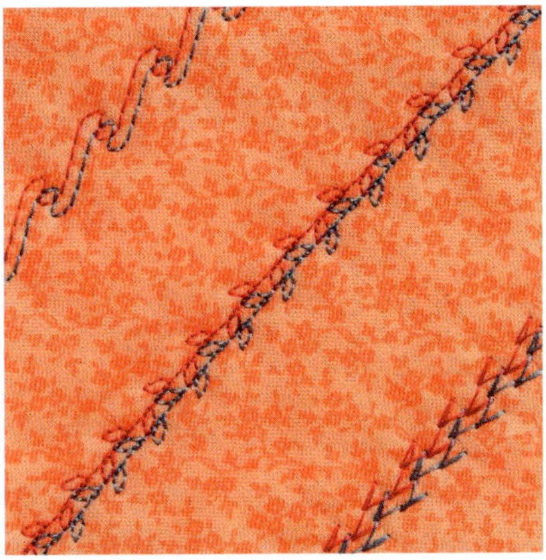

GERADE LINIE

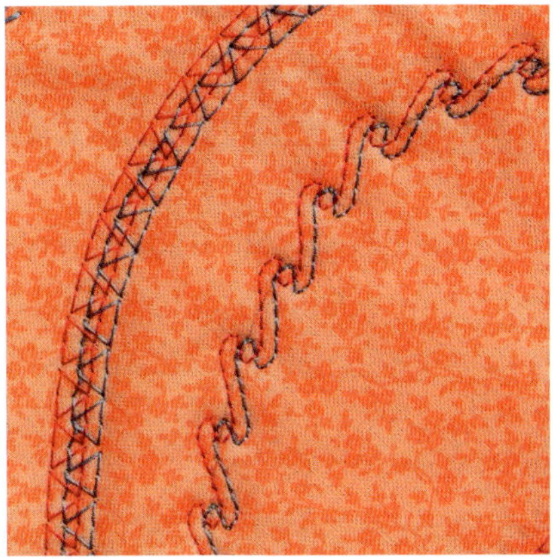

GEBOGENE LINIE

GEOMETRISCH/ECKE

RÜCKSEITE

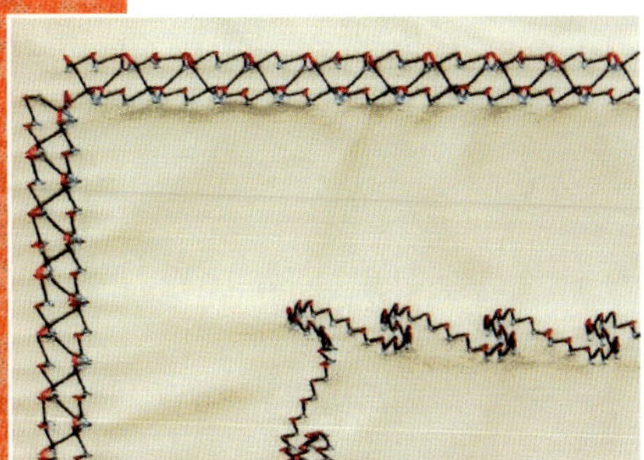

Maschinen-genähte Ober-flächenverzierung

Die Oberfläche Ihres Quilts kann in verschiedenen Arbeitsstadien verziert werden. Wenn der Quilt erst aus einer Stofflage besteht und gestaltet wird, werden die Stiche auf der Quiltrückseite nicht zu sehen sein. Wenn jedoch die Lagen bereits montiert sind, reichen die Stiche bis zur Rückseite hindurch und sind dort sichtbar – eine wichtige Überlegung bei der Planung mancher Projekte.

Wenn zusätzliche Verzierung als Quilting gewünscht ist, können dekorative Ziergarne und Stoffrestchen durch Maschinenquilting aufgenäht werden.

MATERIALS

- Material
- Kordel
- Litze
- Garn
- Metallicfaden

Kordonieren

Fügen Sie einer Quiltlinie durch Kordonieren eines Bändchens oder Garns zusätzliche Textur hinzu und befestigen Sie es mit dekorativen Stichen wie Zickzackstich, Elasticstich, Overlockstich oder einem anderen breiten, vorprogrammierten Stich der Nähmaschine.

GERADE LINIE

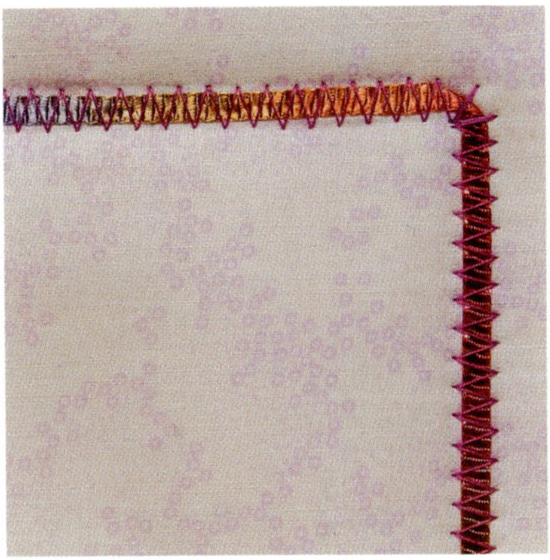

GEOMETRISCH/ECKE

RÜCKSEITE

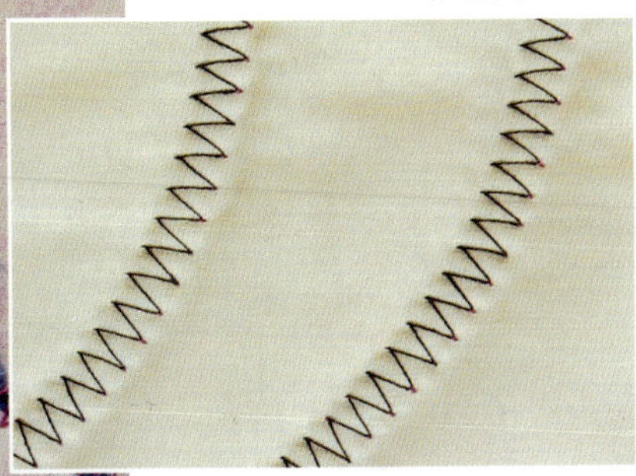

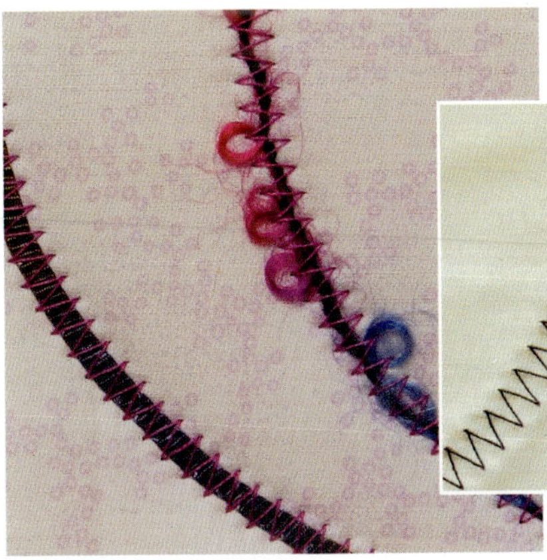

GEBOGENE LINIE

Stoffmanipulation

Besonders interessant wirken Stoffmanipulationen. Versuchen Sie einmal, den Stoff aufzuschneiden. Legen Sie dafür verschiedene Stofflagen aufeinander, nähen Sie die Lagen kanalförmig zusammen und schneiden Sie dann die Stoffe innerhalb der Kanäle auf. Die offenen Kanten wirken plastisch und interessant.

TIPP

Für diese Technik ist zum Aufschneiden der Stofflagen eine spezielle Schere oder ein spezielles Schneidemesser hilfreich. Mit einer weichen Bürste oder durch Waschen in der Waschmaschine fransen die Stoffkanten aus.

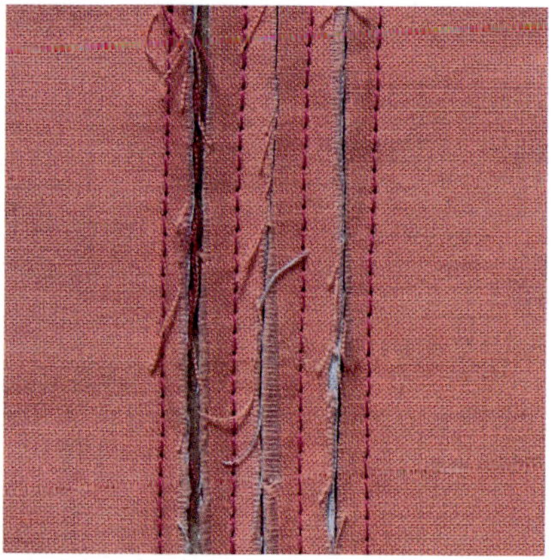

GERADE LINIE

GEBOGENE LINIE

RÜCKSEITE

GEOMETRISCH/ECKE

TIPP

Applikationen mit untergeschlagenen Kanten müssen nicht durch zusätzliches Umnähen verstärkt werden. Verstärkende Stiche verwenden Sie für Applikationen mit offenen Kanten und solche, die mit Klebevlies aufgebracht worden sind.

Maschinengenähte Applikation

Sie können Motive auf den Quilt aufnähen: Befestigen Sie sie während des Patchworknähens auf den Stoff oder erst, wenn gequiltet wird. Sobald beim Quilten durch alle Lagen gestochen wird, werden auch die Applikationskanten befestigt.

ZICKZACKSTICH

SCHLINGSTICH

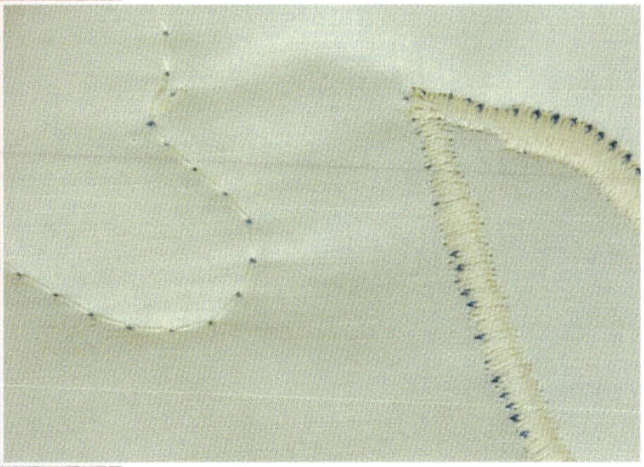

RÜCKSEITE

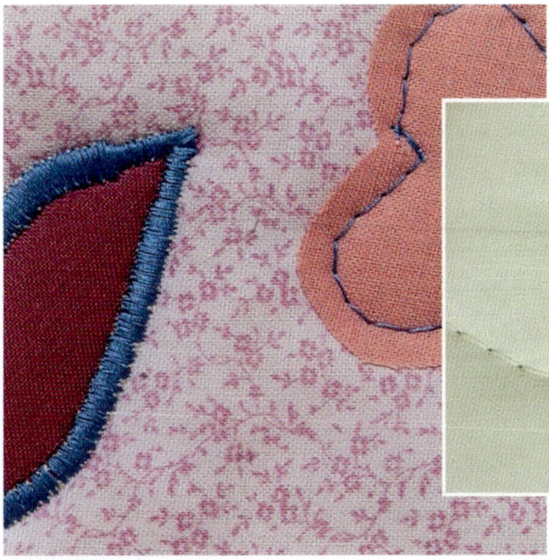

SATINSTICH UND GERADSTICH

Maschinen-genähte Kanten-verbindungen

Jeder der dekorativen und breiteren Zierstiche von modernen Nähmaschinen kann dazu verwendet werden, verschiedene Blöcke zum Quilt zusammenzusetzen. Jeder Block benötigt eine versäuberte Kante, damit diese an die benachbarte Kante angefügt werden kann. Die Blöcke müssen dicht nebeneinandergelegt werden, denn die Breite von Nähmaschinen-stichen ist in der Regel auf ca. 1 cm begrenzt.

VERGRÖSSERT

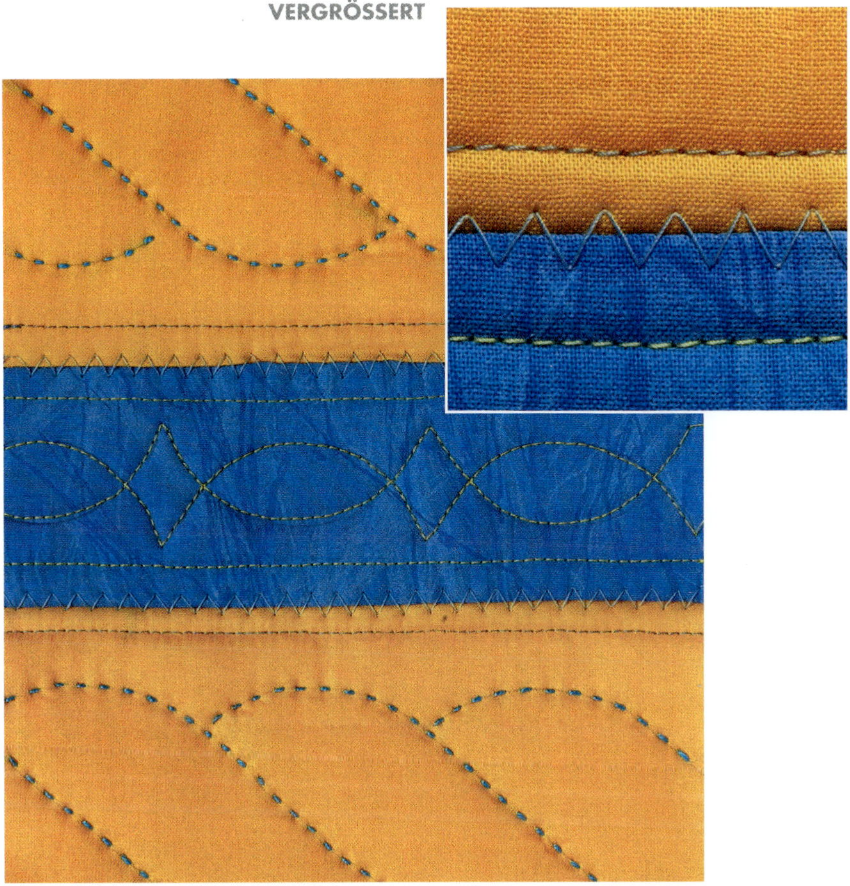

Zickzackstich

Der Zickzackstich und alle seine Varianten eignen sich gut zum Zusammenfügen von Blöcken mit versäuberter Kante. Die Verbindungsstiche müssen breit genug sein, um beide Kanten zuverlässig zu fassen – Sie müssen also mit maximaler Stichbreite arbeiten. Die beiden Kanten müssen dicht aneinandergelegt werden, jedoch ohne sich zu überlappen.

ZU VERWENDEN FÜR

das Zusammennähen von Kanten, die ohne Zwischenraum dicht aneinandergelegt werden.

VERGRÖSSERT

Verbindungsstich

Viele Nähmaschinen bieten eine große Auswahl von verschiedenen Verbindungsstichen. Sie sind speziell dazu vorgesehen, zwei Stoffstücke miteinander zu verbinden. Stellen Sie den Stich auf die maximale Breite ein, die Stichlänge kann reduziert oder verlängert werden, je nach Wunsch. Die beiden Blockkanten müssen ohne Zwischenraum aneinanderliegen.

ZU VERWENDEN FÜR

- das Verbinden verschiedener Quiltblöcke mit versäuberten Kanten
- wenn eine Zierlinie gewünscht ist
- wenn eine stärkere Naht gewünscht ist

VERGRÖSSERT

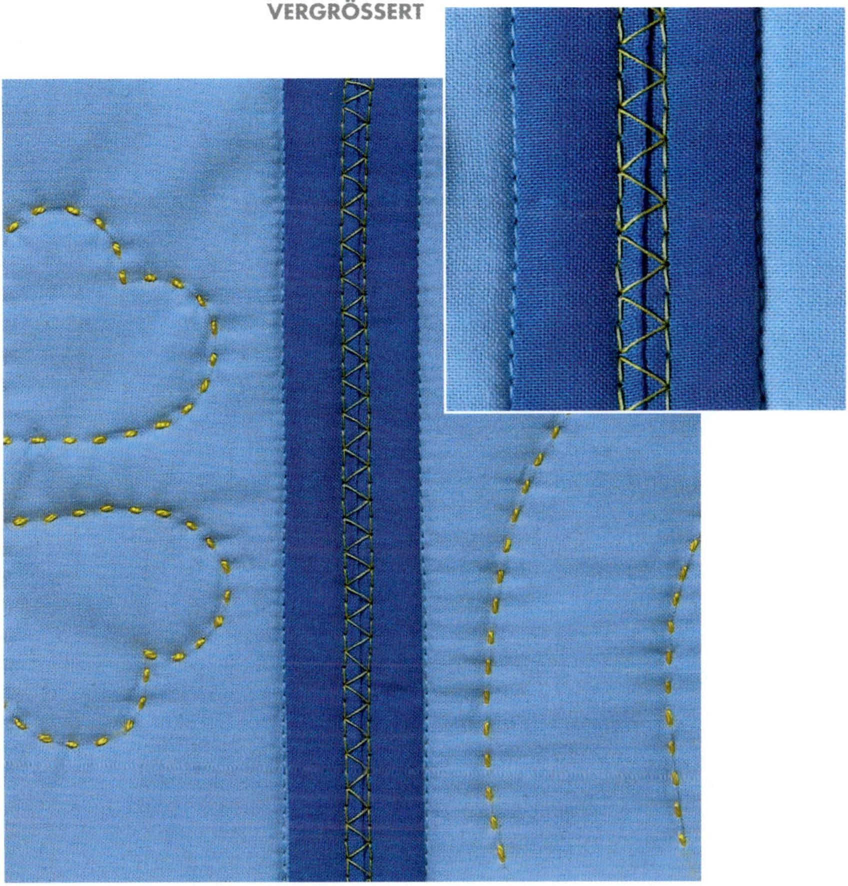

Geschlossener Overlockstich

Die meisten Nähmaschinen haben verschiedene Overlockstiche im Programm. Diese Stiche sind breit genug, um zwei Blockkanten zu verbinden. Stellen Sie den Stich auf die maximale Breite ein, die Stichlänge kann nach Wunsch reduziert oder verlängert werden. Die beiden Blockkanten müssen ohne Zwischenraum aneinanderstoßen.

ZU VERWENDEN FÜR

- das Zusammensetzen von Quiltblöcken mit versäuberten Kanten
- wenn eine stärkere Naht gewünscht ist

Patchworkmuster quilten

Das Quiltmuster sollte das Patchworkmuster hervorheben, jedoch nicht übertönen. Wählen Sie ein Quiltmuster, das das Design der Patchworkblöcke aufgreift.

Interessante Kontraste ergeben sich, wenn runde Quiltlinien über gerade Patchworkmuster gearbeitet werden und umgekehrt. So erhält der Quilt Bewegung und ein eher langweiliges Patchworkmuster wird plötzlich sehr interessant. Wenn das Quilting überhaupt nicht ablenken soll, arbeiten Sie traditionelle Vorstiche „in-der-Naht“.

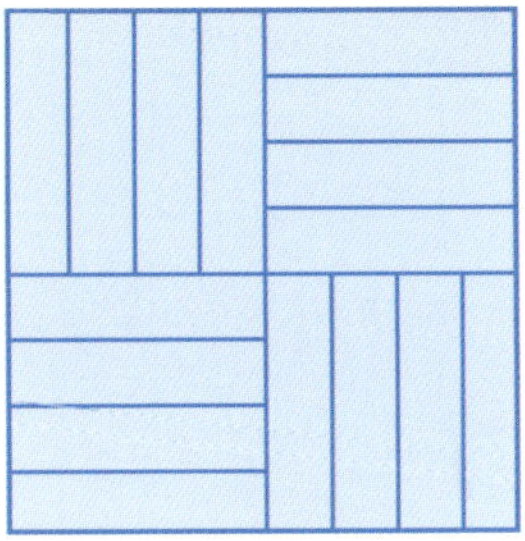

PATCHWORKBLOCK

Eisenbahnzaun

Der Lattenzaun-Block ist aus Stoffstreifen genäht. Lange Streifen werden längs aneinandergenäht, das entstehende Band wird danach quer in Abschnitte geteilt, die als Einheiten für die verschiedenen Muster dienen. Die Schlichtheit des Patchworks erlaubt die Verwendung verschiedenster Quiltmuster.

UMRISSQUILTEN

GEOMETISCHE MUSTER

KURVENMUSTER: SPIRALE

TIPP

Dieses schlichte Streifenpatchwork benötigt schlichte Quiltmotive. Nicht mehr, nicht weniger.

Blockhaus

Das Blockhaus ist eines der ältesten Patchworkmuster und wurde sehr oft verwendet, sowohl in der Vergangenheit als auch in allen Winkeln der Erde. Der Block besteht aus Stoffstreifen, die spiralförmig rund um eine Mitte nach außen hin genäht werden.

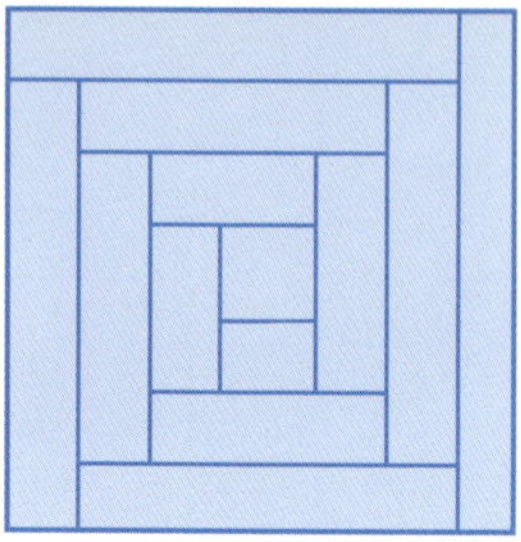

PATCHWORKBLOCK

UMRISSQUILTEN

GEOMETRISCH: SPIRALE AUS GERADEN LINIEN

GEOMETRISCH: STRAHLEN

TIPP

Die Wahl des Quiltmusters hängt von der Breite und der Anzahl der Stoffstreifen ab, mit denen jeder Block genäht wurde.

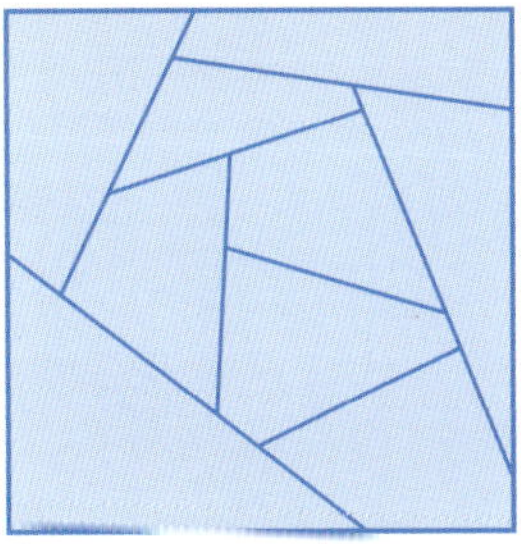

PATCHWORKBLOCK

Crazy-Patchwork

Das Crazy-Patchwork war im 19. Jahrhundert bei den Quilterinnen sehr beliebt. Solche Quilts bestanden oft aus schweren Strukturgeweben, wie Samt und Brokat und wurden mit vielerlei Zierstichen bearbeitet. Crazy-Patchwork kann von Hand oder mit Maschine genäht werden.

UMRISSQUILTEN

TIPP

Crazy-Patchwork hat sehr viele Nähte und dicke Bereiche – beides hat Einfluss auf die Wahl der Art des Quiltens und das Quiltmuster, das Sie arbeiten möchten.

GEOMETRISCH:
QUADRAT IM QUADRAT

KURVENMUSTER: FREIHAND
GEFÜHRTE GESCHWUNGENE LINIEN

Windrad (2-x-2-Raster)

Das Windrad basiert auf einem Raster aus 2-x-2-Quadraten (insgesamt 4). Durch sorgfältige Verteilung der Farben ist eine optische Bewegung zu erreichen, sodass es wie eine drehende Windmühle wirkt. Die Quiltmuster können einfach bleiben, z.B. „in-der-Naht" oder um den Umriss.

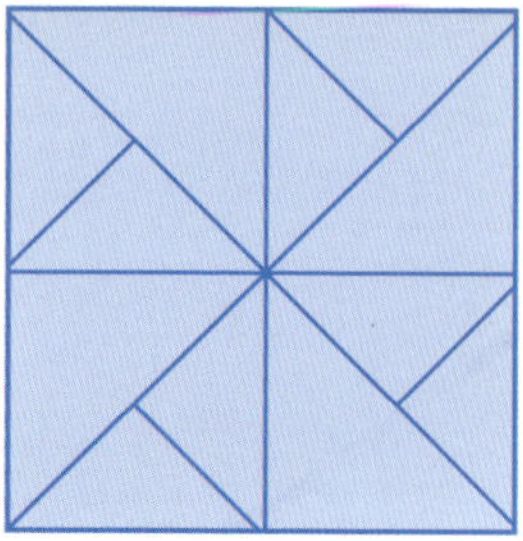

PATCHWORKBLOCK

UMRISSQUILTEN

TIPP
Die optische Bewegung kann durch das Quilten von Spiralmustern verstärkt werden. Dieses schlichte Patchwork ist die ideale Fläche zum Ausprobieren von verschiedenen Quilttechniken und Quiltstichen.

GEOMETRISCH: ECHOLINIEN

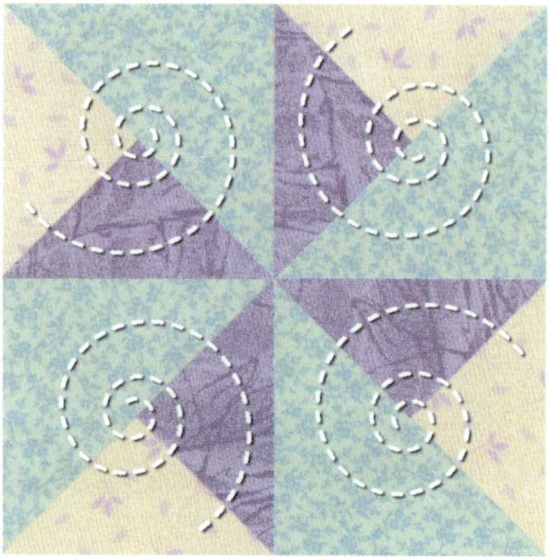

KURVENMUSTER: SPIRALEN IN JEDEM VIERTEL

PATCHWORKBLOCK

Kartentrick (3-x-3-Raster)

Dieses allzeit beliebte Patchworkmuster formt als optische Illusion ein quadratisches Bild, das übereinandergeschobenen Spielkarten gleicht. Damit sich die Karten „überlappen", ist eine sorgfältige Verteilung der Farben unerlässlich.

UMRISSQUILTEN

GEOMETRISCH: GITTER

GEOMETRISCH: HERZSCHABLONEN

TIPP

Hierfür sind viele Nähte nötig. Dies beeinflusst die Wahl des Quiltmusters und der Quiltstiche.

Stern (4-x-4-Raster)

Es gibt eine endlose Anzahl von verschiedenen Patchworkblöcken mit Sternenmuster. Diese interessante Variation basiert auf einem 4-x-4-Raster (16 Quadrate insgesamt). Durch Quilten in der Naht oder Quilten um die Kontur des Sterns wird die Form betont.

PATCHWORKBLOCK

UMRISSQUILTEN

GEOMETRISCHES MUSTER

TIPP

Als Alternative legen Sie eine Quiltschablone über den gesamten Block und machen so das Muster zusätzlich interessant.

GEOMETRISCH: LILIENMUSTER

Windrose (ohne Raster)

Viele Patchworkblöcke, so wie dieser, basieren nicht auf einem gleichförmigen Raster. Die Windrose kann relativ einfach, aber auch mit vielen zusätzlichen Strahlen gearbeitet sein sowie mit kompliziertem Muster im zentralen Kreis. Hier ist nur ein schlichtes Quiltmuster nötig.

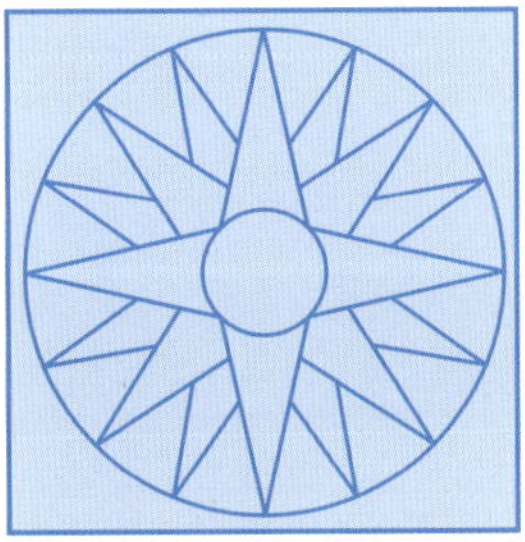

PATCHWORKBLOCK

TIPP

Verwenden Sie unruhige Quiltstiche nur sehr sparsam, damit sie nicht vom Muster ablenken.

UMRISSQUILTEN

GEOMETRISCH: STRAHLEN

KURVENMUSTER: KREISE

Weg des Betrunkenen/ Patchwork mit Kurven

Patchworkmuster mit Kurvennähten sind von Hand oder mit Maschine gleichermaßen leicht zu nähen. Die Nahtzugaben legen sich von allein auf eine Seite der Kurve und diese bestimmt, auf welcher Seite der Naht Sie quilten werden. Ein Quiltmuster mit Kurvenlinien betont die optische Bewegung.

PATCHWORKBLOCK

TIPP

Hier bleibt viel Spielraum für das Quilten mit unterschiedlichen Stichen, die zusätzliche Textur auf die Oberfläche bringen.

UMRISSQUILTEN

GEOMETRISCH: IN EINER RICHTUNG

KURVENMUSTER: SICH ÜBERSCHNEIDENDE KREISE

Holländerpuzzle

Viele Patchworkmuster, so wie dieses, sind ausschließlich aus Dreiecken gebildet. Hier sind die „Gänse“ in vier Richtungen von der Mitte nach außen fliegend angeordnet. Das Quiltmuster kann je nach Farbstellung unterschiedlich betont sein.

PATCHWORKBLOCK

TIPP

Legen Sie ein Kurvenmuster über den gesamten Block, als Gegengewicht zum streng geometrischen Patchwork.

UMRISSQUILTEN

GEOMETRISCH: QUADRAT IM QUADRAT

KURVENMUSTER: HERZSCHABLONE

Reise um die Welt (Quadrate)

Es gibt Patchworkquilts, die ausschließlich aus Quadraten konstruiert sind. Dieses Design kann auch in die Kategorie „Einerblöcke" eingeordnet werden, wie hier gezeigt. Das geometrische Muster bietet sich von selbst zu geraden Quiltlinien an.

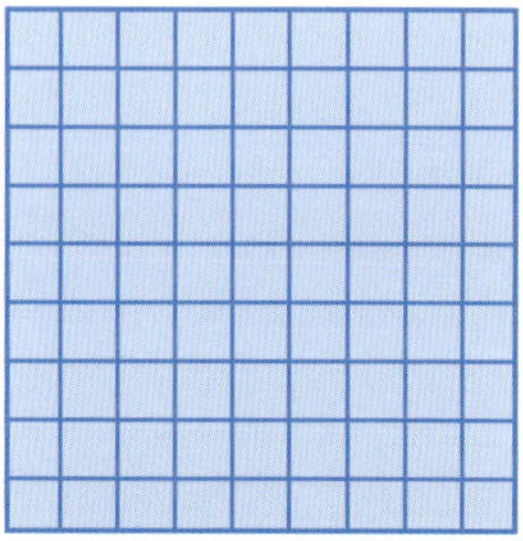

PATCHWORKBLOCK

TIPP

Die vielen dicht beieinanderliegenden Nahtzugaben und kleinen Quadrate in verschiedenen Stoffen benötigen ein ruhiges Quiltmuster.

UMRISSQUILTEN

GEOMETRISCH: DEN FARBEN FOLGEND

GEOMETRISCH: IN EINER RICHTUNG

Bauklötzchen (Sechsecke und Rauten)

Dies ist nur eines von vielen Patchworkmustern, die aus Sechsecken, Rauten oder einer Kombination davon bestehen. Die optische Illusion von übereinandergestapelten Würfeln entsteht durch die sorgfältig geplante Anordnung von Farbtönen. Ein gequiltetes Kurvenmuster bringt Bewegung ein.

PATCHWORKBLOCK

TIPP

Dieses Muster wird in der Regel in den Nähten gequiltet, um es zu betonen oder die Quiltlinien beschränken sich auf die einzelnen Stoffteile.

UMRISSQUILTEN

GEOMETRISCH: DAS MUSTER BETONEND

KURVENMUSTER: WELLEN/KREISE

Fliegende Gänse (dreidimensionales Muster)

Dieses Muster entstand durch Stoffmanipulation. Die „Gänse"-Dreiecke sind gefaltet und sitzen erhaben auf den umgebenden Stoffen. Beim Quilten solcher dreidimensionalen Muster ist Vorsicht geboten: Die Stoffe liegen oft im Schrägfadenlauf und verziehen sich leicht.

PATCHWORKBLOCK

TIPP

Das gewählte Quiltmuster muss unbedingt auf den umgebenden Flächen (oder dahinter) Platz haben.

UMRISSQUILTEN

GEOMETRISCH: IN EINER RICHTUNG

KURVENMUSTER: STIPPLING (FREIHAND)

Geheimer Garten (gefaltetes Patchwork)

Gefaltete Patchworkmuster entstehen durch Stoffmanipulation. Die erhabenen Flächen des Musters machen es sehr interessant und bestimmen, wo und wie der Block gequiltet wird. Umrissquilting um die erhabenen Bereiche betont das Muster.

PATCHWORKBLOCK

TIPP

Das Quilten über den „Hintergrund" und über die Nahtkreuzungen der Quadrate ist eine zusätzliche Verstärkung für die Nähte.

UMRISSQUILTEN

GEOMETRISCH: DIAGONALE LINIEN

KURVENMUSTER: STIPPLING (FREIHAND)

Wholecloth Randbordüre

RANDMUSTER

Eine Bordüre aus Unistoff passt um jeden Quilt, ob mit Patchworkmuster in der Quiltmitte oder ohne. So eine gequiltete Bordüre rahmt den Quilt auf interessante Art ein, denn hier ist für vielerlei Muster Platz.

GEOMETRISCH: DIAGONALES GITTER

KURVENMUSTER: HERZSCHABLONE

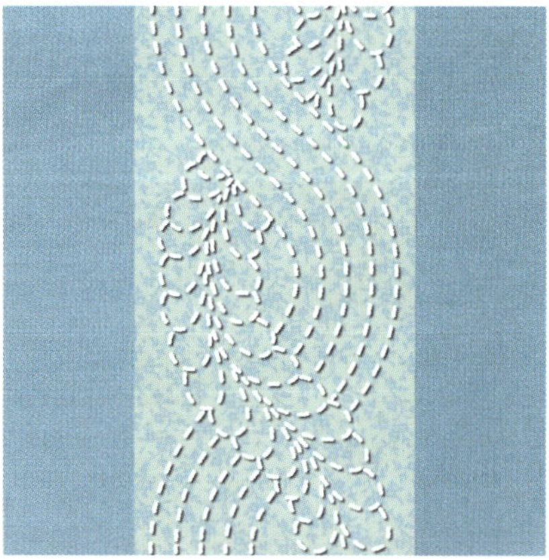

KURVENMUSTER: FEDERMUSTER UND ZOPFIL

TIPP

Da innerhalb der großen schlichten Flächen keinerlei Nähte stören, bietet sich hier Gelegenheit für endlose Kreativität beim Quilten.

Schachbrett-Randbordüre

Wenn für die Außenkante eines Quilts ein interessanter Abschluss gewünscht ist, oder wenn der Quilt vergrößert werden soll, kann eine (oder zwei) Patchwork-Randbordüre angesetzt werden. Diese kann aus schlichten Quadraten genäht oder komplizierter sein. Das Quiltmuster sollte das Patchwork hervorheben und den Blick über den Quilt nach außen führen.

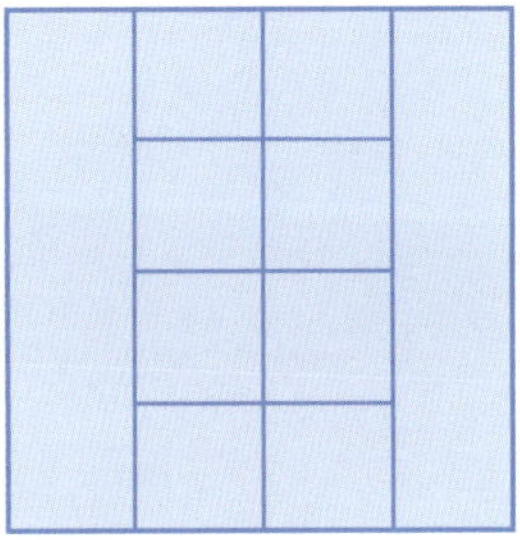

RANDMUSTER

TIPP

Wählen Sie ein Quiltmuster, welches das Patchwork vorteilhaft betont.

UMRISSQUILTEN

GEOMETRISCHES MUSTER

KURVENMUSTER: ZOPFSCHABLONE

Applikationsmotive quilten

Applikationsmotive werden durch Umrissquilten hervorgehoben, das der Oberfläche mehr Dimension verleiht.

Wenn die Applikationsformen sehr klein sind, ist das Umrissquilten ausreichend. Sind die Formen eher groß, ist es angebracht, auch auf den Feldern zu quilten. Entscheidend für Hand- oder Maschinenquilten ist die Applikationstechnik und die Größe der umgebenden Flächen.

APPLIKATIONSBLOCK

Dresdner Teller

Das Muster „Dresdner Teller“ ist das bekannteste Applikationsmuster. Die Anzahl der „Blütenblätter“ kann von 12 bis 20 variieren. Umquilten Sie die Kontur jedes Blattes.

UMRISSQUILTEN

GEOMETRISCH: STRAHLEN

KURVENMUSTER: SPIRALE

TIPP

Ein übergreifendes Muster, das bis außerhalb des Blütenkranzes reicht, bedeckt sowohl die Applikation als auch den umgebenden Stoff.

Kranz

Es gibt viele verschiedene Kranz-Muster unter den Applikationsvorlagen. Sie unterscheiden sich in der Zahl und im Stil der Blüten und darin, ob eine Ranke eingearbeitet ist. Der Stil des Kranzes kann durch das Quilten der Umrisse von Blüten und Blättern geschickt hervorgehoben werden.

APPLIKATIONSBLOCK

UMRISSQUILTEN

TIPP

Quilten Sie den Hintergrund mit Füllmustern und betonen Sie die Applikation durch Umrissquilten.

DIAGONALE FÜLLLINIEN

KURVENMUSTER: ECHOQUILTEN

APPLIKATIONSBLOCK

Keltischer Knoten

Der Keltische Knoten besteht aus sich überschneidenden Kurven und Kreisen. Der Knoten bildet sich durch eine Reihe von „Drüber-und-drunter-Kreuzungen" aus Schrägstreifen. Keltische Knoten können einfach oder extrem kompliziert sein. Wählen Sie ein Quiltmuster, das die fließenden Linien des Musters unterstreicht.

UMRISSQUILTEN

DIAGONALE FÜLLLINIEN

KURVENMUSTER: STIPPLING (FREIHAND)

TIPP

Applizierte Schrägstreifen eignen sich für Motive, bei denen Linien deutlich hervortreten sollen. Benutzen Sie den Hintergrund für interessante Quiltmuster und/oder -stiche.

Tulpe (Bleiglas-Applikation)

Betonen Sie die für das Bleiglas verwendeten Schrägstreifen mit Flächen von zusätzlichem „Hintergrundstoff“ innerhalb des Musters. So ergibt sich die Illusion eines Bleiglasfensters. Diese Applikationstechnik bietet sich von selbst zum Umrissquilten und zum Echoquilten an, wodurch die Kanten der „Blei-Streifen“ noch plastischer hervortreten.

APPLIKATIONSBLOCK

TIPP

Betonen Sie die Quiltlinien zusätzlich durch die Verwendung von interessanten Stickstichen.

UMRISSQUILTEN

GEOMETRISCH: DIAGONALE FÜLLLINIEN

KURVENMUSTER: ECHOQUILTEN

APPLIKATIONSBLOCK

Hawaiianische Applikation

Die Muster von Hawaiianischen Applikationen sind vielfältig und bei jedem Quilt anders. Sie entstehen, indem gefaltetes Papier ausgeschnitten wird (ähnlich einer „Schneeflocke“, wie sie von Kindern gerne gebastelt wird), das dann in Stoff umgesetzt wird.

UMRISSQUILTEN

GEOMETRISCH:
DIAGONALE FÜLLLINIEN

KURVENMUSTER:
ECHOQUILTEN

TIPP

Komplizierte Muster verlangen nach schlichtem Umrissquilting oder Echoquilting, das nicht vom lebhaften Muster der Applikation ablenkt.

Persische Applikation

Bei der Persischen Applikation werden große Motive aus Druckstoffen ausgeschnitten und auf kontrastfarbenen Hintergrundstoff genäht. Meist wird dabei die Form von Blumen in einer Vase oder in einem Korb gearbeitet. Die Stoffkanten der Motive werden mit unterschiedlichen Stickstichen befestigt.

APPLIKATIONSBLOCK

TIPP

Schlichte Quiltlinien betonen die Applikation vorteilhaft. Auch Knoten und Fadenbüschel können die Hintergrundflächen beleben.

UMRISSQUILTEN

GEOMETRISCH: DIAGONALE LINIEN IN VERSCHIEDENEN RICHTUNGEN

KURVENMUSTER: ECHOQUILTEN MIT KNOTEN UND STOFFBÜSCHELN

APPLIKATIONSBLOCK

Applikation auf einem Patchworkblock

Die Kombination von Applikationen und zusammengesetztem Patchwork verleiht einem schlichten Patchworkmotiv Dimension. Auch durch Umrissquilten oder Echoquilten um die zusätzliche Applikation wird der Block interessant.

UMRISSQUILTEN

TIPP

Wenn Sie ein Ganzflächenmuster bevorzugen, nähen Sie einfache Quiltlinien über die Nähte von Applikation und Patchworkmuster. Wählen Sie schlichte Quiltstiche, die von Patchwork und Applikation nicht ablenken.

GEOMETRISCH: FÜLLLINIEN IM „REISE-UM-DIE-WELT"-MUSTER

KURVENMUSTER: BLÜTENMOTIV

Einfassung von Quilts

Es gibt verschiedene Arten, eine Quiltkante zu versäubern und es lohnt sich, dafür Zeit und Überlegung aufzuwenden.

Die richtige Einfassung beruhigt einen lebhaften Quilt oder sie gibt, umgekehrt, einem ruhigen oder zurückhaltenden Quilt den richtigen Pfiff.

Wenn der Stoff einer Einfassung zu aufdringlich wäre, können die Quiltkanten nach innen umgeschlagen und ohne zusätzlichen Einfassstreifen abgeschlossen werden.

Welche Methode Sie auch wählen, achten Sie darauf, dass die Einfassung zum Gesamtmuster des Quilts passt.

Rückseitenstoff als Einfassung

Man kann den Rückseitenstoff eines Quilts nach vorn umschlagen und so eine attraktive Einfassung nähen, die bereits Teil des Quilts ist. Denken Sie schon beim Kauf des Rückseitenstoffs an diese Möglichkeit.

TIPP

Achten Sie darauf, dass die Farben von Quiltoberseite und Rückseite zueinanderpassen.

SCHRITT 1

Nach dem Quilten das Vlies auf das Format der Quiltoberseite zurückschneiden. Den Rückseitenstoff an allen Seiten mindestens 2,5 cm (1 Inch) breiter als die Quiltoberseite und das Vlies stehen lassen.

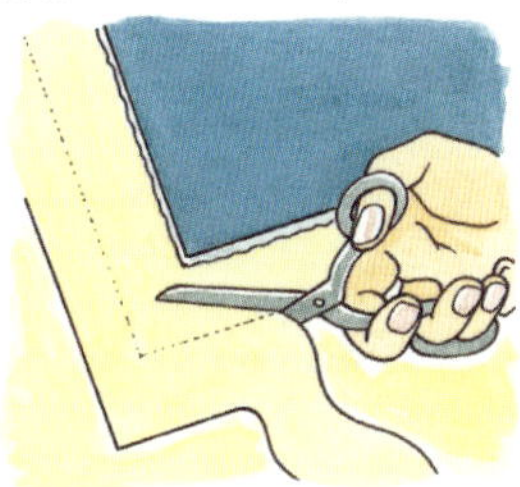

SCHRITT 2

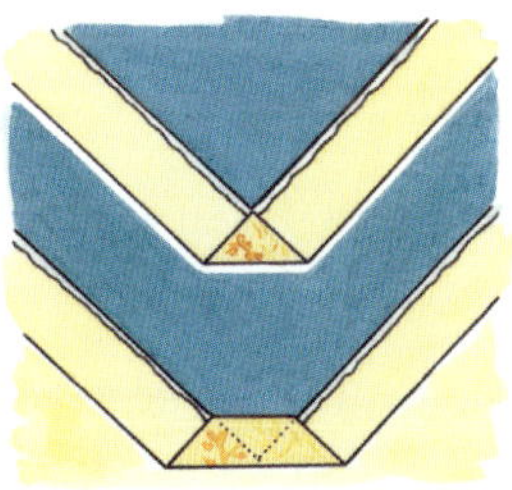

An jeder Ecke des Quilts eine Falte legen, sodass die Spitze die Ecke der Quiltoberseite berührt. Anschließend eine zweite Falte legen, die so breit wie die erste ist.

SCHRITT 3

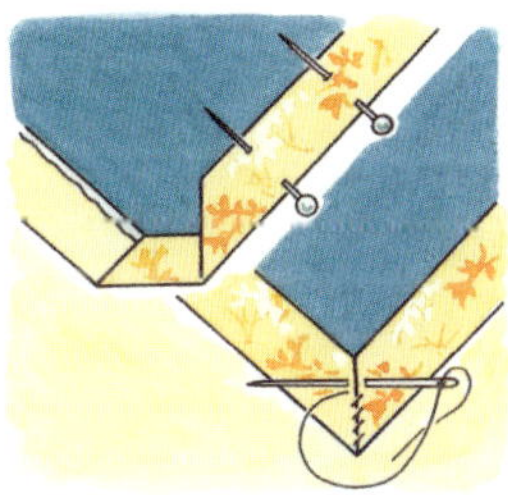

Die offenen Kanten der Einfassung an einer der Quiltkanten nach vorn schlagen und feststecken. Dies auch mit der angrenzenden Kante machen, sodass sich die beiden Kanten schräg in der Ecke begegnen. Ecke feststecken und annähen. Diesen Schritt an allen vier Ecken des Quilts ausführen.

Eingeschlagene Kanten

Dies ist ein sauberer, unauffälliger Abschluss des Quilts. Die Schnittkanten von Rückseite und Oberseite werden nach innen gefaltet und mit einem Quiltstich innerhalb der gefalteten Kante befestigt.

SCHRITT 1

Den Rückseitenstoff und die Quiltoberseite gleich breit zurückschneiden. Dabei beides ca. 1 cm (1/2 Inch) breiter als die geplante Quiltgröße stehen lassen. Den Rückseitenstoff und den Oberseitenstoff nach innen falten, sodass beide jeweils hinter dem Vlies liegen.

TIPP

Wenden Sie diese Technik an, wenn der Quilt keine zusätzliche Einfassung benötigt.

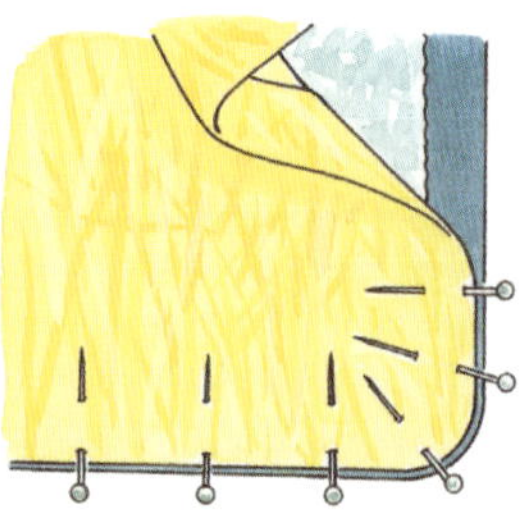

SCHRITT 2

Die Ecken leicht abrunden. Die Stoffe mit Stecknadeln aufeinander befestigen.

SCHRITT 3

Mit einem Quiltstich knapp innerhalb der gefalteten Kante befestigen.

Doppelt gelegter Einfassstreifen

Wählen Sie den Stoff für den Einfassstreifen, sobald der Quilt fertiggestellt ist. Er kann einen Quilt beruhigen oder beleben, ganz wie es nötig erscheint.

SCHRITT 1

Quiltoberseite, Vlies und Rückseite gleich breit zurückschneiden. Einfassstreifen im geraden Fadenlauf zuschneiden (oder schräg zuschneiden und zusammensetzen, wenn es ein sehr langer Streifen werden soll).

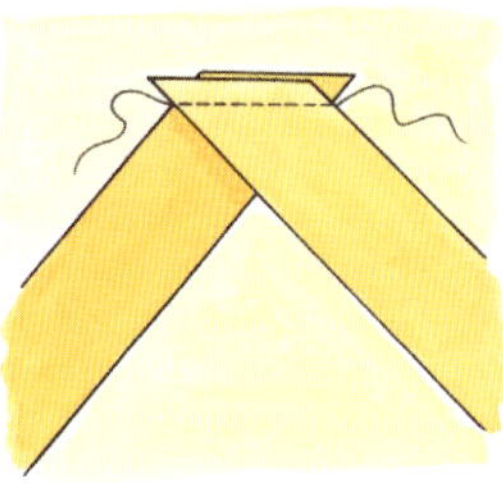

SCHRITT 2

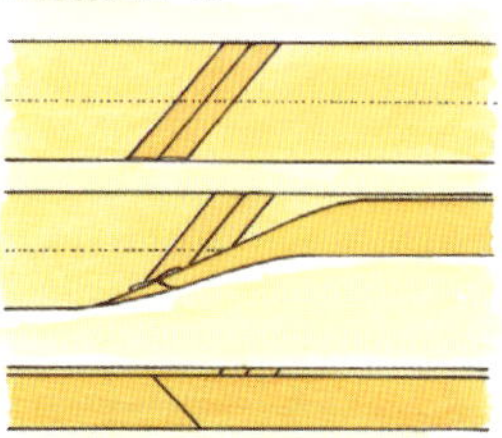

Alle Streifen der Länge nach links auf links zusammenlegen und bügeln.

SCHRITT 3

Den Streifen an zwei gegenüberliegenden Kanten der Quiltvorderseite – die Außenkanten mit den offenen Kanten des Streifens bündig – auflegen und festnähen.

SCHRITT 4

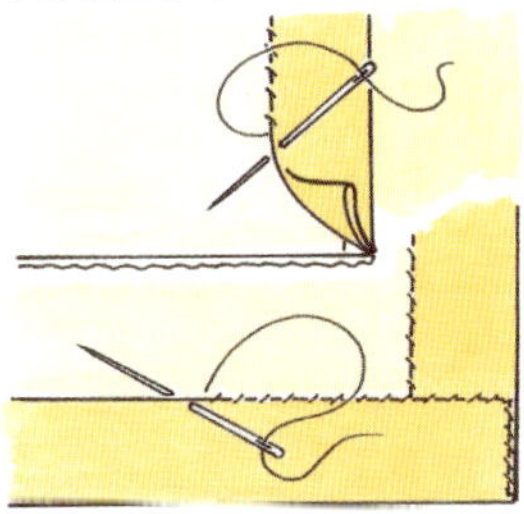

Die gefaltete Kante des Streifens zur Rückseite legen und mit Blindstichen annähen. Schritt 3 an den anderen Seiten ausführen und an den Ecken ein Stück des Einfassstreifens überstehen lassen. Einschlagen und festnähen.

Diagonale Ecken am Einfassstreifen

Wenn ein Stoffmuster um die Ecke führen soll, können Sie den Streifen umlaufend annähen und dabei eine diagonale Ecke formen.

SCHRITT 1

Vlies, Rückseite und Quiltoberseite gleich groß zuschneiden. In der Mitte einer Quiltkante beginnen. Die offene Kante des Einfassstreifens rechts auf rechts an eine Quiltkante legen und ein kleines Stück einfalten, bevor mit dem Festnähen begonnen wird.

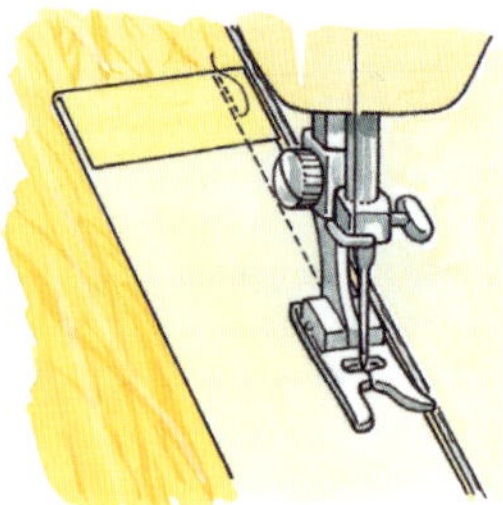

SCHRITT 3

So um alle Kanten nähen, bis der Startpunkt erreicht ist. Dort die Enden sauber aufeinandernähen.

SCHRITT 2

Weiternähen bis an den Eckpunkt des Quilts und die Nadel eine Füßchenbreite von der Ecke entfernt im Stoff versenkt lassen. Die Arbeit um die Nadel drehen und entlang der nächsten Quiltkante nähen.

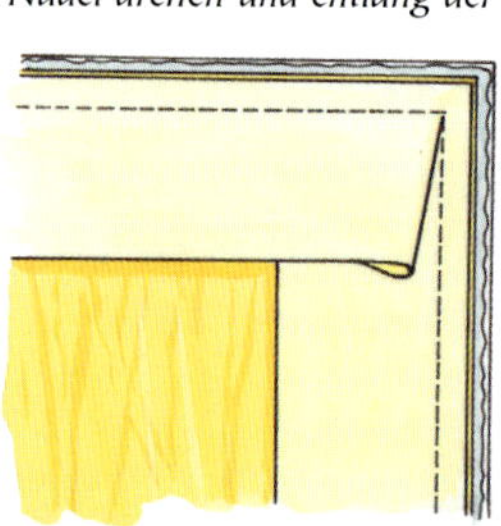

SCHRITT 4

Die offene Schnittkante des Streifens umschlagen und den Stoffstreifen zur Quiltrückseite falten. Dort mit Saumstichen festnähen. Die Falte der Ecke diagonal zurechtlegen und ebenfalls mit Saumstichen befestigen.

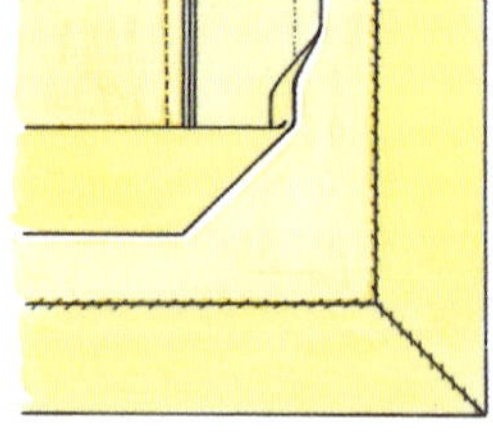

Runde Ecken einfassen

Wenn an einer runden Ecke ein Einfassstreifen benötigt wird, schneiden Sie diesen im Schrägfadenlauf zu, damit er sich dehnen kann und um die Rundung legen lässt, ohne Beulen und Falten zu ziehen.

TIPP

Runde Ecken sind eine attraktive Möglichkeit, eine Quiltkante zu beenden, und betonen Muster mit runden Formen.

SCHRITT 1

Rückseitenstoff, Vlies und Quiltoberseite gleich breit zurückschneiden. Mithilfe eines Tellers oder etwas Ähnlichem eine große Kurve entlang der Quiltecke zeichnen und die Ecke entsprechend dieser Form zuschneiden.

SCHRITT 2

Mit einem fortlaufenden Schrägstreifen arbeiten und in der Mitte einer Seitenkante beginnen. Den Streifen mit der rechten Seite auf die Quiltoberseite legen und entlang der Kante festnähen. Zu Beginn ein kleines Stück des Streifens einfalten.

SCHRITT 3

Den Schrägstreifen an den runden Ecken etwas einhalten. Am Startpunkt enden und mit Blindstichen zusammennähen. Die andere Kante des Streifens nach innen falten und zur Quiltrückseite legen. Dort mit Blindstichen befestigen.

Geschwungene Kanten einfassen

Quiltkanten können auch einem Muster folgend oder freihand zugeschnitten werden. Für die Ecken solcher Kanten verwenden Sie vier einzelne Schrägstreifen, einen für jede Seite.

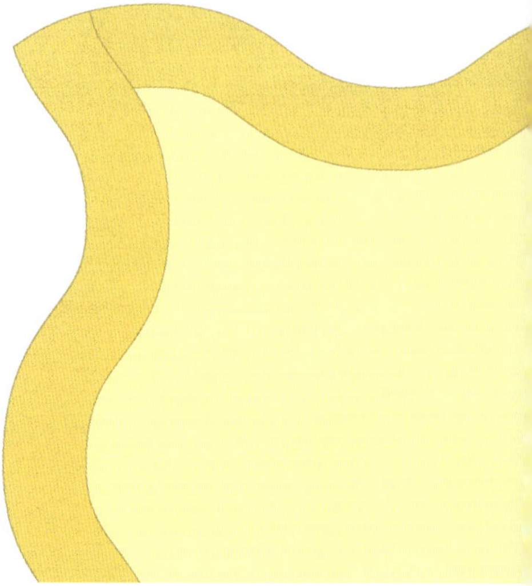

SCHRITT 1

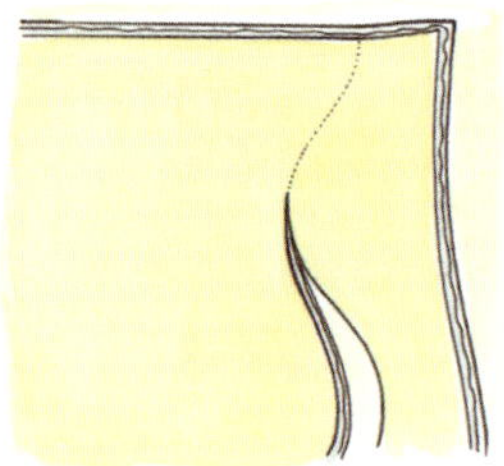

Quiltoberseite, Vlies und Rückseite gleich breit zurückschneiden und dabei der gewünschten Form folgen.

TIPP

Die Stoffstreifen im schrägen Fadenlauf zuschneiden, damit sie sich um die Kurven legen.

SCHRITT 2

Den Schrägstreifen längs durch die Mitte falten. Zuerst an zwei gegenüberliegenden Seiten des Quilts, die offenen Kanten nach außen weisend, annähen. Dabei den Streifen der Form der Kante angleichen. Die gefaltete Kante zur Quiltrückseite umschlagen und dort mit Blindstichen befestigen. Dasselbe mit Ober- und Unterkante des Quilts machen, dabei an den Enden jeweils etwas Schrägstreifen überstehen lassen. Diese Enden einfalten und dann den Streifen zur Rückseite legen und dort festnähen.

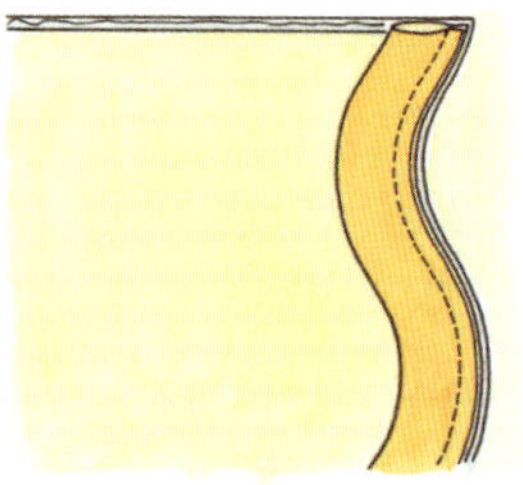

Bogenkante einfassen

Für eine Bogenkante benötigen Sie einen fortlaufenden Streifen, der im schrägen Fadenlauf zugeschnitten wurde, damit er sich um alle Bogen legen lässt.

SCHRITT 1

Die Bogenkante entlang der Quiltkante aufzeichnen oder dem Muster des Quilts folgen. Vlies und Rückseite nicht zurückschneiden, bis der Einfassstreifen festgenäht ist. Den Streifen mit der rechten Seite nach unten an die Kante der Quiltoberseite legen. Bei jedem „Tal" der Bogenform einen kleinen Schnitt in die Nahtzugabe des Einfassstreifens machen, um die Spannung zu vermindern. Streifen aufnähen, dabei bei der Richtungsänderung in jedem „Tal" die Nadel im Quilt abgesenkt lassen. Bis an den Startpunkt nähen und dort die offenen Kanten einschlagen.

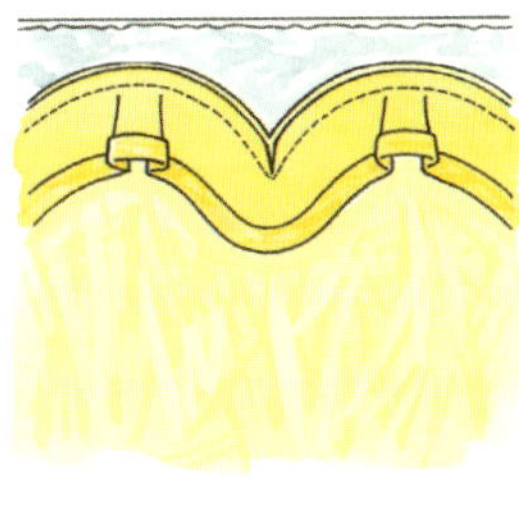

TIPP

Mithilfe eines Tellers oder eines anderen Gegenstandes gleichmäßig die Bogenkante aufzeichnen.

SCHRITT 2

Vlies und Rückseite jetzt zurückschneiden, sodass die Kanten mit der Nahtzugabe des Einfassstreifens gleich verläuft. Die andere Kante des Streifens einschlagen, zur Rückseite legen und in jedem „Tal" eine kleine Falte legen. Die Einfassung auf der Rückseite mit Blindstichen annähen.

SCHRITT 3

Die Stofffalten in den „Tälern" sauber zurechtlegen und mit Blindstichen schließen.

Zackenkante

Ein Quilt mit wimpelförmigen Zacken ist schwierig einzufassen. Am einfachsten geht es, wenn die Kanten nach innen geschlagen werden, ohne einen zusätzlichen Streifen anzunähen.

SCHRITT 1

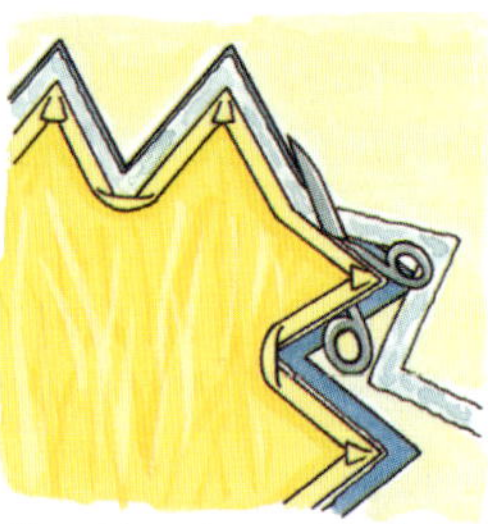

Vlies, Oberseite und Rückseitenstoff in gewünschter Form zuschneiden und dann das Vlies 1 cm (1/2 Inch) kürzer als die beiden Stoffkanten zurückschneiden.

SCHRITT 2

Die Kanten des Rückseitenstoffs und die Kanten der Quiltoberseite gleichmäßig nach innen, hinter das Vlies falten und feststecken.

TIPP

Ändern Sie die Länge und Breite der Zacken, damit sie um den Quiltumfang passen.

SCHRITT 3

Alle Lagen mit einem Quiltstich knapp innerhalb der eingeschlagenen Quiltkanten befestigen.

Kederkante

Eine eingesetzte, mit Stoff bezogene Schnur ist eine attraktive Alternative zu Einfassung oder eingeschlagener Kante.

SCHRITT 1

Vlies, Rückseite und Quiltoberseite gleich weit zurückschneiden. Die Kederschnur mit einem Schrägstreifen bedecken und an die Kante der Quiltrückseite steppen, dabei die Ansatzstelle sorgfältig vernähen.

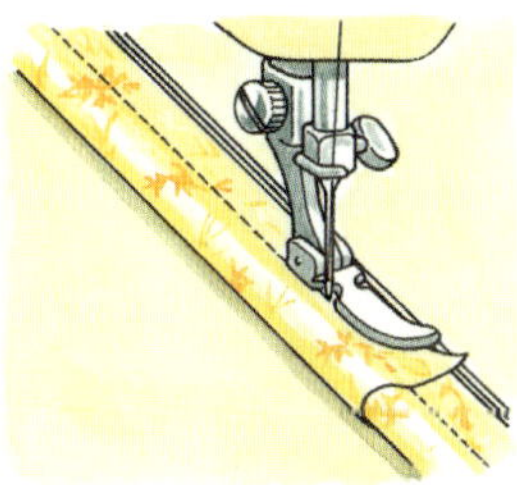

TIPP

Der Stoff für den Keder kann eine ähnliche Farbe wie die Quiltoberseite haben und mit ihr harmonieren oder eine stark kontrastierende Farbe aufweisen.

SCHRITT 2

Die Schnittkanten des Rückseitenstoffs falten, sodass der Keder außerhalb der Quiltkante liegt und die offenen Kanten innen. Die Schnittkante der Quiltoberseite gleichmäßig nach innen falten und feststecken. Die Quiltoberseite mit Blindstichen befestigen, sodass sie auf der Innenkante des Keders sitzt und die Naht bedeckt.

Eingesetzte Sägezahnkante

Solche gefalteten Dreiecke, die in eine eingeschlagene Kante eingesetzt werden, sehen wie Taschentuchspitzen aus, ohne dass wirklich Spitzen geschnitten werden.

SCHRITT 1

Quiltoberseite, Vlies und Rückseite gleichmäßig zurückschneiden. Das Vlies noch einmal um 1 cm (1/2 Inch) weiter zurückschneiden als die beiden Stoffkanten.

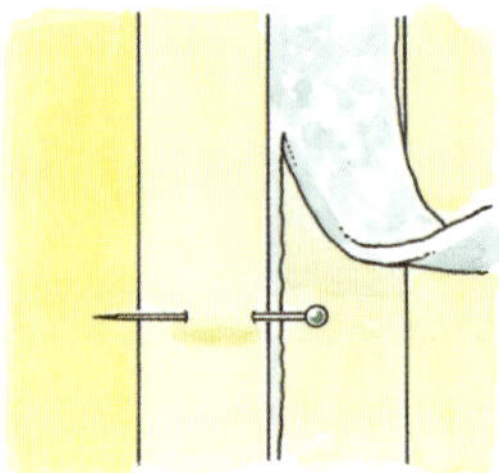

SCHRITT 2

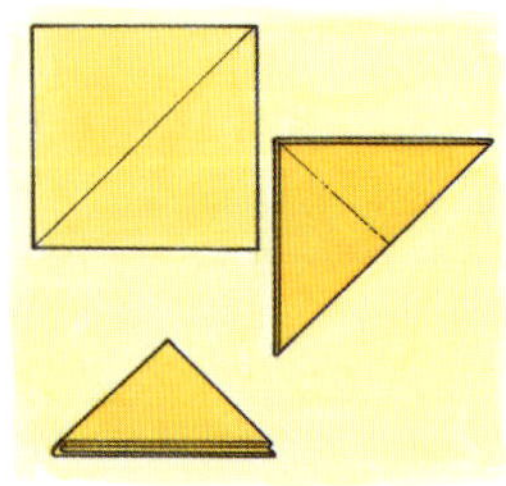

Viele Sägezahndreiecke aus Stoff zuschneiden und falten.

SCHRITT 3

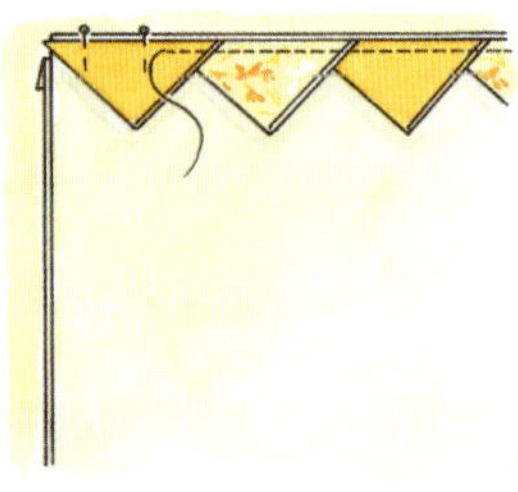

Diese entlang der Quiltrückseite verteilen, dabei muss jedes Dreieck ein Stück weit in das vorhergehende geschoben sein. Die Dreiecke gleichmäßig entlang der Quiltkante verteilen, feststecken und annähen. An allen Seiten des Quilts wiederholen.

SCHRITT 4

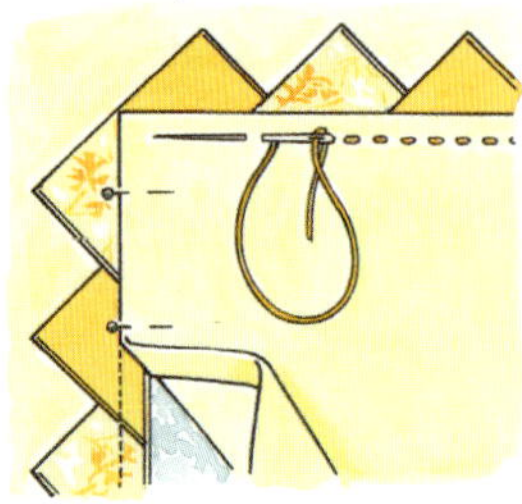

Den Rückseitenstoff nach innen falten, sodass die offenen Kanten innerhalb des Quilts liegen und die Dreiecke nach außen weisen. Die Stoffkante der Quiltoberseite nach innen schlagen und mit Blindstichen befestigen.

Eingesetzte Prairie-Points

Setzen Sie diese gefalteten Dreiecke in eine eingeschlagene Kante und geben Sie damit dem Quilt einen interessanten Abschluss. Versuchen Sie es einmal mit gestreiftem Stoff oder in verschiedenen Farben, mit Stoffen, die bereits auf der Quiltfläche verwendet wurden.

SCHRITT 1

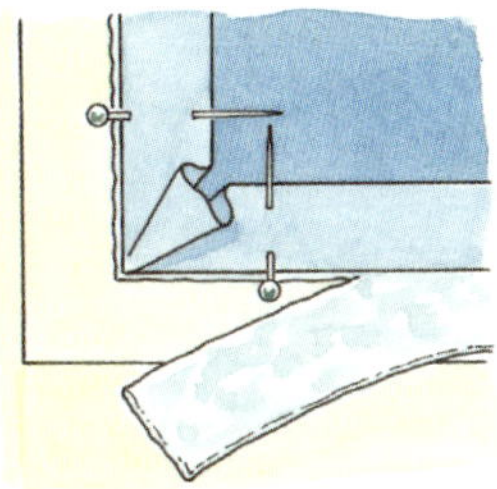

Quiltoberseite, Vlies und Rückseite gleichmäßig zurückschneiden. Das Vlies noch einmal um 1 cm (1/2 Inch) weiter zurückschneiden als die beiden Stoffkanten.

SCHRITT 2

Viele Prairie-Point-Dreiecke aus Stoff zuschneiden und falten.

SCHRITT 3

Diese gleichmäßig entlang der rechten Seite des Rückseitenstoffs verteilen, die offenen Kanten bündig. Feststecken und annähen.

SCHRITT 4

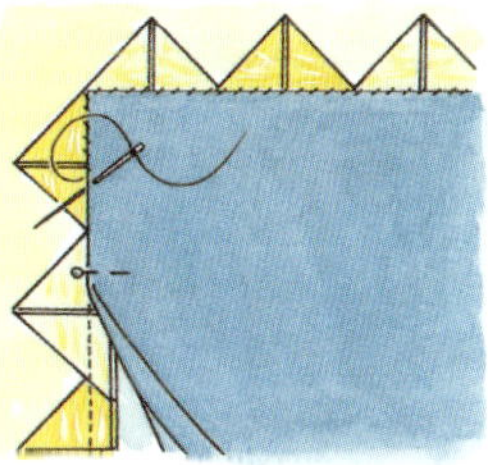

Den Rückseitenstoff nach innen falten, sodass die offenen Kanten innerhalb des Quilts liegen und die Dreiecke nach außen weisen. Die Stoffkante der Quiltoberseite nach innen schlagen und mit Blindstich befestigen.

Reinigen, Lagern und Ausstellen von Quilts

Die Pflege und die Präsentation von Quilts ist sehr wichtig, wenn sie lange halten und gegebenenfalls an die kommenden Generationen weitergereicht werden sollen.

REINIGEN

Irgendwann kommt der Moment, an dem Sie den Quilt waschen möchten. Achten Sie auf das Material, das für den Quilt verwendet wurde und auch auf das Material des Vlieses. Geben Sie den Quilt nur dann in eine Reinigung, wenn Sie das verwendete Material angeben können.

Maschinenwäsche Wenn der Quilt robust ist – aus neuen, vorgewaschenen 100%-Baumwollstoffen, maschinengequiltet und mit einem Vlies wie Polyester – dann können Sie ihn in der Waschmaschine waschen. Wählen Sie eine sanfte Waschlösung, kein scharfes Waschpulver und den Kaltwaschgang. Trocknen Sie den Quilt im Trockner oder legen Sie ihn flach auf ein Laken. Hängen Sie ihn nicht an die Wäscheleine – das Gewicht des feuchten Stoffes und das Vlies könnten an den Stichen zerren.

Empfindliche Quilts Wenn ein handgequilteter Quilt aus empfindlichen Stoffen (wie Seide oder Teile von alter Kleidung) besteht, oder wenn das Material von Stoff und Vlies nicht bekannt ist, sollte der Quilt sehr vorsichtig behandelt werden. Antike Quilts oder Quilts aus unterschiedlichen und empfindlichen Fasern können Sie mit einem feinen Tuch bedecken, durch welches Sie dann mit dem Staubsauger (auf niedrigster Arbeitsstufe und über dem Tuch schwebend gehalten) den Staub absaugen, ohne dass die Fasern berührt werden.

AUFHÄNGESTAB

Es gibt mehrere Möglichkeiten, Wandquilts aufzuhängen. In den meisten Fällen wird ein Stofftunnel an die Oberkante der Quiltrückseite genäht, durch den ein Holzstab geschoben werden kann. Dies wird für Ausstellungen verlangt und bedeutet, dass der Quilt aufgehängt werden kann, ohne dass man den Stab sieht.

Handwäsche Wenn der Quilt wirklich eine gründliche Wäsche nötig hat, füllen Sie eine Badewanne mit warmem Wasser und geben milde Waschlösung dazu. Weichen Sie den Quilt ein und drücken Sie ihn sanft nach unten, bis alle Lagen durchdrungen sind. Lassen Sie das Seifenwasser ablaufen. Füllen Sie die Wanne erneut mit sauberem Wasser zum Ausspülen und lassen Sie es wieder ablaufen. Wiederholen Sie dies so oft, bis das Wasser klar bleibt. Dann entleeren Sie die Wanne. Wälzen Sie den Quilt auf ein großes Laken und heben Sie ihn damit aus der Wanne. Breiten Sie den Quilt flach auf dem Laken aus.

AUFBEWAHREN

Achten Sie darauf, wo und wie ein Quilt gelagert ist. Kaufen Sie große Mengen von säurefreiem Seidenpapier. Wenn der Quilt gefaltet werden muss, packen Sie das Seidenpapier zwischen die Faltung, um dauerhafte Knicke zu vermeiden. Legen Sie noch mehr Papierbogen zwischen die Lagen und außen herum. Wickeln Sie den Quilt in ein Baumwolltuch oder, wenn es ein kleiner Quilt ist, in einen Kissenbezug und setzen Sie ihn keinem Sonnenlicht oder feuchter Raumluft aus.

AUFHÄNGEN

Wenn Ihre Quilts auf einem Bett liegen, achten Sie darauf, dass sie regelmäßig gedreht werden. Scheint die Sonne direkt darauf, legen Sie ihn mit der Oberseite nach unten, damit er nicht ausbleicht. Oder Sie bedecken ihn mit einem zusätzlichen Laken. Manche Quilts sind für die Wand gedacht. Auch hier sollte der Quilt keiner direkten Sonneneinstrahlung ausgesetzt werden. Nehmen Sie ihn in regelmäßigen Abständen ab und breiten Sie ihn für mehrere Tage flach aus, um den Zug zu mindern, der durch das Hängen auf den Fasern und den Nähten lastet.

QUILTAUFHÄNGER

Es gibt dekorative Quiltaufhänger aus Draht oder Holz zu kaufen. Sie können auch eine Messingstange und Schlaufen verwenden. Schieben Sie die Stange entweder durch einen Stofftunnel auf der Quiltrückseite oder befestigen Sie sie mit Aufhängeschlaufen, die Sie zu diesem Zweck an die Quiltoberkante genäht haben, an der Stange.

Glossar

APPLIKATION
Formen und Motive aus Stoff, die als Verzierung auf anderen Stoff befestigt werden.

BAUMWOLLE
Naturfaser. Glatt gewebter Stoff oder Faden aus Naturfaser.

BETWEENS
Spezialnadeln für Handquilten.

DIAGONALE ECKEN
Ecken, bei denen die Naht im 45°-Grad Winkel genäht ist.

DURCHFUSSELN/PILLING
Vliesfasern treten beim Quilten auf die Stoffoberfläche oder durch Patchworknähte nach oben und bedecken die Arbeit mit unschönen Fusseln.

ECHOQUILTEN
In gleichmäßigen Abständen um ein Motiv geführte Quiltlinien, immer in Form des Umrisses, als Echo des Motivs.

EINFASSUNG
Der äußere Stoffstreifen um einen Quilt, der die Kanten versäubert und alle Schnittkanten verdeckt.

FARBECHTER STOFF
Ein Stoff, dessen Farbe beim Waschen nicht ausläuft.

GERADER FADENLAUF
Die Webfäden eines Stoffs, die längs oder quer über die Stoffbahn verlaufen.

HANDQUILTEN
Stiche, welche die Quiltlagen aufeinander befestigen und von Hand gearbeitet sind.

HEFTEN
Große Stichlinien, die Stofflagen für kurze Zeit zusammenhalten. Beim Patchwork zur Befestigung der Lagen (Oberseite, Vlies, Rückseite), bevor gequiltet wird.

ITALIENISCHES QUILTEN
siehe KORDELQUILTING

KANTHAQUILTEN
Quiltform aus Bangladesch, bei der mit bunten Garnen in Vorstichen gearbeitet wird.

KLEBEVLIES
Beidseitig haftendes Vlies, mit dem zwei Stoffflächen aufeinandergeklebt werden können.

KORDELQUILTING ODER ITALIENISCHES QUILTEN
Eine Kordel oder dicke Wolle wird durch genähte Kanäle zwischen zwei Stofflagen gezogen und bildet ein Oberflächenrelief.

KORDONIEREN
Garnapplikation oder Couching ist das Aufnähen von aufgelegten Garnen zur Verzierung einer Stoffoberfläche.

LICHTKASTEN
Eine beleuchtete Kiste, auf deren durchsichtige Oberfläche Quiltmuster durchgepaust werden können.

MASCHINENQUILTEN
Stiche, welche die Quiltladen aufeinander befestigen und mit der Nähmaschine gearbeitet sind.

METALLICS
Stoffe oder Garne mit metallhaltigen synthetischen Fasern.

MUSSELIN ODER KÄSELEINEN
Sehr lockeres Gewebe, das bei Trapunto- oder Kordelquilting als Rückseite dient.

NESSEL
Glattes Baumwollgewebe mit „handgewebtem“ Aussehen in Naturbeige oder Naturweiß gebleicht.

OBERSTOFFTRANSPORT
Eine Zusatzfunktion der Nähmaschine, die für den gleichmäßigen Transport beider Stofflagen unter dem Nähfüßchen sorgt.

PATCHWORK
Stoffstücke, die zu einem Muster zusammengesetzt sind.

POLYESTER
Eine synthetische Faser für Stoffe, Garne und Vliese.

PUNZEN
Das Übertragen eines Musters durch gestanzte Löcher einer Vorlage, mithilfe von Kalk- oder Kreidepulver.

QUILT
Zwei aufeinandergenähte Stofflagen mit dazwischenliegender Wattierung. Meist als Bettüberwurf benutzt.

QUILTEN
Zweckmäßige und/oder dekorative Stiche, welche die drei Lagen eines Quilts zusammenhalten.

RAHMEN/REIFEN
Ein Holz- oder Plastikgestell zum Aufspannen einer Arbeit zum Quilten oder Besticken.

ROLLSCHNEIDEZUBEHÖR
Eine spezielle Schneidematte, ein Sicherheits-Quiltlineal und ein Rollschneider mit scharfer Klinge.

RÜCKSEITENSTOFF
Stoff, der als Rückseite eines Quilts dient.

SASHIKO
Eine Quilttechnik aus Japan. Meist weiße Stiche auf blauem Grund in Rasterfeldern gearbeitet.

SÄUREFREIES SEIDENPAPIER
Dient zur Aufbewahrung von Textilien und Quilts.

SCHABLONE
Eine Form zum Zuschneiden von Stoffstücken für Patchwork, Applikationen oder für ein Quiltmotiv.

SCHRÄG GESCHNITTENER STOFF
Stoff, der im 45°-Winkel zum geraden Fadenlauf geschnitten und dadurch sehr dehnbar ist.

STICKNADEL
Eine Nähnadel mit stumpfer Spitze und großem Öhr zur Arbeit mit dicken Garnen. Wird für Kordelquilting benutzt.

STOFFVERSTÄRKUNG
siehe VLIESELINE

TRAPUNTO
Eine Quilttechnik, bei der einzelne Bereiche des Musters plastisch ausgestopft werden.

VERBINDUNGSSTICHE
Dekorative Stiche, mit denen zwei versäuberte Stoffkanten aneinandergenäht werden.

VLIES/FÜLLUNG
Material, das zum Wattieren und zum Isolieren von Quilts dient. In der Regel die Lage zwischen Oberseite und Rückseitenstoff. Es lässt Quiltmuster plastisch hervortreten.

VLIESELINE
Stabilisierendes Material, das auf die Rückseite von Stoffen genäht oder gebügelt wird.

WASSERLÖSLICHER STIFT
Stoffstift, dessen Linien mit kaltem Wasser entfernt werden können.

WHOLECLOTH-QUILT
Ein Quilt, dessen Oberseite aus einem einzigen Stück Stoff besteht, ohne Patchwork.

ZUSAMMENSETZEN
Das Aneinandernähen von Stoffteilen zum Patchwork.

Bezugsadressen

BÄR KREATIV
Weserstr. 1
45136 Essen
E-Mail: baerkreativ@aol.com
www.baerkreativ.de

BEEHIVE STORE
Nobileweg 21c
70439 Stuttgart
Tel.: 07 11/9 82 74 02
www.jahrsen.de

DIE WERKSTATT
32756 Detmold
Lemgoer Str. 39
32756 Detmold
Tel.: 0 52 31/3 14 68

FINGERHUT
Reiherweg 2
24159 Kiel-Schilksee
Tel.: 04 31/37 19 67
www.fingerhut-patchworkstoffe.de

HANDARBEITSHAUS MIT MUSEUM
Radeburger Str.24
01689 Gröbern bei Meißen
Tel.: 0 35 21/73 81 28
www.handarbeitshaus-meissen.de

HOBBY-HOF ANKE DOOSE
Lindenstraße 22
24647 Wasbek
Tel.: 0 43 21/96 99-0
www.hobby-hof.de

MAISON CREATIVE
Am Hügel 1
66123 Saarbrücken
Tel.: 06 81/3 90 84 58
www.maison-creative.de

MODERN-QUILT-FORUM
Wolbecker Windmühle 31
48167 Münster
Tel.: 0 25 06/8 31 40
Fax: 0 25 06/83 14 10

PATCHWORK & QUILTING
Münstereifeler Str. 17
50937 Köln
Tel.: 02 21/2 22 10 33
Fax: 02 21/2 22 10 35

QUILT & CO
Westwall 58
47798 Krefeld
Tel.: 0 21 51/77 38 51
www.quilt-und-co.de

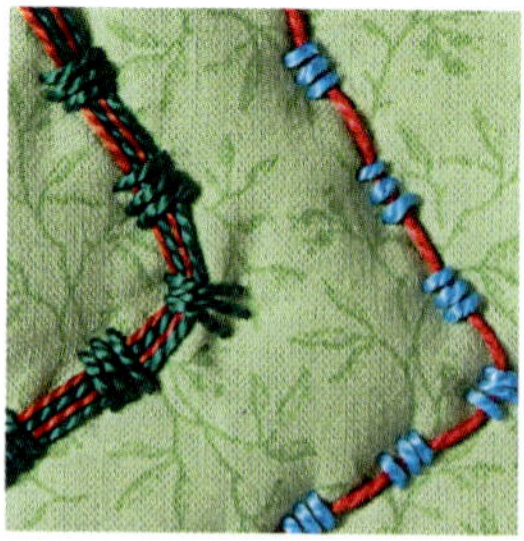

Bezugsadressen

QUILT & TEXTILKUNST
Sebastiansplatz 4
80331 München
Tel.: 0 89/23 07 74 01
Fax: 0 89/23 07 74 02
www.quiltundtextilkunst.de

QUILT.DE
Innstadtkellerweg 12
94032 Passau
Tel.: 08 51/3 78 47
Fax: 08 51/3 78 47
www.quilt.de

QUILTDESIGN
An der Hüttenbahn 12
46117 Oberhausen
Tel.: 02 08/89 50 05
Fax: 02 08/8 10 28 19
www.quiltdesign.de

QUILT GARDEN
Am Hagenacker 7
21407 Deutsch Evern
Tel. und Fax: 0 41 31/7 94 65

QUILTHOUSE HAMBURG
Mundsburger Damm 36
22087 Hamburg
Tel.: 0 40/22 69 70 70
Fax: 0 40/22 69 70 71
www.quilthouse.de

SNAILTRAIL
Brunnenweg 3 + 6
88693 Lellwangen
Tel.: 0 75 55/9 48 00
Fax: 0 75 55/9 48 02
www.snailtrail.de

STOFF-ASS
Götestr. 5
38667 Bad Harzburg
Tel. und Fax: 0 53 22/92 82 67

TWIGA DESIGN
Struvestr. 2
69124 Heidelberg
Tel.: 0 62 21/78 65 62
Fax: 0 62 21/78 65 63
www.twiga.de

Österreich

CREATIVE KURSE
Heide Wech
Wienerstr. 7
A-2345 Brunn/Geb.
Tel.: 0 22 36/3 19 50

FACHGESCHÄFT FÜR HANDARBEIT
Brixentalerstr. 22
A-6365 Kirchberg/Tirol
Tel. und Fax: 0 53 57/27 59

Register

F

G

H

I

K

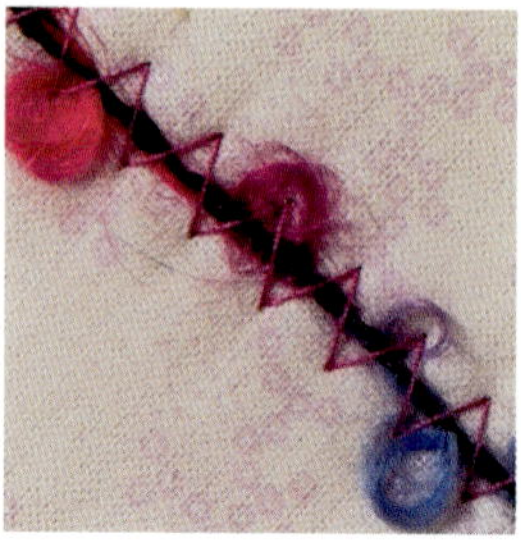

Bildnachweis

Der Quarto-Verlag dankt Nikki Tinkler für die Fotos auf den Seiten 6, 7 (oben links), 9 und 247.

Die Texte wurden sorgfältig erarbeitet und geprüft. Der Verlag entschuldigt sich für den Fall, dass sich Fehler und Irrtümer eingeschlichen haben. Korrekturen werden bei weiteren Auflagen gern berücksichtigt.

Danksagung

Ich danke meiner Familie für die Unterstützung und Ermutigung, ebenso wie Liz Pasfield und Penny Cobb bei Quarto für ihre Anregungen und Anleitung. Dank auch an Classic Cottons Coats Crafts UK, Whaley's of Bradford, The Quilt Room und The Cotton Patch für die großzügige Ausstattung mit Stoffen und Garnen für dieses Buch.

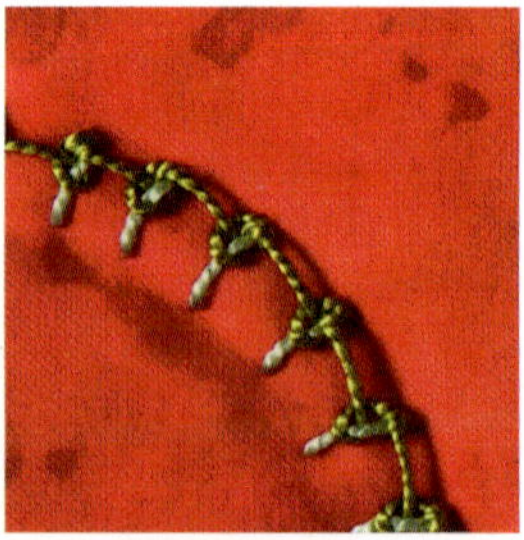

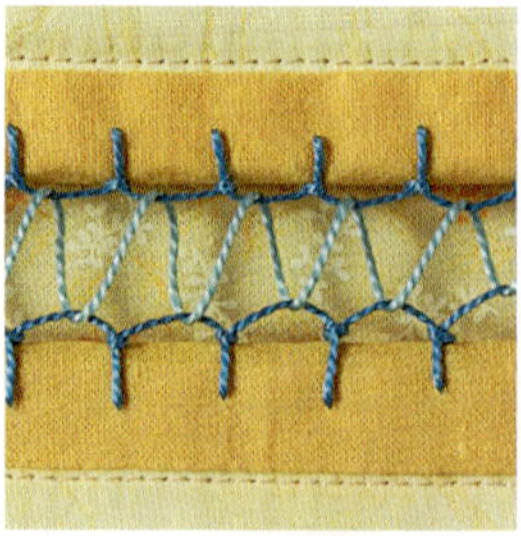